Zu diesem Buch

Wenn wir miteinander reden und Beziehungen eingehen, haben wir unterschiedliche Arten und Weisen, den Kontakt zu gestalten. So mag der eine oder die andere dazu neigen, sich selbst herabzusetzen und dem Gegenüber Verantwortung zuzuschieben. Jemand anderes gibt sich vielleicht betont distanziert und sachlich, in einer bestimmten Beziehung aber überaus bedürftig und hilflos.
Die systematische Darstellung von acht deutlich unterschiedenen Kommunikationsstilen samt den aus ihnen folgenden typischen Verwicklungen bildet das Herzstück von «Miteinander reden 2». Damit richtet dieser Band sein Augenmerk auf die Unterschiede zwischen den Menschen und empfiehlt angemessene Schritte zur persönlichen Entwicklung.
Demgegenüber bietet das grundlegende «Miteinander reden 1» das allgemeine Handwerkszeug an, um Störungen zu analysieren und heilsame Reaktionsweisen aufzubauen. Voraussetzung dafür ist die genaue Kenntnis der vier psychischen Seiten einer Nachricht: Sachinhalt, Selbstoffenbarung, Beziehung und Appell.
Kommunikationspsychologische Erkenntnisse dienen zwar Familien- und Kommunikationstherapeuten als Instrumente, sie gehören jedoch nicht in die Geheimfächer der Psychologie eingeschlossen, sondern in die Hand von jedermann. Als Brücke zwischen Wissenschaft und Lebenswelt sind beide Bände verständlich geschrieben, mit vielen Beispielen, Abbildungen und Übungen.

Prof. Dr. Friedemann Schulz von Thun, geboren 1944, ist Hochschullehrer am Fachbereich Psychologie der Universität Hamburg. Als Leiter des Arbeitskreises «Kommunikation und Klärungshilfe im beruflichen Bereich» sucht er die Verbindung von Forschung, Lehre und Praxis. Derzeitige Arbeitsschwerpunkte: verständliche Informationsvermittlung, zeitgemäße Formen dialogischer Menschenführung, Weiterentwicklung von Methoden des Verhaltenstrainings. Er ist zusammen mit Christoph Thomann Autor des rororo sachbuchs «Klärungshilfe. Handbuch für Therapeuten, Gesprächshelfer und Moderatoren in schwierigen Gesprächen» sowie Autor und Moderator zahlreicher Fernsehsendungen zu Themen der Kommunikationspsychologie.

Friedemann Schulz von Thun

Miteinander reden 2

Stile, Werte und Persönlichkeitsentwicklung

Differentielle Psychologie der Kommunikation

rororo
Rowohlt

Redaktion: Wolfgang Müller
Graphik: Mathias Hütter
Umschlagentwurf: Arno Meyer zu Küingsdorf

285.–304. Tausend Oktober 1997

Originalausgabe
Veröffentlicht im Rowohlt Taschenbuch Verlag GmbH,
Reinbek bei Hamburg, November 1989

Satz Times (Linotron 202)
Gesamtherstellung Clausen & Bosse, Leck
Printed in Germany
1490-ISBN 3 499 18496 6

Inhalt

Vorwort

Wie ich der starken Resonanz entnehme, ist seit dem Erscheinen des ersten Teils von «Miteinander reden» (1981) das Interesse an der Psychologie der zwischenmenschlichen Kommunikation gewachsen und allerorten der Wunsch entstanden, sie als Lehrfach zu etablieren – in Unternehmen ebenso wie in Schulen, Hochschulen und fast allen Einrichtungen der Erwachsenenbildung. Gleichzeitig wurde mir in der Auseinandersetzung mit Kursteilnehmern, Frauen und Männern aus ganz verschiedenen Berufen, deutlicher, daß die Menschen in der Art, wie sie «miteinander reden» und ihre Beziehungen gestalten, sehr verschieden sind und für ihre persönliche Entwicklung ganz unterschiedlicher Anstöße bedürfen. Haben wir nicht manchmal sogar etwas «Richtiges» den «falschen» Leuten beigebracht?
Der vorliegende Band 2 konzentriert sich auf diese Unterschiede, während der Band 1 als allgemeine Grundlage unverändert bleibt. Damit der zweite Band (für Fortgeschrittene) auch ohne Kenntnis des ersten gelesen werden kann, habe ich in Kapitel II, 1 eine kurze Wiederholung des quadratischen Modells der zwischenmenschlichen Kommunikation eingefügt, die der kundige Leser übergehen oder als Auffrischung überfliegen kann.
Dieses Buch hatte seine «Generalproben» in den Vorlesungen «Kommunikation und Persönlichkeit» an der Hamburger Universität 1984 bis 88. Meine Studentinnen und Studenten haben darauf mit mehreren hundert persönlichen Erlebnisberichten reagiert. Ihnen verdanke ich viel authentisches Erfahrungsmaterial, das, ebenso wie einige ihrer Forschungsarbeiten, in dieses Buch eingeflossen ist.
In dem Bemühen, wissenschaftliche Erkenntnisse in einer alltags- und erlebnisnahen Sprache darzustellen, ohne dabei stilistisch allzusehr zu verunglücken, sah ich mich durch Annette Börner entscheidend unterstützt. Inhaltlich gereift ist das Buch durch fachliche Auseinandersetzungen mit meiner Frau Ingrid, wobei sich Ermutigung und kritisches Stirnerunzeln in etwa die Waage hielten. Manuskriptgestaltung durch Claudia Wörpel und wie immer Ingrid Größner – allen herzlichen Dank an dieser Stelle!

Hamburg, Januar 1989

I
Einleitung
Von der allgemeinen zur differentiellen Kommunikationspsychologie

Die Art, sich zu geben und die zwischenmenschlichen Kontakte und Beziehungen zu gestalten, bestimmt das private Glück und das berufliche Fortkommen in hohem Maße mit. Während man früher diesen Bereich einem vorhandenen oder nicht vorhandenen «Naturtalent» anheimgab, setzen wir heute darauf, kommunikative Kompetenzen zu schulen und eine Weiterentwicklung unserer Persönlichkeit anzustreben. Von daher ist es kein Wunder, daß im letzten Jahrzehnt viele Menschen hierzulande mit der Psychologie der zwischenmenschlichen Kommunikation in Berührung gekommen sind, sei es durch die Lektüre zahlreicher Bücher zu diesem Thema oder durch Therapie- und Selbsterfahrungsgruppen, durch Schulungskurse im Rahmen der beruflichen Weiterbildung oder durch den Deutschunterricht auf der Oberstufe des Gymnasiums. Es ist kaum übertrieben zu sagen, daß bei aller Spezialisierung in der Aus- und Weiterbildung die Kommunikationspsychologie zu *dem* übergreifenden Fach geworden ist, mit dem Lehrer und Ärzte, Bankangestellte und Polizisten, Techniker und Soldaten, Führungskräfte aller Fachrichtungen und Verkäufer aller Produkte konfrontiert werden. Dies geschieht zum Beispiel bei der Weiterbildung von Führungskräften aus der Einsicht heraus, daß diese es, nach einer langen Fachausbildung, «nun plötzlich mit Menschen zu tun haben», und zwar meist auf einer institutionellen Bühne, die in komplexer und verwirrender Weise von gegensätzlichen Momenten bestimmt ist wie: Kooperation und Konkurrenz, Hierarchie und Kollegialität, Humanität und Effektivität, Mitsprache und Entscheidungsvollmacht, Transparenz und Geheimhaltung. Eine Befragung von Personalchefs und Weiterbildungsexperten ergab übereinstimmend folgende Voraussage: Von der Führungskraft von morgen wird vor allem *Kommunikation und Persönlichkeit* in verstärktem

Maße gefordert werden (Management Wissen 10/86) – was auch immer das dann heißen mag.
Auch in anderen gesellschaftlichen Bereichen sind die alten Rollenbilder im raschen Wandel begriffen und enthalten neue zwischenmenschliche Herausforderungen: für die Ärzte und Ärztinnen im Verhältnis zu ihren Patienten, für die Politiker(innen) zu ihren Wählern, für die «Trainer» in der Erwachsenenbildung zu ihren Teilnehmern, für die Verkäufer(innen) zu ihren Kunden. – Dasselbe gilt für das Privatleben: Vor allem dadurch, daß viele Frauen angefangen haben, ihre Stimme selbstbewußter zu erheben, ist das Kommunikationsverhältnis der Geschlechter dabei, sich auffällig zu verändern. Die alte «Arbeitsteilung»: der gefühlsmäßig distanzierte Mann dominiert mit überlegener Verstandesbetonung und belehrender Herablassung, seine Oberhand notfalls mit Imponiergehabe und Aggressivität sicherstellend – die Frau nimmt beipflichtend und voller Hingabe die unterlegene Position ein, sich selbst zurücknehmend und den Partner aufbauend, gelegentlich durch den Ausdruck von Gefühlen für Lebendigkeit und Intimität sorgend –, diese traditionelle Arbeitsteilung «läuft» nicht mehr. Und die neuen Formen der Partnerschaftlichkeit funktionieren oft noch nicht, da sie nicht tiefgreifend genug verinnerlicht sind: bei dem Holz, aus dem wir beide, Frau und Mann, geschnitzt (worden) sind, kommt unter dem neuen Firnis immer wieder die alte Maserung durch.
Infolgedessen hat die Kommunikationspsychologie ihren Siegeszug durch die Erwachsenenbildungseinrichtungen gehalten, und ob ich es nun mit einem Verkehrspolizisten oder einer Postbeamtin, mit einer Stewardess oder mit einem Vorgesetzten zu tun habe – die Wahrscheinlichkeit, mit einem/r «Geschulten» zu sprechen, ist sehr hoch. Ein ungutes Gefühl, das uns hier beschleicht? Ist der zwischenmenschliche Kontakt längst eine Domäne der Professionalisierung, Psychologisierung, Perfektionierung geworden? Oder ist hier ein aussichtsreicher Weg zur besseren menschlichen Verständigung eingeschlagen worden, derer es im Privaten, Beruflichen und Politischen dringend bedarf?

Ich hatte 1981 in «Miteinander reden» (Band 1) die kommunikationspsychologischen Angebote verschiedener Schulen zu einer Gesamtschau integriert und für die Praxis formuliert. Unter der Leitidee «Von der Verhaltenskosmetik zur Entwicklung der Person» habe ich deutlich zu machen versucht, daß die Humanistische Kommunikationspsychologie nicht «eine neue Art zu reden», sozusagen eine Per-

fektionierung der Sprechblasen, will, sondern eine Anleitung bereithält, die inneren Voraussetzungen des Dialogs zu erweitern. Was ist nun dabei herausgekommen? Sind wir ehrlicher, verstehender, dialogischer geworden? Haben wir zuzuhören gelernt und sind wir fähig geworden, hinter dem Gesagten das Gemeinte zu erspüren und darauf einzugehen? Haben wir mehr Mut bekommen, zu uns selber zu stehen und klar auszudrücken, was wir denken, fühlen und wollen? Oder haben wir einfach ein paar neue Musterschüler gezüchtet, die das «Psychodeutsch» als neue Fremdsprache beherrschen und mit der alten Prunksucht im Alltag zelebrieren?
Überwiegt vielleicht doch das *Elend der Geschulten,* das darin besteht, daß mangelnde persönliche Substanz mit in Schnellkursen andressierten «Gesprächstechniken» überdeckt wird?
Eine großangelegte empirische Untersuchung darüber steht noch aus. Nach meinem Eindruck trifft in einer ambivalenten Mischung dies alles gleichzeitig ein wenig zu. Man wird dann hinsichtlich der Menschen und der gesellschaftlichen Kontexte differenzieren müssen.

Schon jetzt scheint es mir aber möglich und nötig, die Kommunikationspsychologie selbst einer Teilrevision zu unterziehen. Aus der richtigen Einsicht heraus, daß die Aufgabe der Kommunikationspsychologie nicht nur im *Erklären* besteht (zum Beispiel wie es zu typischen Störungen kommt), sondern auch im *Gestalten* (wie man denn besser miteinander «klarkommen» kann), hatte sie klassische Wegweiser angeboten: Ich-Botschaften, aktives Zuhören, Sach- und Beziehungsebene voneinander trennen, Metakommunikation, Feed back, Selbstoffenbarung usw. Mit solchen Empfehlungen schien sie ein Kommunikationsideal zu proklamieren, dem man nun nacheifern konnte. Dabei hat sie teilweise einer neuen «Schönheitskonkurrenz» Vorschub geleistet, bei der die ideale Redeweise manchmal mehr wog als die Substanz des zu Sagenden. So sehr die obengenannten Kategorien dazu taugen, die Wahrnehmung für zwischenmenschliches Gesprächsverhalten zu schärfen, so begrenzt und manchmal zweifelhaft ist ihre Tauglichkeit als Komponenten eines Kommunikationsideales. Ich meine damit nicht, daß der Gedanke an ein Ideal überhaupt fallengelassen werden sollte, sondern ich glaube an die Notwendigkeit einer doppelten Differenzierung:
1. Es wird nötig sein, das ideale (förderliche, zweckdienliche, adäquate) Kommunikationsverhalten aus den Besonderheiten der Gesamtsituation, ihrer Geschichte und aus dem Sinngehalt, den ich dieser Situation beilege, abzuleiten. Nicht jede Situation fordert zum

aktiven Zuhören» heraus, auch eine authentische Ich-Botschaft kann durchaus «fehl am Platze» sein. Und es gibt Situationen, in denen «Metakommunikation» alles noch schlimmer macht. – Die Fähigkeit, die adäquate Kommunikation aus dem Charakter der gesamten Situation abzuleiten, braucht andere Ausbildungsformen als das klassische Kommunikationstraining.

2. Nicht nur in situativer, sondern auch in personaler Hinsicht scheint eine Differenzierung erforderlich. In den Kommunikationskursen der ersten Jahre hatten wir «Trainer» in unserem Marschgepäck ein Sortiment von Theorien, Übungen und Verhaltensempfehlungen, von denen wir mehr oder minder annahmen, sie wären für alle Menschen heilsam und förderlich. So ging es etwa darum, dem Gesprächspartner durch «aktives» Zuhören» einfühlsam in seine subjektive Welt zu folgen und zu lernen, gefühlsmäßige Mitteilungen zwischen den Zeilen herauszuspüren. Oder es ging darum, die eigene Innenwelt deutlicher zu spüren und in klare Äußerungen («Ich-Botschaften») zu übersetzen, dabei auch etwas von der Selbstoffenbarungsangst zu überwinden, die uns gewöhnlich «Fassaden» errichten läßt, hinter denen sich die vermeintlich unansehnlichen Teile unseres Selbst verbergen. Soweit, so gut – tatsächlich ist eine solche kommunikative Basiskompetenz für alle Menschen unseres Kulturkreises wohl wünschenswert und für viele dringlich zu erwerben. Mit der Zeit haben wir aber auch gemerkt, daß nicht für jede Persönlichkeit die gleichen Empfehlungen und Übungen vordringlich waren; im Gegenteil schienen die einen zuweilen bereits allzuviel von dem zu besitzen, was die anderen dringend brauchten! So waren wir gelegentlich, wie im einzelnen noch zu zeigen sein wird, der Gefahr erlegen, das «Richtige» den «falschen» Leuten beizubringen. Wenn es um Fähigkeiten geht, die den Kern der Persönlichkeit berühren, erweist es sich als notwendig, von der Standard-Schulung abzurücken und «einen Blick» für die einzelne Person zu bekommen: für ihre typische Art zu reagieren und mit anderen Menschen in Beziehung zu treten. Dabei zeigen sich dann bestimmte Potentiale und «Stärken», aber auch gewisse Einschränkungen und innere Festlegungen («Schwächen»), zu deren Überwindung es von Person zu Person ganz unterschiedlicher Anstöße bedarf.

Genau von diesen Unterschieden handelt das vorliegende Buch. Ursprünglich hatte ich vor, beide Arbeitsschritte – den situativen und den persönlichkeits-differentiellen – in einem zu vollziehen. Aber dann erwies sich der letztere als so inhaltsreich, daß er eine Publikation für sich nahelegte.

Gegenüber Band 1 erweitert sich nun das Blickfeld. Dort stand das großtuerische Imponiergehabe, das Verbergen von Schwächen und Blößen hinter einer Fassade scheinbarer Vollkommenheit und Unangreifbarkeit im Mittelpunkt der Betrachtung. Dieser «Stil» erweist sich als ein (wenn auch in dieser Gesellschaft, besonders bei Männern, häufiger) Spezialfall, als einer von insgesamt acht verschiedenen Stilen der Kontaktgestaltung. Ihre Darstellung (Kap. III) bildet das Herzstück dieses zweiten Bandes*:

Bedürftig-abhängiger Stil

Helfender Stil

Selbst-loser Stil

Aggressiv-entwertender Stil

Sich beweisender Stil

Bestimmend-kontrollierender Stil

Sich distanzierender Stil

Mitteilungsfreudig-dramatisierender Stil

Auch der Begriff «Fassade» unterliegt jetzt einem neuen Verständnis bzw. erweist sich überhaupt als ungeeignet. Er läßt nämlich die Vorstellung entstehen, es würde ein glattes Schild nach außen gehalten werden, um das Dahinterliegende, Eigentliche und Echte zu verbergen, kurz: um sich selbst, wie man «wirklich» ist, nicht zu zeigen. Zwar trifft es zu, daß jede Art und Weise, sich «außenseitig» zu ge-

* Die Zuordnung der Stile zu den Geschlechtern ist auf den Abbildungen in Kapitel III zufällig und in bunter Abwechslung erfolgt. Zwar gibt es Stile, die als «typisch weiblich» oder «typisch männlich» gelten, jedoch wollte ich, da «alles in jedem/r steckt», nicht zur Verfestigung solcher Klischees beitragen. Die Alternative, geschlechtsneutrale Figuren zu zeichnen, erwies sich als wenig ausdrucksvoll.

ben, mit einer «Innenseite» korrespondiert, die nicht gleich ins Auge fällt und auch für den Betreffenden selbst nur mehr oder minder spürbar ist. Aber diese Außenseite des Verhaltens stellt eine sehr individuelle biographische Entwicklungsleistung dar und ist, statt mit einer Fassade, eher mit einer kunstvoll geformten Maske vergleichbar, welche die Züge des Dahinterliegenden erahnen läßt. Sie gehört ebenso zum Individuum wie die dahinter gestauten oder betäubten Gefühle, Wünsche und Ängste. Ihre Entwicklung war nötig, um im Zusammenleben mit den wichtigsten Menschen der ersten Jahre den eigenen Platz zu behaupten und sich vor Verletzungen zu schützen. Aus dieser Sicht heraus erscheint die «Außenseite» des Verhaltens nicht als eine unechte Häßlichkeit, die schnellstmöglich abzubauen ist, sondern als schätzenswerter Teil der individuellen Persönlichkeit; und insofern auch «echt», als sie, wie eine zerfurchte Gesichtshaut, von der biographischen Geschichte des Menschen ein wahres Zeugnis ablegt. Der Appell kann somit nicht lauten «Weg mit der Fassade!», sondern: Entwickle eine Bewußtheit über deine Art und Weise, dich «außenseitig» zu geben und dadurch den Kontakt zu gestalten, und lerne zu verstehen, was dieser Stil dir *ermöglicht, erspart* und *verbaut.* Identifiziere dich nicht einseitig mit deinen Außenmustern – sie sind wichtig und gehören zu dir, aber «dahinter» ist noch mehr, ein inneres Geschehen, das dich auch ausmacht und zu dem du den Kontakt nicht abreißen lassen bzw. wiederherstellen solltest. Es ist nämlich dieser abgerissene Kontakt, der uns von uns selbst entfremdet und zum Automaten reduziert, der wie ein einmal programmierter Computer ohne Wahlfreiheit dazu verdammt ist, auf denselben «input» immer wieder den gleichen «output» zu liefern.

Bei der Darstellung der acht Kommunikationsstile werde ich mich in regelmäßiger Wiederkehr dreier gedanklicher Werkzeuge bedienen; es handelt sich dabei um folgende Strukturmodelle (s. S. 17).
Diese drei Modelle sind von so allgemeiner Bedeutung für die Orientierung im zwischenmenschlichen Bereich, daß ich sie im Vorwege darstellen möchte (Kap. II). Dies kann beim *Nachrichten-Quadrat* in aller Kürze geschehen, da ich es in «Miteinander reden» als Grundmodell für eine Allgemeine Kommunikationspsychologie eingeführt habe. Ich werde es hier mit der etwas anderen Zielsetzung verwenden, die *typische Grundbotschaft* jeder der acht Stile in ihren vier Aspekten (Sachinhalt, Selbstkundgabe, Beziehungshinweis und Appell) herauszuarbeiten. Diese Grundbotschaft muß niemals wörtlich ausgesprochen werden, und doch geht sie in vernehmbarer Weise von

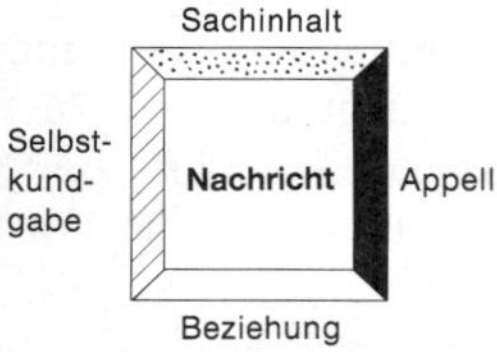

Nachrichten-Quadrat
(Schulz von Thun, 1981)
s. Kap. II, 1

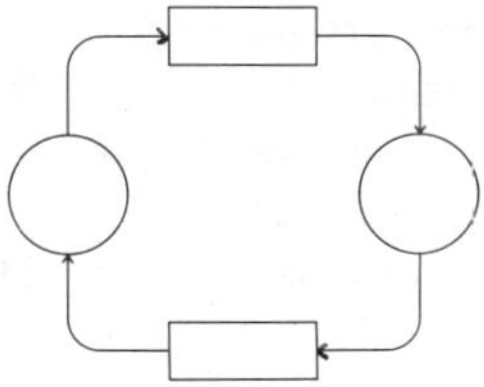

Teufelskreis-Schema
(Thomann u. Schulz von Thun, 1988)
s. Kap. II, 2

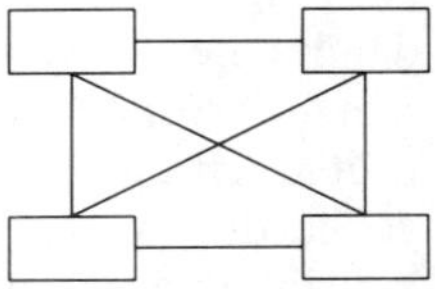

Werte- und Entwicklungsquadrat
(Helwig, 1967)
s. Kap. II, 3

einem Menschen aus, der diesen Stil verwirklicht, und erreicht den Partner über- oder unterschwellig.

Mit dem *Teufelskreis-Schema* verbindet sich die Erkenntnis, daß kommunikative Eigentümlichkeiten eines Menschen nicht nur Ausdruck seiner Persönlichkeit und Befindlichkeit sind, sondern auch innerhalb einer *Beziehungsdynamik* wiederholt entfacht und regelhaft eingespurt werden. Indem ich die Aufmerksamkeit auf diese Beziehungsdynamik richte, verfolge ich das Anliegen, individuelle und systemische Ansätze miteinander zu verbinden, und verweise damit auf die Zusammengehörigkeit von Persönlichkeits- und Beziehungsarbeit. – Zur praktischen Anwendungsweise dieses Schemas im Rahmen der Gesprächshilfe siehe ausführlich Thomann und Schulz von Thun (1988).

Im *Werte- und Entwicklungsquadrat* schließlich kommt die Auffassung zum Ausdruck, daß Persönlichkeitswerte und kommunikative Tugenden dialektisch strukturiert sind, d. h. in ausgehaltener Spannung zu einem (genau zu bestimmenden) positiven Gegen-Wert sein müssen, ohne den sie zu einem Unwert verkommen würden. So wirkt sich die Fähigkeit, sein Gegenüber zu *akzeptieren,* auf die Dauer nur dann konstruktiv für die Beziehung aus, wenn sie gepaart ist mit der Fähigkeit zu *konfrontieren;* Akzeptation ohne Konfrontation hingegen wird zur konfliktscheuen Harmonisierung und gefährdet die Beziehung ebenso wie eine fortwährende Konfrontation, die nicht von akzeptierender Haltung begleitet ist und dann zur vernichtenden Entwertung mißrät. Weiterhin wird es sich erweisen, daß sich Persönlichkeitsrückstände, «Charakterschwächen» und persönliche Unarten als einseitige, überwertig gelebte «Tugendhälften» auffassen lassen und damit eine Entwicklungsrichtung definieren, die nicht auf das «Ausmerzen», sondern auf die Eroberung der jeweils anderen Hälfte zielt. Indem ich das *Wertequadrat* von Helwig (1967) aufgreife, für Vorgänge der zwischenmenschlichen Kommunikation und Persönlichkeitsbildung nutzbar mache und so zum *Entwicklungsquadrat* ausbaue, mache ich den Versuch einer «psychologischen Tugendlehre». Für jeden der acht Stile wird es sich erweisen, daß darin bestimmte und für das Zusammenleben der Menschen unverzichtbare Qualitäten verwirklicht sind – mit der gleichzeitigen Gefahr, daß diese nicht hinreichend durch die entsprechenden Gegen-Qualitäten ausbalanciert sind und dann zur Belastung werden können.

Für die psychologische Erwachsenenbildung verbindet sich mit diesen Gedanken die Perspektive, dem Einzelnen bei der Entdeckung der für ihn wünschenswerten Richtungen der Persönlichkeitsentwicklung behilflich zu sein und Startimpulse für den ersten Schritt bereitzuhalten. Dies geschieht in Verbindung mit einer allgemein verbesserten Menschenkenntnis, die uns davor bewahrt, das Seltsame oder Befremdliche, das uns die Mitmenschen entgegenbringen, gleich verurteilend oder pathologisierend abzuwehren, oder aber auch in naiver Weise emotional darauf hereinzufallen; die es uns vielmehr gestattet, mit kundigem Verständnis die wahre Bedeutung zu entschlüsseln und mit Einfühlung und Abgrenzung zugleich darauf zu reagieren.

Somit geht es in diesem Buch um die Erweiterung der persönlichen Substanz und des Verständnisses vom Menschen, nicht um die Einübung eines «kontaktstarken Optimalverhaltens», das ja nur allzuoft dazu dient, mehr aus sich zu *machen,* bevor man wirklich «mehr» *geworden* ist.

II
Werkzeuge kommunikationspsychologischen Denkens und Arbeitens

1. Das «Quadrat der Nachricht»

Das erste der drei nun vorzustellenden gedanklichen Werkzeuge ist das «Quadrat der Nachricht», das ich 1977 und 1981 vorgeschlagen habe und das inzwischen weithin eine wohlwollende Aufnahme gefunden hat. Zur ausführlichen, systematischen Darstellung verweise ich auf «Miteinander reden 1» (1981), hier reicht eine kurze Erinnerung und ein Zuschnitt auf die vorliegende Zielsetzung.

In diesem Kommunikationsmodell steht das im Blickpunkt, *was jemand von sich gibt* bzw. das, *was beim anderen ankommt.* Dafür den richtigen Begriff zu wählen, erweist sich als gar nicht einfach, in (fragwürdiger) Anlehnung an die technische und kybernetische Nomenklatur habe ich von der *Nachricht* gesprochen und an ihr *vier Seiten* (Aspekte) unterschieden, die immer gleichzeitig mit im Spiele und seelisch wirksam sind:

1. der *Sachinhalt,* der Informationen über die mitzuteilenden Dinge und Vorgänge in der Welt enthält;

2. die *Selbstkundgabe* *, durch die der «Sender» etwas über sich selbst

* Diesen neutralen Begriff ziehe ich inzwischen dem Begriff «Selbstoffenbarung» vor: dieser erinnert allzusehr an «Selbstentblößung» und macht im Rahmen der Erwachsenenbildung unnötig Angst.

mitteilt – über seine Persönlichkeit und über seine aktuelle Befindlichkeit (sei es nun in bewußter *Selbstdarstellung* oder in mehr oder minder freiwilliger *Selbstöffnung* und *Selbstpreisgabe*);

3. der *Beziehungshinweis,* durch den der Sender zu erkennen gibt, wie er zum Empfänger steht, was er von ihm hält und wie er die Beziehung zwischen sich und ihm definiert;

4. der *Appell,* also der Versuch, in bestimmter Richtung Einfluß zu nehmen, die Aufforderung, in bestimmter Weise zu denken, zu fühlen oder zu handeln.

Mit diesem Modell verbindet sich die Erkenntnis, daß ein- und dieselbe Nachricht – oder sagen wir nun besser: *Äußerung* – viele Botschaften gleichzeitig enthält, welche sich auf die vier Seiten verteilen, wobei explizit ausgesprochen oft nur eine Seite (häufig der Sachinhalt) ist und alle anderen Botschaften «zwischen den Zeilen» stehen, aber deswegen keineswegs weniger bedeutungsvoll und wirksam sind. Wenn eine Mutter ihrem pubertierenden Sohn gegenüber in etwas unwirschem Ton erwähnt: «Da sind wieder Flecken in deinem Bettlaken!» (Beispiel von Benien, 1986), dann erschließt sich das *Gemeinte* aus dem *Gesagten* (und nonverbal *Gezeigten*), wenn wir uns außer für den Sachinhalt auch für die impliziten Botschaften der drei anderen Seiten öffnen – wobei wir uns hier auf unsicheres Gelände begeben; denn die dieser *Äußerung* zugrundeliegende *«Innerung»** der Mutter ist prinzipiell nur ihr selbst bekannt (und manchmal nicht einmal ihr in vollem Umfang). An dieser Stelle liegen die Quellen der kognitiven und emotionalen Mißverständnisse. Vielleicht «hört» der Sohn als mütterliche *Selbstkundgabe* «Ich bin der Apostel der sittlichen Sauberkeit und habe zu meiner Entrüstung wieder einmal die Spuren einer schlimmen Verfehlung entdecken müssen!» – wohingegen sie vielleicht ausdrücken wollte: «Ich habe ein Problem damit, und zwar ...». Genauso auf der *Beziehungsseite:* Vielleicht wollte sie sagen «Du bist ja jetzt ein Mann und entsprechend auch sexuell in Fahrt!» – und der Sohn nimmt es mit seinem *Beziehungsohr* so auf: «Hab ich

* Das Wort «Innerung» gibt es im Deutschen nur für Vorstellungsinhalte, die auf die Vergangenheit bezogen sind (Er-Innerung). Hier ist damit jenes organisierte oder diffuse Gemisch aus Gedanken, Gefühlen und Absichten gemeint, das der Äußerung unmittelbar zugrundeliegt. Sie liegt oftmals «im Dunklen» und bedarf der Hilfe zur Selbstklärung.

dich mal wieder ertappt, du haltloses Schwein!» und mit seinem *Appell-Ohr:* «Reiß dich zusammen und hör auf zu onanieren!» – wohingegen sie vielleicht gemeint hatte: «Kannst du nicht ein Papiertaschentuch nehmen?»

Hier ist jetzt nicht die Frage, ob der Sohn die Äußerung nicht vielleicht auch ganz richtig aufgenommen hat und die Mutter vielleicht erst infolge einer heftigen Konfrontation ein Dementi für angebracht hielt und die «harmlosere» Version ihrer Äußerung nachlieferte. Uns dient das Beispiel nur zur Veranschaulichung des allgemeinen Prinzips: Entsprechend der vier Seiten einer Äußerung verfügt der Empfänger über «vier Ohren», die in ihrer Ausrichtung in starkem Maße darüber mitentscheiden, wie das Gesagte nun «ankommt»:

1. Mit dem *Sach-Ohr* versucht er den sachlichen Informationsgehalt zu verstehen (im gegebenen Beispiel ist dies einfach, es sei denn, er wüßte nicht, was mit «Flecken» gemeint ist).

2. Mit dem *Selbstkundgabe-Ohr* ist er diagnostisch tätig: Was ist mit der Mutter los, was geht in ihr vor – welche Gefühle und Motive sind mit ihrer Äußerung verbunden?

3. Mit dem *Beziehungs-Ohr* nimmt er auf, was die Mutter von ihm zu halten scheint, und fühlt sich entsprechend behandelt (gerügt, beschämt, beschuldigt). – Die Gefühle des Empfängers nähren sich meist zu einem guten Teil aus den erhaltenen Beziehungsbotschaften, das Selbstwertgefühl eines Menschen resultiert wesentlich aus ihnen.

4. Mit dem *Appell-Ohr* hört er die Aufforderung heraus, die er an sich gerichtet spürt (zum Beispiel «Hör auf damit!»); dieses Ohr ist überhaupt empfänglich für den «Druck», der sich mit einer Äußerung verbinden und/oder unter den sich der Empfänger gesetzt fühlen kann.

Halten wir das bisher Gesagte zunächst in einem Schaubild fest:

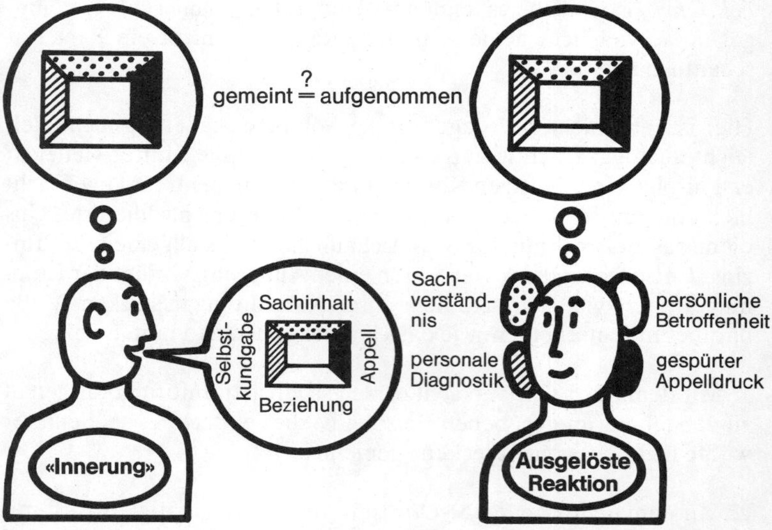

Abb. 1: Kommunikationspsychologisches Modell einer Äußerung

In der kommunikationspsychologischen Arbeit (Erwachsenenbildung, Klärungshilfe) läßt dieses Modell eine Scharfeinstellung sowohl auf den Sender als auch auf den Empfänger zu. Für den letzteren läßt sich zeigen, wie bestimmte Spezialisierungen und Bevorzugungen eines der vier Ohren für den weiteren Gesprächsverlauf in subtiler Weise die Weichen stellen. Es wird später deutlich werden, wie bestimmte innere Verfassungen und Persönlichkeitsausrichtungen mit der Bevorzugung bestimmter «Ohren» verbunden sind und entsprechend den Kommunikationsstil prägen.

Wie sieht das für die Seite des Senders aus? Der Volksmund sagt: «Man redet, wie einem der Schnabel gewachsen ist!» Wir können präziser sagen: «...wie einem die vier Schnäbel gewachsen sind!» Der Kommunikationsstil ergibt sich je nach Größe und Form dieser vier Schnäbel. Für jeden dieser Stile werden wir eine bestimmte typische «Grundbotschaft» herausarbeiten und in ihrer quadratischen Struktur beschreiben. Bei diesen Grundbotschaften handelt es sich um wiederkehrende Signalkombinationen, die den Empfänger erreichen (sollen) und den Kontakt in bestimmter Weise gestalten. Diese Signalkombinationen (zum Beispiel «Ich bin hilflos und völlig am Ende, du bist stark und mußt mir helfen – sonst ist alles aus!») mögen so nie wortwörtlich ausgesprochen sein, und doch geben sie eine Art Grundmelodie ab, die in verschiedensten Variationen immer wieder hindurchklingt, durch Worte, Mimik, Gesten, Handlungen: durch die gesamte «Ausstrahlung». Und sie tun ihre Wirkung, indem sie beim Partner (normalerweise) ganz bestimmte Gefühle und Handlungsbereitschaften auslösen.

Damit ist das für diesen gedanklichen Zusammenhang Wesentliche gesagt. Ich nehme aber die Gelegenheit, ausgehend von der Abb. 1 zwei Grundrichtungen der angewandten Kommunikationspsychologie in der Erwachsenenbildung idealtypisch zu unterscheiden und zu beschreiben. Die eine ist vorwiegend von der *Humanistischen Psychologie* inspiriert und legt es darauf an,

1. daß dem Sender eine weitgehende Entsprechung von «Innerung» und «Äußerung» gelingt. Dies erfordert Übung in der *Selbstwahrnehmung* und ist am Zielwert der *Authentizität* orientiert.

2. daß es dem Empfänger gelingt, die «hinter» der Äußerung liegende «Innerung» aufzuspüren und so zu einem tieferen Verständnis zu gelangen, als es auf der Sprechblasenebene möglich wäre (wo man gewöhnlich aneinander vorbeiredet). Dieses Aufspüren verbindet sich nicht mit einer detektivisch-diagnostischen Haltung, sondern mit einer der wohlwollenden Einfühlung. Dies erfordert Übung im *vierohrigen Zuhören* und ist am Zielwert der *Empathie* orientiert.

Eine kommunikationspsychologische Arbeit unter diesem Vorzeichen ließe sich etwa mit der Mutter unseres Beispiels folgendermaßen denken – vorausgesetzt, sie hätte in einem Elternkurs den Vorfall eingebracht. Dabei wäre zunächst überhaupt nicht die Frage «Wie sag ich es meinem Kinde?» vorrangig (Gestaltung der *Äußerung*), sondern vielmehr

«Was ist es überhaupt genau, das ich zu sagen habe?
Was geht in mir vor, wenn ich diese Flecken sehe?
Welche Erfahrungen habe ich selbst mit Onanie und
welche Einstellung dazu?» usw.

Die zur klaren Kommunikation nötige *Selbstklärung* wurde hier nachgeholt, der Brennpunkt läge bei der *Innerung* (vgl. Abb. 1). Die Mutter würde dabei lernen, sich selbst hinter die Kulissen zu schauen und könnte bei dieser Selbsterfahrung ein Stück Bewußtheit dazugewinnen. Natürlich wäre es hier auch sinnvoll, Informationen zu geben (zum Beispiel darüber, daß es wissenschaftlich keine Gründe gibt, Onanie für gesundheitsschädlich oder verwerflich zu halten; daß allerdings Schuldgefühle seelisch ungesund sind; daß nächtliche Pollutionen sich auch von selbst ereignen usw.). Das Kernstück dieser Art von psychologischer Erwachsenenbildung aber besteht in der psychischen Vorarbeit zur inneren Wahrhaftigkeit, nach dem Motto

Willst du ein guter Partner sein,
dann horch erst in dich selbst hinein!

Bei dieser Grundausrichtung ist die wirksame Einflußnahme, das «Ändern der Andern» zweitrangig und sogar etwas verpönt: Erziehung und Menschenführung beginnen bei sich selbst! «Was tue ich mit *mir,* wenn der andere nicht so ist, wie ich ihn haben will?» gab Ruth Cohn uns als Thema für die Gruppenarbeit, in der Einsicht, daß dem «Herumdoktern-Wollen» am anderen oft eine undurchschaute Eigendynamik zugrundeliegt.

Nun ist das aber nur die eine Seite. Unsere Mutter im Beispiel wird im zweiten Schritt nun auch vor der Frage stehen, ob und wie sie ihr im ersten Schritt geklärtes Anliegen jetzt auch vermitteln, in einen Dialog einbringen kann, und zwar so, daß sie Aussicht auf Erfolg hat. – *Kommunikation steht wesensmäßig im Spannungsfeld von Wahrhaftigkeit und Wirkungskalkül.* Ich will ja auch etwas erreichen mit dem, was ich sage. Damit kommen wir zur zweiten Grundausrichtung der angewandten Kommunikationspsychologie, die vorwiegend von der Rhetorik und Dialektik inspiriert ist. Hier wird nicht (so sehr) nach der Entsprechung von Innerung und Äußerung gesucht, sondern nach der optimalen Äußerung im Hinblick auf die bezweckte Wirkung (Reaktion des Empfängers). Unter diesem Gesichtspunkt zählen Takt und Taktik, die Kunst der Diplomatie und der geschickten Redeführung. Hier lautet die Frage nun wirklich: «Wie sage ich es meinem Kinde (Mitarbeiter, Vorgesetzten, Kunden, Wahlvolk)?»

Mit dem zweifellos suggestiven Argument «Der Köder soll dem Fisch schmecken, nicht dem Angler!» nehmen Vertreter dieser Richtung gegen die Humanistische Kommunikationspsychologie Rogers' und Cohns Stellung (besonders deutlich bei Esch, 1983: «‹Authentisch› kommunizieren – oder human? Kommunikationstraining zwischen zwei Lehrmeinungen»). Hier wird der Humanistischen Psychologie ein Postulat der «totalen Offenheit» und eine «Orientierung an den eigenen Bedürfnissen» unterstellt, bei der die oberste Maxime laute, nur möglichst «echt und spontan die Gefühle herauszulassen», wodurch die «Gesellschaft ihrer Zivilisiertheit beraubt» werde (S. 7 und 10). Als heilsame Alternative wird eine Orientierung an Dale Carnegie («How to win friends and influence people») empfohlen, zum Beispiel: «Gewinnung von Sympathie und Einfluß auf andere Menschen durch Einkalkulieren ihrer Schwächen in die eigene Verhaltensstrategie», oder: «Wenn Sie beliebt sein wollen, merken Sie sich die Regel: Lächeln Sie!» (S. 8). Carnegies «völlig unverblümtes Bekenntnis zur Manipulation» sei «zum Nutzen der gegenseitigen Harmonie beziehungsweise Kommunikation», infolgedessen auch: «Die einzige Möglichkeit, einen Streit zu gewinnen, ist, ihn zu vermeiden.» (S. 9)

Nun mag für bestimmte gesellschaftliche Kontexte die Definition der Beziehung zwischen zwei Menschen als zwischen Angler und Fisch realistisch sein und die Funktion der Kommunikation als «Köder» in diesem Denken durchaus folgerichtig; und das Argument ist auf der Beziehungsebene geradeso verführerisch, wie ein guter Köder sein soll: Es wird dem Teilnehmer der Erwachsenenbildung versprochen: «Du kannst ein Angler werden und die anderen Menschen mit deinen Ködern fangen – wir bringen es dir bei!» Welcher Fisch wird nach diesem Köder nicht gern schnappen?
Es ist nicht schwer, diese Mentalität des Gewinnen- und Beliebtsein-Wollens mit den Mitteln der Manipulation als bedauernswerten Ausläufer einer entfremdeten Beziehungswelt zu entlarven. Ihre Armseligkeit verrät sich nicht nur in der erstarrten Lächelgrimasse, sondern auch dort, wo eigentlich die Stärke dieses Ansatzes liegen sollte: in der (schlechten) Wirksamkeit! Am ehesten mag die Rechnung aufgehen bei jenen kurzlebigen und anonymen Betreuungskontakten, wie sie zum Beispiel zwischen Stewardess und Fluggast bestehen. Allerdings sollte in die Gesamtrechnung der seelische Preis einbezogen werden, den das Bedienungspersonal bei dieser Art von ständiger «Gefühlsarbeit» zu zahlen hat (Hochschild, 1983). Am wenigsten dürfte der süßliche Köder der Sympathiegewinnung dort ausrichten, wo es um Freundschaft oder Kooperation geht. Hier wird er als berechnende Masche empfunden und mit Unbehagen und Mißtrauen beantwortet.
Das heißt nun wiederum nicht, daß die Frage nach der Wirksamkeit in der kommunikationspsychologischen Arbeit nichts zu suchen hätte!

Wo Kommunikation nur an der Zielgröße orientiert wäre, sich selbst möglichst unverfälscht zum Ausdruck zu bringen, hätte sie ihren Sinn verfehlt – tatsächlich will ich ja mein Gegenüber oder meine Zuhörerschaft erreichen, bei ihm/ihr etwas ausrichten und somit auf die Lebensgestaltung einwirken. Die Frage «Was kann ich tun, um gehört, verstanden und als überzeugend wahrgenommen zu werden?» ist die zweite Kardinalfrage der Kommunikationspsychologie. Sie ist aber in der konkreten Arbeit mit der ersten Kardinalfrage (Wer bin ich, wofür stehe ich, was ist mein Anliegen?) eng verbunden. Wenn sich zum Beispiel ein Ausbildungsleiter fragt: «Wie kann ich die Geschäftsleitung von der Notwendigkeit unserer Bildungsarbeit besser überzeugen?» – dann hat die kommunikationspsychologische Arbeit mit der (ersten Kardinal-)Frage zu beginnen: Wovon bist du denn selbst überzeugt? – getreu der Einsicht, daß man nur, wovon man selbst erglüht ist, bei anderen entzünden kann. Ein Mangel an eigener Überzeugung wäre durch keinerlei instrumentellen Zauber auszugleichen. Erst wenn die eigene «Erglühung» (und gibt es nicht auch abkühlende Selbstzweifel? Welche? Was sagt dieser advocatus diaboli in mir selbst? Will ich ihn vielleicht durch Überzeugung des Anderen zum Verstummen bringen?) gut herausgearbeitet ist und ihre sprachliche Form gefunden hat, stellt sich die zweite Kardinalfrage: Wie kann ich die Geschäftsleitung erreichen und bei ihr etwas erreichen? Hier werden dann Überlegungen wichtig wie: In welchen Begriffen wird dort gedacht (zum Beispiel «Kosten-Nutzen-Analyse»)? Mit welchen Vorbehalten gegen mein Anliegen ist dort zu rechnen (diese Vorbehalte sind mit wohlwollender Gründlichkeit und der Frage «Was trifft daran zu?» zu studieren und einzubeziehen)? Wie kann ich, ohne meine Kompetenz in diesen Fragen zu verhehlen, es vermeiden, in die Tonart eines «Lehrmeisters der Nation» hineinzurutschen oder mit allzu emsigen Engelszungen Reaktanz (Abwehr) zu erzeugen? – usw.

Das Schaubild rechts enthält beide kommunikationspsychologischen Aspekte auf einen Blick:

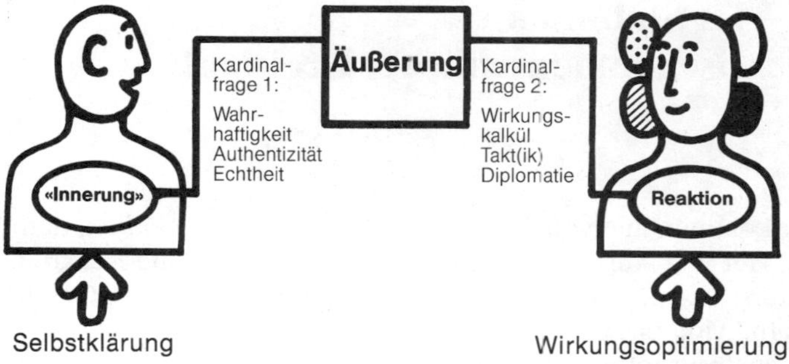

Abb. 2: Die beiden Kardinalfragen der kommunikationspsychologischen Arbeit

Zwar läßt es sich denken, daß in einer gegebenen praktischen Situation die eine oder andere Kardinalfrage bedeutsamer erscheint und daher im Vordergrund der Arbeit stehen wird; auch trifft es zu, daß für die Entwicklung einer bestimmten Person die eine oder andere Richtung Vorrang hat. Zum Beispiel sollte jemand, der nicht anders als ehrlich und unverblümt, von naiver Offenheit sein kann, in bestimmten Situationen fähig werden, auszuwählen und sich «diplomatischer» zu geben. Umgekehrt sollte der, dessen Verhalten überwiegend manipulativ und wirkungsbedacht angelegt ist, einen «Grundkurs Authentizität» besuchen. Daß sich die Entwicklungsrichtungen verschiedener Menschen überkreuzen (sollten), ist ja eine Grundthese dieses Buches. Leider habe ich gelegentlich den Eindruck, daß die psychologische Erwachsenenbildung dazu benutzt wird (und sich dazu benutzen läßt), genau jene Persönlichkeitsmerkmale noch weiter zu vervollkommnen, die ohnehin schon übermäßig ausgeprägt sind. Wird sich nicht unser Wirkungsbedachter das Buch «Manipulieren, aber richtig!» (Kirschner, 1982) kaufen und einen Rhetorikkurs besuchen, der im Ausschreibungstext «optimale Wirkung (zu) erzielen» versprach? Und wird nicht der Immer-Offen-und-Ehrliche eher eine Therapiegruppe aufsuchen, um an seine Gefühle heranzukommen?
Im Einzelfall mag es also angebracht erscheinen, die kommunikationspsychologische Arbeit auf die eine oder andere Kardinalfrage auszurichten und ihr ein besonderes Gewicht zuzugestehen. Prinzipiell läßt sich jedoch Kommunikationspsychologie nicht auf den einen oder anderen Aspekt verkürzen, ohne das Wesen von Kommunikation zu verfehlen.

2. Vier Stationen zwischenmenschlicher Kreisläufe

Wir kommen nun von der *Kommunikation* zur *Interaktion,* dem Hin und Her von Äußerung und Antwort, von Aktion und Reaktion. Im Unterschied zu Theorien und Modellen, die das seelische Geschehen des Individuums in den Blick nehmen (Klassische Psychoanalyse, Individualpsychologie, Humanistische Psychologie), wirft das nun folgende Schema einen Blick auf das *Zwischen*-Menschliche, auf die Beziehungsdynamik. Dies ist die Blickrichtung der *Systemischen Psychologie,* so genannt, weil sie das Verhalten und Erleben des Menschen nicht aus seiner innerseelischen Dynamik begreift, sondern aus den Gegebenheiten des sozialen *Systems,* innerhalb dessen er seinen Platz hat. Im einfachsten Falle handelt es sich bei dem System um eine Dyade (Zweierbeziehung), vielfach um den «Patienten Familie», dann auch um Arbeitsgruppen und Organisationseinheiten. Geht es der Humanistischen Psychologie um die Persönlichkeit des Einzelnen und der Möglichkeit ihrer Weiterentwicklung, so geht es der Systemischen Psychologie um die Gesetzmäßigkeiten, mit denen die «Elemente» des Systems aufeinander reagieren und Einfluß nehmen. Die «Systemtherapie» geht davon aus, daß die Ursache von Kommunikationsschwierigkeiten nicht (in erster Linie) beim einzelnen Menschen zu suchen sind, sondern im (Fehl-)Funktionieren des ganzen Regelsystems. Keiner ist «schuldig», sondern alle spielen nach den geltenden Regeln, niemand ist «krank», «pathologisch», «unreif» oder «bösartig», sondern der Einzelne zeigt ein Symptom, das für die Erhaltung des Gesamtsystems auf verborgene Weise unentbehrlich ist; unter diesem Blickwinkel ist der Fehler nicht länger beim einzelnen, sondern im Regelkreis des miteinander Agierens und aufeinander Reagierens zu suchen.

Die Kommunikationspsychologie hat es in der Praxis sowohl mit einzelnen Menschen zu tun (also mit Menschen, die ihre dialogischen Fähigkeiten erweitern und ihre Persönlichkeit entwickeln wollen – auch wenn dies in Gruppen geschieht, handelt es sich bei solchen Seminaren und Trainingskursen um einen «individualistischen» Ansatz), als auch zunehmend mit Paaren, Familien, Arbeitsgruppen, Kollegien, Teams, Organisationseinheiten. Leute, die miteinander zu schaffen haben, machen einander auch zu schaffen – aus dieser simplen

Tatsache ergibt sich gelegentlich die Notwendigkeit oder zumindest die «Wünschbarkeit», die Art des Miteinander-Schaffens und Zu-schaffen-Machens für ein, zwei oder mehrere Tage unter Anleitung eines neutralen und kundigen Moderators oder Klärungshelfers (Thomann u. Schulz von Thun, 1988) zum Gegenstand der Auseinandersetzung zu machen.
Für eine solche Systemtherapie ist das folgende Kreislaufschema das kleine Einmaleins, denn es umfaßt die elementare Situation der Beziehung zweier Menschen.

2.1 Beispiel Ehe und Partnerschaft

Ein einfaches Beispiel. «Er» wird von nervöser Unruhe ergriffen, wenn «sie» so einsilbig ist in bezug auf das, was sie tagsüber tut und erlebt. Wenn er nachfragt und mit der Zeit auch «bohrt» (schließlich auch hinter ihr her spioniert) und wenn sie sich daraufhin ausgefragt, inquisitorisch behandelt und verfolgt fühlt, mit der Konsequenz, daß sie sich durch zunehmende Verschlossenheit, bald auch durch Heimlichkeiten vor seinen Nachstellungen schützt – dann geben gewöhnlich beide eine kausale Interpretation dieses Geschehens ab, wobei sich jeder als bloß reagierendes Opfer eines bösen Täters fühlt:
«*Weil* du so eine Geheimniskrämerin bist, werde ich natürlich unruhig und versuche dementsprechend in Erfahrung zu bringen, was hinter den Kulissen gespielt wird!» Nach ihrem Gefühl stellt diese Sichtweise die Tatsache auf den Kopf; vielmehr gilt doch: «*Weil* du mich andauernd verhörst, mir sogar nachspionierst, fühle ich mich natürlicherweise überwacht und eingeschränkt – und dann wehre ich mich und muß darauf bestehen, daß dich das gar nichts angeht!»
Solche Teufelskreise tendieren zur Eskalation: Das Ehepaar kam zur Beratung, nachdem er heimlich eine Abhöranlage in das Telefon eingebaut hatte, um ihre Gespräche kontrollieren zu können.

Oft ist es hilfreich, den Beteiligten ihren Teufelskreis graphisch zu präsentieren; dies ist der Augenblick, wo beide staunend die Köpfe zusammenstecken und sich dann anschauen:

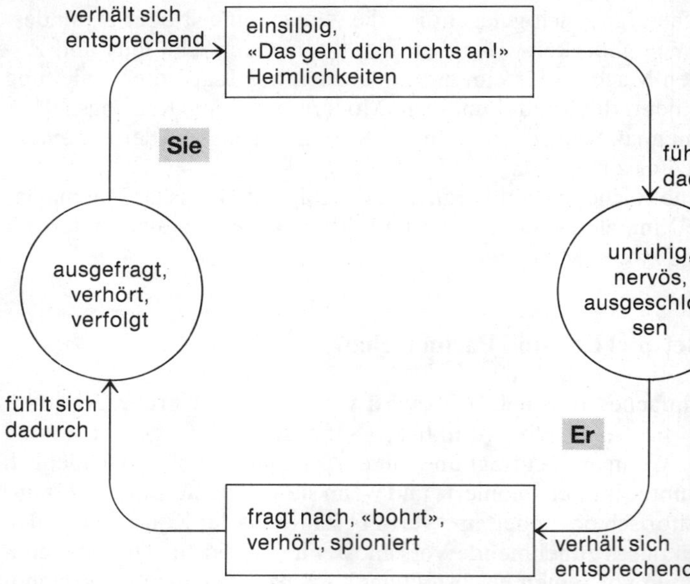

Die allgemeine Struktur eines einfachen Kreislaufes ist aus dem Beispiel bereits ersichtlich: Wir unterscheiden vier Stationen (Thomann u. Schulz von Thun, 1988), wobei in die eckigen Kästen die äußerlich sichtbaren und wirksamen Verhaltensweisen («Äußerungen») beider Partner eingetragen werden und in die Kreise ihre inneren Reaktionen («Innerungen») darauf:

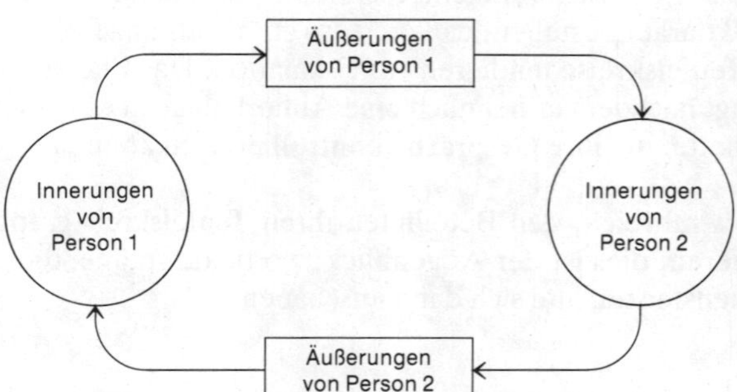

Abb. 3: Allgemeine Struktur eines zwischenmenschlichen Kreislaufs mit 4 Stationen

Die Einbeziehung der jeweiligen inneren Reaktionen in das Schema erleichtert die Integration von Humanistischer Kommunikationspsychologie und Systemischer Psychologie. Denn für die Selbstklärung und Selbstkundgabe sind die Inhalte der Kreise zu erkunden; entsprechend ist der Klärungshelfer bemüht, die bei den Partnern typische «senkrechte» Kommunikation (Vorwürfe von oben nach unten bzw. von unten nach oben) in eine «waagerechte» zu verwandeln:

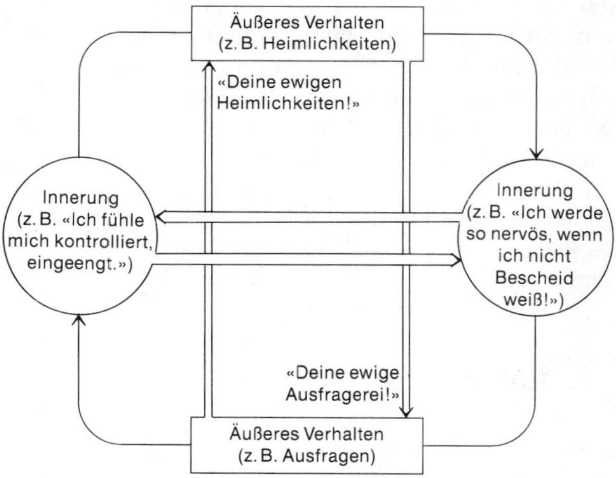

Abb. 4: Umwandlung einer «senkrechten» in eine «waagerechte» Kommunikation (z. B. durch Intervention eines Klärungshelfers)

Diese Verbindung zur Gesprächshilfe ist jedoch für den vorliegenden Zusammenhang zweitrangig. Wichtig ist die *Einübung in das systemische Denken,* das durch die Zirkularität dieses Schemas, welches keinen Anfang und keine Ursache, sondern nur Wechselwirkungen kennt, angeregt wird.
Üben wir nun noch ein wenig, diesen systemischen Blickwinkel einzunehmen, indem wir das allgemeine Schema in verschiedenen Lebensbereichen aufsuchen. Wer sich dafür interessiert, wie solche zwischenmenschlichen Teufelskreise im konkreten Fall ermittelt werden (Diagnose) und wie eine «Systemtherapie» aussehen kann, sei ausführlich auf Thomann und Schulz von Thun (1988, S. 226–298), verwiesen.

2.2 Beispiel Kindererziehung

Immer mal wieder pufft und knufft das vierjährige Schwesterchen das zweijährige Brüderchen. Plötzlich stürzt «aus Versehen» sein Turm aus Bauklötzen ein, dann wieder schubst sie ihn unsanft vom Stuhl usw. – kurzum: Schwesterchen piesackt Brüderchen. Wenn die Mutter das sieht, empört sie sich natürlich über die Hinterhältigkeit von Schwesterchen und ist voller Mitleid mit dem weinenden Brüderchen. Sie reagiert also völlig logisch. Entsprechend schimpft sie mit Schwesterchen und nimmt Brüderchen tröstend in den Arm. Wie reagiert Schwesterchen? Schon immer hatte sie das Gefühl, daß Mami Brüderchen mehr lieb hat, und fühlt sich darin erneut bestätigt und zurückgesetzt. Eifersucht macht aggressiv. Aber gegen seine eigene Mutter darf man nicht böse werden. Brüderchen jedoch, das an allem schuld ist, hat es mal richtig verdient – zumindest, wenn keiner guckt. Also: Schwesterchen piesackt Brüderchen.

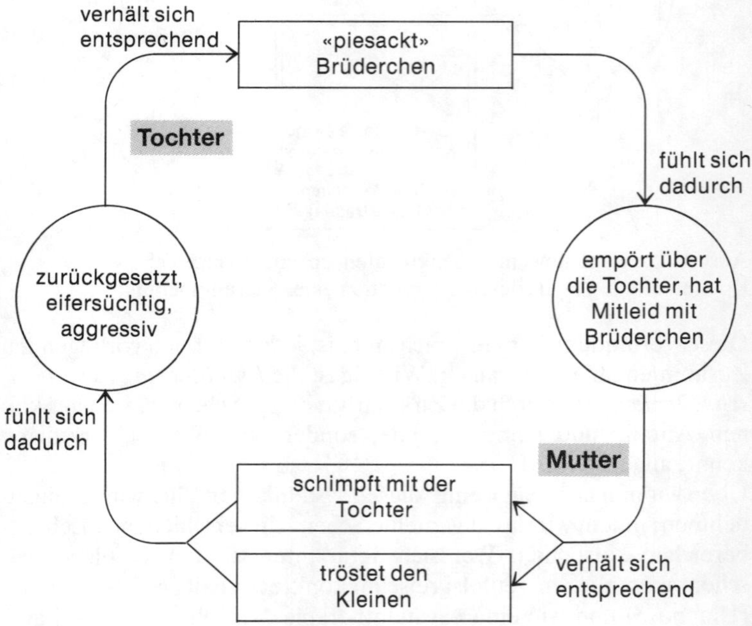

Wenn Mutter sich diesen Zusammenhang klarmacht, kann sie vielleicht beim nächstenmal statt logisch nun psycho-logisch reagieren: nämlich statt des Brüderchens einmal Schwesterchen auf den Arm zu nehmen. – Wird dadurch aber nicht das Fehlverhalten am Erfolg gelernt? Dies wäre im Rattenlabor tatsächlich der Fall. Beim Menschen sind derart mechanische Konditionierungen von innerer Psychodynamik und von kognitiver Einsicht so stark überlagert, daß genau das Gegenteil herauskommen kann. Einem «unerhörten» Betragen liegt zugrunde, in einem wichtigen Anliegen «un-erhört» zu sein – deshalb müssen, nachdem die Botschaft nicht angekommen ist, «schwere Geschütze» aufgefahren werden. Diese werden überflüssig, wenn man erhört worden ist.

2.3 Beispiel Berufsleben

Zwei Kollegen arbeiten hierarchisch gleichgestellt in einer Arbeitsgruppe. Der eine (oder soll ich beim anderen anfangen? Das ist bei derart zirkulären Strukturen ja willkürlich; am besten, man hat gleich den ganzen Kreislauf «auf einen Blick», betrachten Sie also jetzt schon das Schema auf S. 34!) – der eine (A) also schiebt manches, was zur Bearbeitung anstünde, auf die lange Bank. Der andere (B), der seinen Pappenheimer schon kennt und weiß, daß dieser die Repräsentationspflichten bei den Kunden mehr schätzt als die mühsame Aktenkleinarbeit, wird langsam nervös: «Wenn das nicht termingerecht erledigt wird, dann kriegt nicht der faule A einen drauf, sondern dann hat die ganze Abteilung das Nachsehen, und ich, der ich mich besonders zuständig fühle und daher auch von außen als Zuständiger angesehen bin, werde zum Prügelknaben!» So wird er nervös, aber auch ärgerlich auf A. Da nun Herr B ein friedliebender Mensch ist und die kollegiale Beziehung zu A («Wir kommen im großen und ganzen recht gut miteinander aus!») nicht gefährden will, tut er genau das, was er in solchen Fällen manchmal schon getan hat: er erledigt es selbst. Herr A wiederum, der dies mitbekommt, fühlt sich in dem bestätigt, was er immer schon ein wenig gedacht und gefühlt hat: «Herr B steckt wirklich überall seine Nase herein, spielt sich auf wie ein Abteilungschef und geht sogar so weit, in mein Arbeitsterritorium einzudringen!» Er fühlt sich übergangen, ist insgeheim ärgerlich auf den Kollegen B. Aber auch er ist ein friedliebender Mensch und möchte die gute kollegiale Beziehung nicht gefährden; außerdem hat er von sich das Bild, über derartige Kleinigkeiten erhaben zu sein.

Was dennoch nachbleibt, ist ein Gefühl von eigener Überflüssigkeit und einem trotzig-resignierten «Dann mach deinen Kram gleich ganz allein!». Das Resultat: Er «tut nichts», läßt manches unerledigt liegen und schiebt es auf die lange Bank:

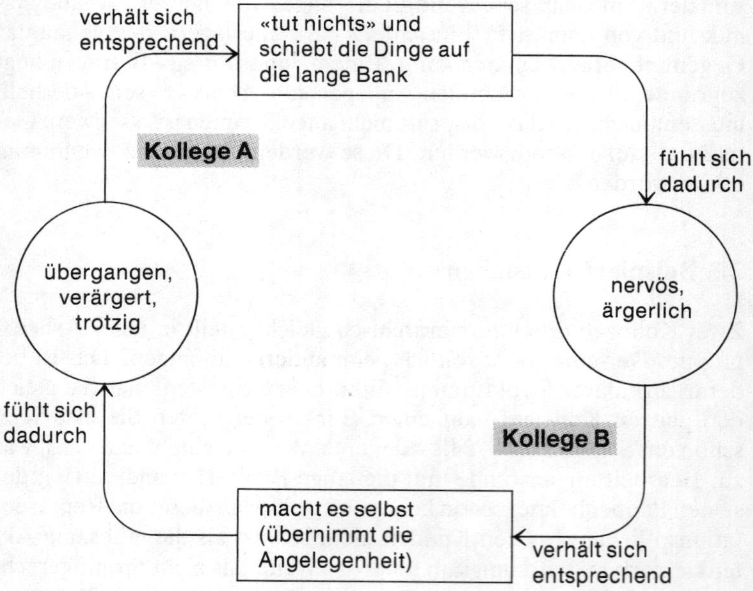

Da es sich um zwei friedliche Menschen handelt, ist es in diesem Falle günstig, wenn der unterdrückte Groll sich erst einmal ausdrückt, das heißt die «senkrechte» Kommunikation in Form von Vorwürfen («Sie sind faul und tun nichts!» – «Sie mischen sich in alles ein!») hat zunächst einmal Vorrang. Erst dann ist seelisch freie Bahn für die Klärung der inneren Reaktionen und der Bewußtwerdung des gemeinsam bewerkstelligten Teufelskreises.

Ein ganz ähnlicher Teufelskreis entsteht häufig auch in Wohngemeinschaften, Jugendgruppen, in der Vereinsarbeit und anderen Gemeinschaftsformen: Jemand ist besonders identifiziert mit der gemeinsamen Sache, macht sich kundig und hält bald viele Fäden in der Hand. Die Kollegen freuen sich über diese verläßliche Kompentenz und bestätigen seine Führungsrolle. Allmählich wird es ihm jedoch zuviel, und er beklagt die passive Konsumentenhaltung seiner Mitarbeiter. Diese geloben Besserung, übernehmen die anfallenden Aufgaben aber etwas halbherzig und nachlässig – auch macht sich die mangelnde Übung bemerkbar: Ganz so gut wie der «Chef» gelingt es ihnen nicht, so daß dieser doch wieder alles korrigieren muß – fast geht es schneller, wenn er es gleich selbst macht. Irgendwann platzt ihm der Kragen: «Ich bin doch nicht Euer Kindermädchen!» ruft er – und ist es doch längst geworden. Und die anderen? Sie beklagen mit der Zeit den «überzogenen Machtanspruch» ihres Chef-Kollegen. So entsteht die paradoxe Situation, daß die «Untergebenen» sich zwar unterdrückt fühlen, aber doch auch genüßlich bedienen lassen. Und der «Chef» hat zwar das Sagen, ist aber längst zum Sklaven geworden. Diese Beziehungsdynamik enthält viel Sprengstoff – die Beteiligten werden einander bald an die Gurgel gehen, wenn sie die teufelskreisartige Dynamik nicht durchschauen, und wenn nicht jeder entdeckt, *was er davon hat,* worunter er dann auch leidet, und wie er sich deshalb nach Kräften an der Aufrechterhaltung des Systems beteiligt.

2.4 Offene und verdeckte Kreisläufe

Die Frage «*Was haben die Beteiligten davon, wenn sich ein Teufelskreis zwischen ihnen dreht und dreht?*» führt oftmals auf eine gute Spur. Zwar scheint es zunächst, als würden beide in heilloser leiderzeugender Verstrickung sich gegenseitig das Leben schwermachen. Dies trifft zwar zu, ist aber meist nicht die ganze Wahrheit. Unter der Oberfläche des psychischen Geschehens dreht sich vielleicht noch ein anderer Kreislauf, der weniger bewußte *Bedürfnisse befriedigt.* Infolgedessen wird es schwer sein, einen Teufelskreis zu stoppen, solange diese auf Systemerhaltung drängende unbewußte Lobby nicht erkannt und bearbeitet ist. In der psychoanalytischen Literatur spricht man von einer *Kollusion* (Willi, 1975) oder von *interpersonaler Abwehr* (Mentzos, 1986), wenn unbewußte Kräfte zweier (oder mehrerer) Beziehungspartner sich zu einer gemeinsamen Dynamik verbinden, indem sie gleichsam unter der Oberfläche am gleichen Strang ziehen.
Ein Beispiel aus der familientherapeutischen Erziehungsberatung: Der elfjährige Hans, der nach Trennung seiner Eltern bei seinen Großeltern lebt, frißt immer wieder etwas aus. Bald macht er an einem Supermarkt Fensterscheiben kaputt, bald klaut er irgendwo

etwas, bald ist er in eine Schlägerei verwickelt. Wenn dem Vater das gemeldet wird, ist er jeweils entsetzt und voller Strenge: «Aus dir wird ein Verbrecher – wenn das so weitergeht, kommst du in ein Heim!» Der Sohn, von niemandem wirklich anerkannt, fühlt sich als Abschaum, abgestempelt als krimineller Problemfall. Entsprechend handelt er. – Soweit sind die Fakten schnell ermittelt, der Teufelskreis sieht folgendermaßen aus:

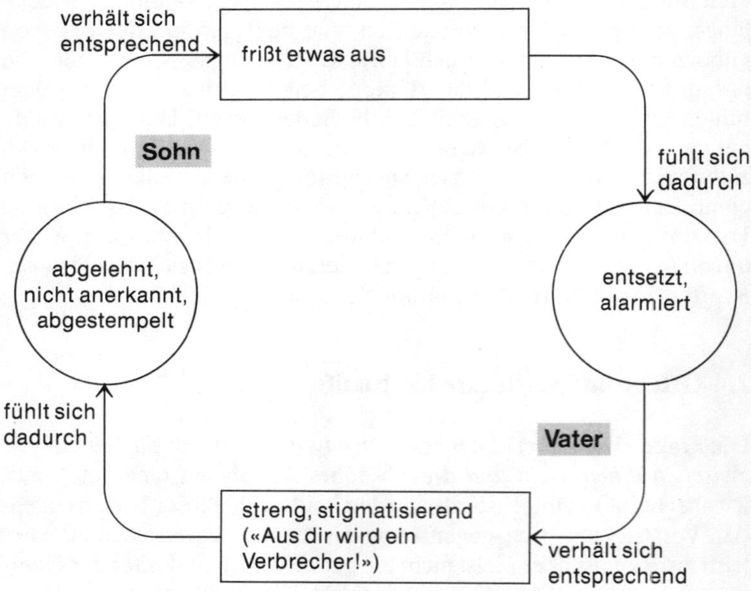

Mit dieser Diagnose könnte man sich zufriedengeben, wären nicht im Gespräch mit allen Beteiligten auch noch andere Zwischentöne vernehmbar: Schimmert nicht durch die übertrieben geißelnde Aufgebrachtheit des Vaters eine gewisse Faszination hindurch? Mehr noch: Während er sonst durch den Zerfall der Familie als Vater ziemlich «abgemeldet» ist, bieten die Missetaten des Sohnes immer wieder Anlaß, nach dem *Vater* (und nicht nach der Mutter oder Großmutter) zu rufen – und ist das nicht jeweils seine «große Stunde»? Begründet sein Gefühl, hier anerkannt und *gebraucht* zu werden, ein heimliches Interesse an den Missetaten? Und der Sohn, der seinen Vater verloren hat? Immer, wenn er etwas ausgefressen hat, steht der Vater «auf der Matte»; und setzt er sich nicht – bei aller vernichtenden Verurteilung – dann für ihn ein? Kein gerade inniges, aber eben doch ein *Vatererlebnis,* das auf diese Weise zurückgewonnen wird. So ermöglicht diese Kollusion zwischen Vater und Sohn die Aufrechterhaltung einer emotionalen Beziehung, vermittelt beiden ein Gefühl von Zusammengehörigkeit, das auf «regulärem» Wege aufrechtzuerhalten ihnen verwehrt ist. – Das Geschehen ist «überdeterminiert», von ganz verschiedenen Dynamiken gleichzeitig am Leben gehalten – und wir haben in den äußeren Teufelskreis noch einen verdeckten inneren zu zeichnen:

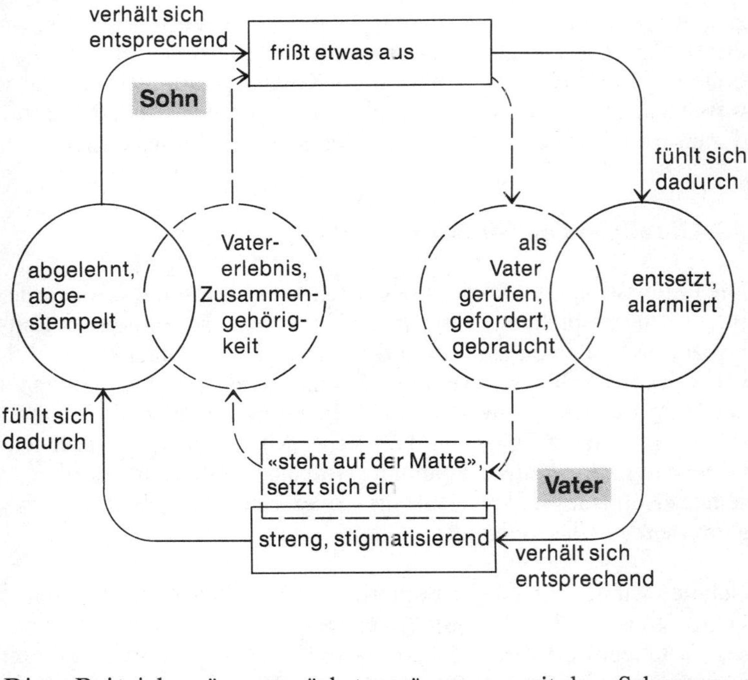

Diese Beispiele mögen zunächst genügen, um mit dem Schema vertraut zu sein und das Denken in systemischen Wechselwirkungen zu trainieren. Die typischen Standard-Teufelskreise, die sich mit bestimmten Persönlichkeitsanteilen und Kommunikationsstilen verbinden, werden wir dann im Abschnitt III betrachten. Dort wird noch eine weitere Unterscheidung einzuführen sein in *symmetrische* und *komplementäre* Kreisläufe (s. S. 129).

3. Das Werte- und Entwicklungsquadrat

Wir kommen nun zum dritten (und letzten) gedanklichen Werkzeug, das mir als Kommunikationspsychologe in der Praxis hilft, klarerzusehen und die Zielrichtung von Interventionen sicherer zu bestimmen. Seine allgemeine Struktur hat schon Aristoteles in ähnlicher Form vor Augen gehabt, und sie enthält eine Anleitung zum dialektischen Denken. In der hier dargestellten Form des *Wertequadrates* stammt es von Helwig (1967), und ich möchte es, um es für Vorgänge der zwischenmenschlichen Kommunikation und Persönlichkeitsbildung nutzbar zu machen, auch als *Entwicklungsquadrat* verstehen. – Mir selbst hat die Begegnung mit diesem Denk- und Werteschema schlagartig geholfen, frühere Holzwege, die wir als Kommunikationstrainer naseweis gegangen waren, klarer als solche zu durchschauen – ich komme darauf zurück. Zuerst eine kleine systematische Einführung.

3.1 Die allgemeine Struktur

Die Prämisse lautet: Um den dialektisch strukturierten Daseinsforderungen zu entsprechen, kann jeder Wert (jede Tugend, jedes Leitprinzip, jedes Persönlichkeitsmerkmal) nur dann zu einer konstruktiven Wirkung gelangen, wenn er sich in *ausgehaltener Spannung* zu einem positiven Gegenwert, einer «Schwestertugend», befindet. Statt von ausgehaltener Spannung läßt sich auch von *Balance* sprechen. Ohne diese ausgehaltene Spannung (Balance) verkommt ein Wert zu seiner «Entartungsform» (Helwig) – oder sagen wir lieber: zu seiner *entwertenden Übertreibung.*

Nehmen wir ein einfaches Beispiel aus dem Bereich der bürgerlichen Tugenden (s. Bollnow, 1958): Sparsamkeit verkommt ohne ihren positiven Gegenwert *Großzügigkeit* zum *Geiz,* umgekehrt verkommt auch Großzügigkeit ohne Sparsamkeit zur *Verschwendung.* Die hierbei regelmäßig entstehenden vier Begriffe lassen sich nach Helwig zu einem «Wertequadrat» anordnen, wobei jeweils die beiden positiven Gegenwerte oben und die entsprechenden Unwerte unten zu stehen kommen:

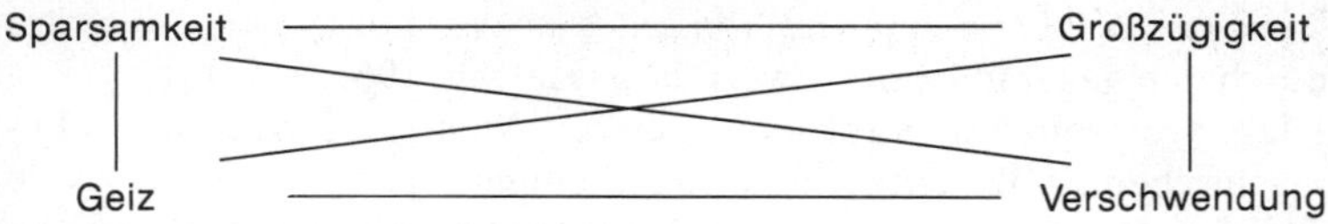

Abb. 5: Allgemeine Struktur eines Wertequadrates am Beispiel «Sparsamkeit»

«Alle diese werthaften Begriffe ordnen sich zu einer ‹Vierheit› von Werten bzw. Unwerten. In jedem Wert liegt eine ‹Quaternität von Werten› eingeschlossen... Dieses Wertequadrat ‹verklammert› also die vier Begriffe miteinander. Jeder wird damit doppelt gegensätzlich präzisiert» (Helwig, 1967, S. 66).

Bei diesem Quadrat entstehen nun vier Arten von Beziehungen, durch die das Verhältnis der Begriffe zueinander charakterisiert ist:

1. Die obere Linie zwischen den positiven Werten bezeichnet ein *positives Spannungs-* bzw. *Ergänzungsverhältnis,* wir können auch von einem *dialektischen Gegensatz* sprechen.
2. Die Diagonalen bezeichnen *konträre Gegensätze* zwischen einem Wert und einem Unwert;
3. die senkrechten Linien bezeichnen die *entwertende Übertreibung;*
4. die untere Verbindung zwischen beiden Unwerten «stellt gleichsam den Weg dar, den wir beschreiten, wenn wir dem einen Unwert entfliehen wollen, aber nicht die Kraft haben, uns in die geforderte Spannung der oberen Pluswerte hinaufzuarbeiten. Also wenn wir aus *einem* Unwert in den entgegengesetzten *anderen* Unwert fliehen. Die Verbindung zwischen den unteren Begriffen stellt also die Fehllei-

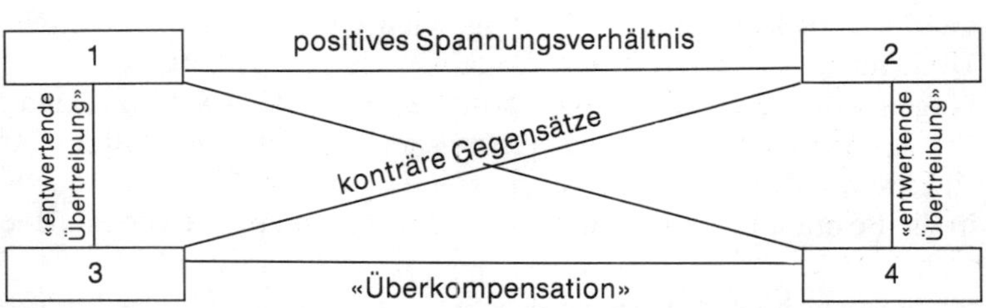

Abb. 6: Das Netz von Beziehungen zwischen den 4 Polen des Wertequadrates

stung einer «*Überkompensation** des zu vermeidenden Unwertes durch den gegenteiligen Unwert dar» (Helwig, 1967, S. 66).
Diese Wertequadrat-Struktur ist der von Aristoteles in seiner «Nikomachischen Ethik» entwickelten Vorstellung verwandt, nach der jede Tugend als die rechte Mitte zwischen zwei fehlerhaften Extremen zu bestimmen ist: zum Beispiel Sparsamkeit zwischen Geiz und Verschwendung, oder Mut zwischen Feigheit und übermütigem Leichtsinn. Die anzustrebende Tugend ist hier, im Unterschied zum Wertequadrat, als ein Fixpunkt gedacht, der sich allerdings «verschieben» läßt. So ist die Sparsamkeit dem Geiz näher als der Verschwendung, während die griechische Tugend der «eleutheriotes» eher der deutschen Freigebigkeit oder Großzügigkeit entspricht (Bollnow, 1958).
Beim Wertequadrat ist die Vorstellung eines optimalen Fixpunktes aufgegeben und durch die Vorstellung einer dynamischen Balance ersetzt, was mir besonders auch für psychische Phänomene fruchtbringender scheint. Angemessen ist auch die Vorstellung eines Yin-Yang-Verhältnisses der beiden oberen Werte: Sie durchdringen sich gegenseitig und enthalten jeweils schon selbst ein Spurenelement des Gegenpoles:

Abb. 7: Das Yin-Yang-Verhältnis

3.2 Wie konstruiere ich ein Wertequadrat?

Ich möchte Sie instand setzen, für Ihren eigenen Bedarf solche Wertequadrate zu konstruieren. Im folgenden daher einige heuristische Übungen.
Angenommen, ich habe einen positiven Wert (Charaktermerkmal, Prinzip) vor Augen, sagen wir *Vertrauen.* Wie ist nun die Struktur der zu diesem Wert gehörigen «Quaternität»? Ich schreibe «Vertrauen» in die Position (1) oben links. Von hier aus kann meine gedankliche

* Überkompensieren: einen persönlichen Mangel so stark überwinden, daß es des Guten zuviel wird.

Entdeckungsreise nun verschiedene Wege gehen: zum Beispiel könnte ich auf die Position (2) schauen und nach dem positiven Gegenwert, nach der «Schwestertugend» des Vertrauens fragen – aber was könnte das sein? Einfacher ist es vielleicht, zunächst nach der entwertenden Übertreibung in Position 3 zu fragen, oder auch nach dem konträren Gegensatz am Ende der Diagonalen (4):

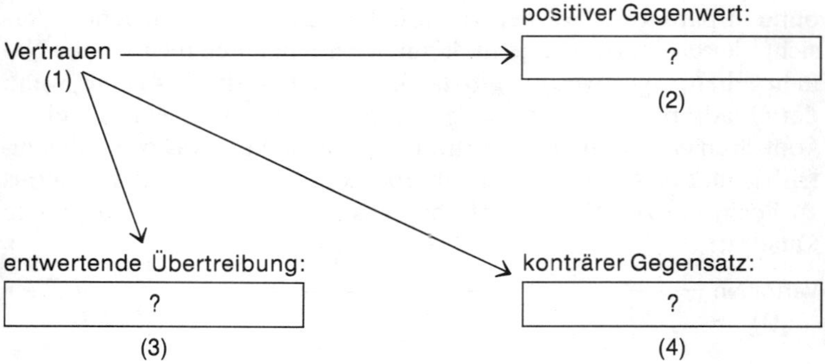

Ich versuche es einmal mit Position 4 – was wäre der *konträre Gegensatz* zu «Vertrauen»? Vielleicht einfach «Mißtrauen»? Aber ein gewisses Mißtrauen ist ja in vielen Situationen des Lebens durchaus angebracht – taugt dieser Begriff, um die «übertreibende Entwertung» der Position (2) zu bezeichnen? Schwer zu sagen, denn die haben wir ja auch noch nicht definiert.

Vielleicht ist es doch leichter, von (1) erst einmal direkt nach unten in die Position (3) zu wandern: Übertriebenes Vertrauen? Hier kann es sich nur um eine «naive Vertrauensseligkeit» handeln, die schon der Dummheit nahesteht. Also tragen wir die Position (3) vorläufig ein und ergänzen die fehlenden Verbindungslinien:

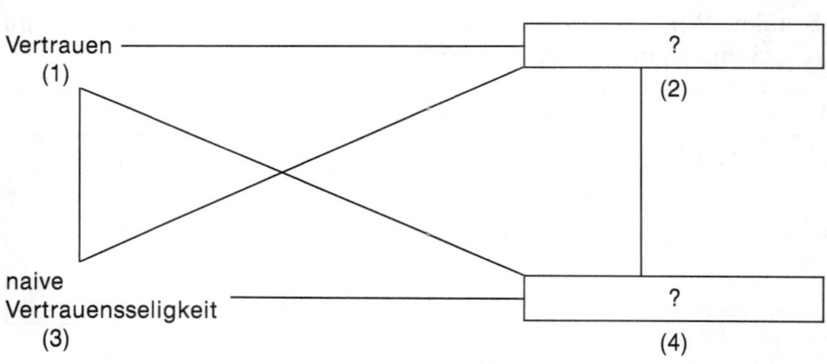

Da es oftmals leichter ist, den konträren Gegensatz auszumachen, können wir nun von der neu gewonnenen Position (3) diagonal nach oben steigen und uns fragen: Was ist das Gegenteil jener «naiven Vertrauensseligkeit» und taugt gleichzeitig als positiver Gegenwert zum Vertrauen?
Wer nicht zu naiver Vertrauensseligkeit neigt, läßt offenbar eine gewisse *Vorsicht* walten, darin sich ein gewisses Mißtrauen andeutet, ohne in paranoide Formen zu verfallen. Dieser übertriebenen Vorsicht, der das Vertrauen fehlt, können wir nun unten rechts einen Namen geben, sagen wir: *paranoides Mißtrauen.* Position (4) muß, wenn der Quadrant insgesamt richtig gebildet und stimmig sein soll, einen konträren Gegensatz zum Vertrauen (1) darstellen (was zweifellos zutrifft), und muß ferner in einem überkompensatorischen Verhältnis zu Position (3) stehen – was ebenfalls zutrifft. Hier das vollendete Quadrat:

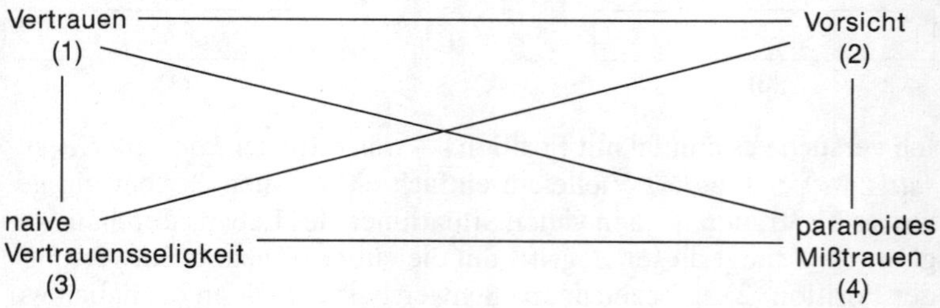

Beim vorangegangenen Beispiel waren wir von einem positiven Wert (Vertrauen) ausgegangen, der uns als Startpunkt für die Erkenntnisreise diente. Da man es aber zuweilen auch mit «Charakterfehlern», «Untugenden» und menschlichen Entwicklungsrückständen zu tun hat, werden wir gelegentlich bei einer *unteren* Position zu beginnen haben. Nehmen wir an, ein Lehrer leidet unter einem «aufsässigen» Schüler. Wir tragen die «Aufsässigkeit» in die Position (3) ein und schreiten von hier gedanklich fort:

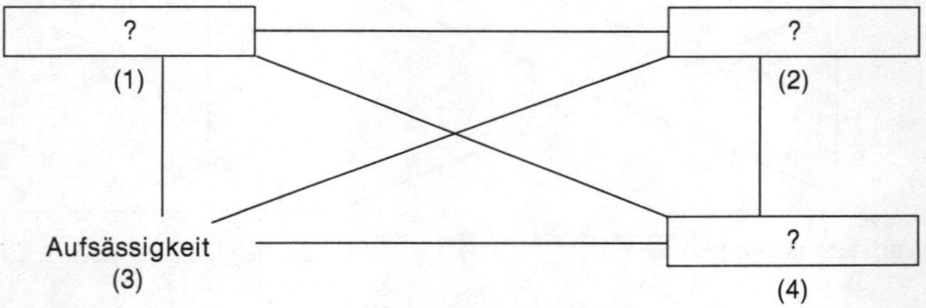

Vielleicht fällt es unserem imaginären Lehrer am leichtesten, sich das extreme, ebenso unerwünschte Gegenteil vor Augen zu halten (Position 4): Hat er doch auch sie in der Klasse, jene braven, überangepaßten Musterschüler, die zu allem Ja und Amen sagen:

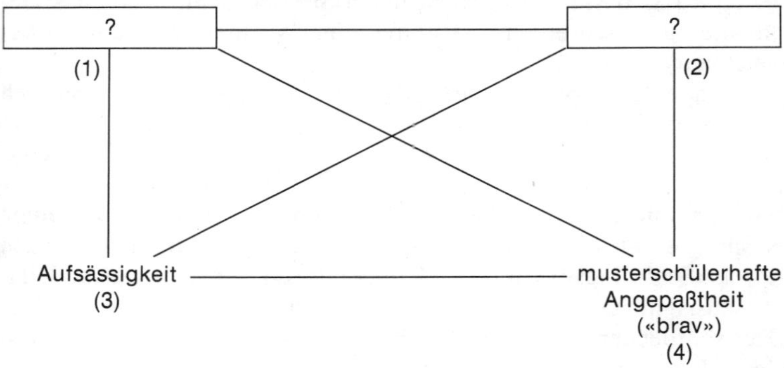

Nun kann man zu den positiven Werten aufsteigen, sei es diagonal oder senkrecht. «Aufsässigkeit» erscheint dann als «des Guten zuviel» von etwas, das gleichzeitig einen konträren Gegensatz zur musterschülerhaften Anpassung bildet: Offenbar ist hier ein positiver *Eigensinn* angesprochen, in welchem sich der Wille zur Selbständigkeit, Freiheit und eben: zum *Eigen-Sinn* ausdrückt; dieser braucht als ausgleichende Ergänzung einer gewissen *Einordnung,* um nicht in sture Eigensinnigkeit oder in zwanghaften Oppositionsgeist zu verfallen:

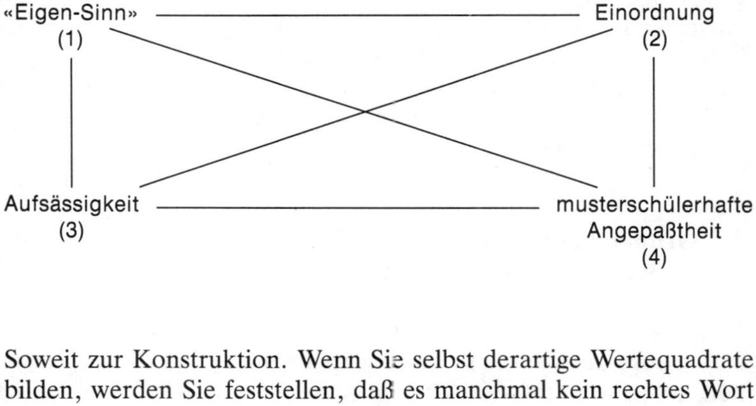

Soweit zur Konstruktion. Wenn Sie selbst derartige Wertequadrate bilden, werden Sie feststellen, daß es manchmal kein rechtes Wort

gibt, um das prägnant zu bezeichnen, was Sie als Phänomen vor Augen haben. Anders als in Fausts zynischem Knittelvers «Denn eben wo Begriffe fehlen, da stellt ein Wort zur rechten Zeit sich ein!» hat sich hier der Begriff vor dem geistigen Auge schon eingestellt, doch es fehlt das passende Wort. Scheuen Sie sich dann nicht, das Gemeinte zu umschreiben oder durch eine Wortneuschöpfung zu bezeichnen!
Am Ende des Kapitels finden Sie einige *Übungen*, an denen Sie sich auch schon jetzt versuchen können.

Was ist mit einem solchen Wertequadrat gewonnen? Zum einen schärft es den Blick dafür, daß sich in dem beklagten Fehler nicht etwas «Schlechtes» («Böses», «Krankhaftes») manifestieren muß, das es «auszumerzen» gelte. Vielmehr läßt sich darin immer ein positiver Kern entdecken, dessen Vorhandensein zu schätzen ist und allein dessen Überdosierung (des Guten zuviel) problematisch erscheint. Damit ist auch die Entwicklungsrichtung vorgezeichnet: nicht etwa von (3) nach (4), sondern von (3) nach (2) unter Beibehaltung von (1).
Zum anderen ist mit diesem Quadrat die Überzeugung verbunden, daß jeder Mensch mit einer bestimmten erkennbaren Eigenschaft immer auch über einen «schlummernden» Gegenpol verfügt, den er in sich wecken und zur Entwicklung bringen kann.
Wird mit dieser Sichtweise denn nicht, so mag ein Einwand lauten, der ausgewogenen Mittelmäßigkeit eines Idealcharakters das Wort geredet? Nein, das angepeilte Ideal ist keine statische, sondern eine *dynamische Balance.* Das heißt je nach Situation und ihrer je einmaligen Sinngebung kann das Pendel extrem hin- und herschlagen (es gibt Augenblicke, in denen radikale Aufsässigkeit das Gebot der Stunde ist!) – entscheidend ist, daß als innere Möglichkeit beide Haltungen zur Verfügung stehen. Dies wäre *ideal* im Sinne menschlicher Freiheit und Bewußtheit, *normal* ist, daß man «von Haus aus» der einen Möglichkeit mehr zuneigt und sich mit der anderen schwertut.

3.3 Grundlegende Wertequadrate für die zwischenmenschliche Kommunikation

Versuchen wir jetzt, dieses Werkzeug für den Bereich der Kommunikation nutzbar zu machen. Dies soll später noch systematisch geschehen, wenn wir acht verschiedene Kommunikationsstile nach ihren

Stärken und Schwächen untersuchen (Kap. III). Zwei für das zwischenmenschliche Miteinander sehr grundlegende Wertequadrate seien hier vorweggenommen.

Wahrhaftigkeit und Wirkungsbewußtsein. Auf dieses Wertequadrat sind wir durch die Erörterung der «zwei Lehrmeinungen zu Kommunikationstraining» (S. 23 ff), gedanklich schon vorbereitet. Der Streit darum erweist sich nun als Polarisierung einer zusammengehörigen Dialektik. *Authentizität* mißrät, wenn sie nicht mit dem Bewußtsein der Wirkung gepaart ist, zur *naiven Unverblümtheit,* die entweder (durch «schonungslose» Offenheit) den Takt vermissen läßt und einen Scherbenhaufen zurücklassen kann, oder (durch unvorsichtige Selbstpreisgabe) zuwenig Sinn für taktische Notwendigkeiten verrät und sich unnötig verwundbar macht. «Ich bin viel zu offen und spontan, vieles rutscht mir einfach so heraus, und hinterher habe ich das häufig zu bereuen!» – sagen manche unserer Kursteilnehmer und deuten damit an, daß sie ihr Repertoire durch diplomatische Geschicklichkeit erweitern möchten. Auf der anderen Seite steht der «Volldiplomat», bei dem jedes Wort zum schmackhaften Köder gerät, welcher dem Fisch nun schmecken soll, und dessen berechnende Rhetorik ihm zur zweiten Natur geworden ist, das heißt sein «wahrer Kern» bleibt nicht nur seinem Gegenüber, sondern auch ihm selbst verborgen.

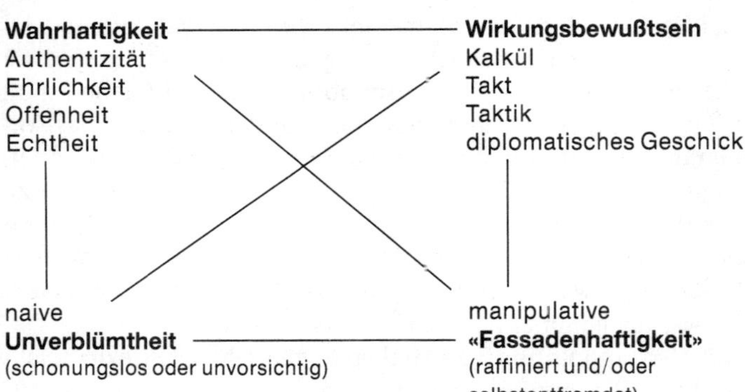

Die Kunst, diese dialektische Gegensätzlichkeit zu vereinen, ist uns zeitlebens aufgegeben. In manchen Momenten des Lebens ist die konflikthafte Spannung besonders spürbar – zum Beispiel wenn der Arzt vor der Frage steht, ob er einem Todkranken die Wahrheit mitteilen soll; oder wenn der unglücklich Liebende zweifelt, ob er sein Begehren und seine Anhänglichkeit zeigen soll (mit der Gefahr, daß der oder die Begehrte dann erst recht auf Distanz geht), oder ob er besser «taktisch» die kalte Schulter zeigt, um nun die andere/den anderen zu entzünden (vgl. S. 206). – Viele Anliegen unserer Kursteilnehmer haben die formale Struktur

«Wie kann ich..., ohne zu...?»,

wobei im ersten Teil die wahrhaftige Botschaft, im zweiten Teil die befürchtete Wirkung zum Ausdruck kommt: «Wie kann ich ihm meine Gefühle sagen, ohne ihn zu kränken?» – «Wie kann ich meinem Chef die Meinung sagen, ohne ihn gegen mich aufzubringen?» – «Wie kann ich einen Mitarbeiter kritisieren, ohne ihn zu entmutigen?» usw.

«Liebender Kampf»: Akzeptierung und Konfrontation. Auf ein zweites sehr grundlegendes Wertequadrat für die Kommunikation kommen wir, wenn wir uns an die Aussage von Karl Jaspers erinnern, daß die Suche nach Wahrheit nur im zwischenmenschlichen Dialog erfolgen könne und ein gelungener Dialog wesensmäßig ein *liebender Kampf* sei (1953, S. 27). Verallgemeinern wir diese dialektische Formel auf den zwischenmenschlichen Umgang überhaupt, so gibt sie gleichfalls einen tauglichen Wegweiser ab. «Liebe» steht dann für all das, was Gegensätze überwindet und miteinander aussöhnt: das Akzeptieren und Geltenlassen des Mitmenschen auch und gerade in seiner Andersartigkeit; das Bemühen, sich einfühlend in seine Welt zu versetzen; der Mut, sich zu öffnen und anzuvertrauen, mit dem Risiko, verletzt zu werden – alles sind Aspekte dieses Teils, in distanzierteren Beziehungen wohl auch jene Höflichkeit, die den anderen nicht abwertet, was auch immer man von ihm halten mag.
Dieses auf Verständnis und Versöhnlichkeit gerichtete Prinzip macht aber nur die eine Hälfte einer vollwertigen Beziehung aus. Hinzukommen muß das kämpferische Element: die Bereitschaft und die Fähigkeit, den Partner unter Umständen hart zu konfrontieren, Gegensätze und Konflikte mit ihm auszufechten, wenn nötig mit unerbittlicher Härte und fliegenden Fetzen. «Streiten verbindet» (Bach

und Wyden, 1969), allerdings nur in liebendem Kampf. Andernfalls droht jene ungebremste Eskalation von Kränkungen, die in blanken Haß und gegenseitige Zerfleischung mündet. Während uns diese Gefahr aus den Ehen, der Nachbarschaft, den politischen Gruppierungen wohlvertraut ist, scheint die Gegengefahr weniger als solche bekannt: zuviel Friedlichkeit und Höflichkeit ergibt *Friedhöflichkeit* – mit dieser Wortschöpfung möchte ich ausdrücken, daß diese Nur-Harmonie etwas Totes hat – dies gilt für Paare, aber auch für Gruppen, in denen alle außerordentlich «nett zueinander» sind, kein böses Wort die Eintracht zu gefährden scheint und jeder aufkommende Gegensatz sogleich mit sanften Beschwichtigungen im warmen Mulsch erstickt wird.

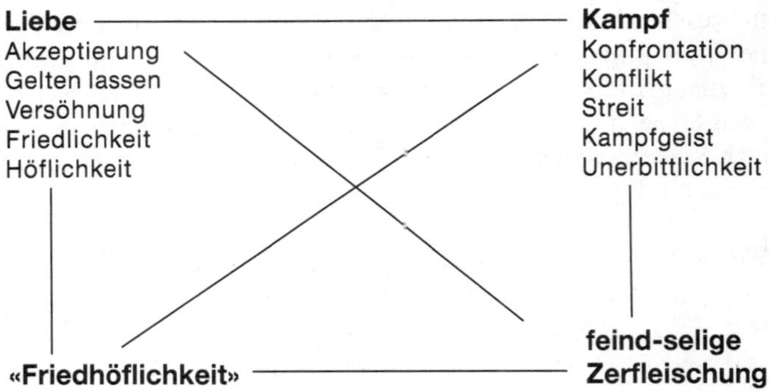

Dieselbe Weisheit finden wir in der Faustregel für Psychotherapeuten wieder:

A + K = E

das heißt Entwicklung (**E**) wird möglich, wenn der Therapeut **A**kzeptierung und **K**onfrontation zu verbinden weiß.

3.4 Vom Werte- zum Entwicklungsquadrat

In seiner Eigenschaft als *Entwicklungsquadrat* ermöglicht uns ein solches Wertequadrat nun, die Entwicklungsrichtungen eines Menschen (oder auch einer Gruppe) zu bestimmen, die angezeigt sind, um den besonderen Herausforderungen der jeweiligen Berufspraxis und Lebenswelt gerecht zu werden.

Als psychologische Erwachsenenbildner haben wir mit der folgenschweren Tatsache zu leben, daß sich die Entwicklungsrichtungen unserer Kursteilnehmer überkreuzen. Der eine sagt: «Ich neige dazu, um des lieben Friedens willen meine Ansichten zurückzustellen, stets viel Verständnis für allen und jeden aufzubringen und Konflikten aus dem Weg zu gehen. Mir fehlt, daß ich mal mit der Faust auf den Tisch schlage und unmißverständlich klarmache, was ich ablehne und verabscheue. Das möchte ich lernen!» Jemand anderes: «Mir ist klargeworden (man hat es mir auch oft gesagt), daß ich durch meine Art die Leute ziemlich vor den Kopf stoße. Ich habe tatsächlich oft das Gefühl, von Dummköpfen und Versagern umgeben zu sein – und dann rede ich Klartext und haue wohl auch mal drauf. Dabei meine ich es manchmal gar nicht so! Ich möchte lernen, toleranter zu werden, mehr Verständnis aufzubringen für meinen Sohn, meinen Chef, meine Frau und meine Mitarbeiter. Und daß die Leute sich nicht gleich angegriffen fühlen, wenn ich den Mund aufmache. Kann man so etwas lernen?»
Je nach Selbstdiagnose überkreuzen sich also die Entwicklungsrichtungen wie folgt:

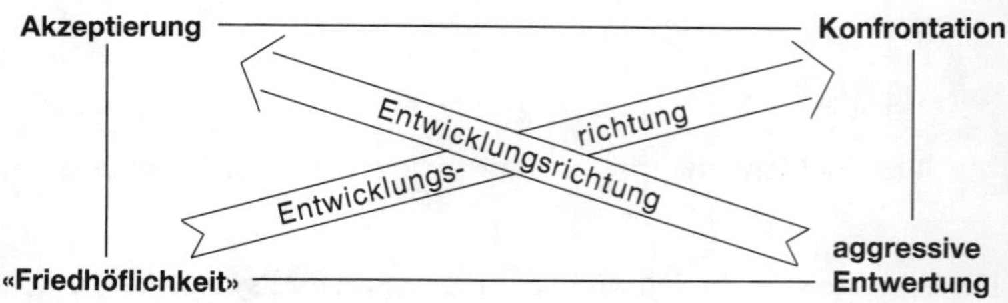

Die zwischenmenschliche Kommunikation betreffend gibt es viele solcher Entwicklungsquadrate. Wir werden sie, ausgehend von typischen Kontaktmustern, im Kapitel III nach und nach kennenlernen und dann ansatzweise auch den Weg genauer beschreiben, der jeweils zurückzulegen ist.

An dieser Stelle möchte ich noch ein allgemeines, besonders von der Humanistischen Psychologie proklamiertes Entwicklungsziel besprechen, das unter dem Schlagwort «Selbstverwirklichung» in die öffentliche Diskussion – und in den öffentlichen Streit – gekommen ist.
Mit Hilfe der folgenden Werte- bzw. Entwicklungsquadrate mag es gelingen, zum einen die Kritik an diesem Entwicklungsziel zu integrieren als auch den umstrittenen Begriff selber genauer zu bestimmen.

Die naheliegendste und wohl auch am häufigsten vorgebrachte Kritik meint in der Selbstverwirklichung einen kaum verbrämten «egoistischen» Zug zu entdecken. «Du hast 10 Semester Egoismus studiert!» lautet die Klage eines Ehepartners, dessen Frau nach ihrem Studium darauf bestand, eigene Wünsche und Forderungen anzumelden und auch durchzusetzen. Appelliert wird mit dieser Klage an das soziale Empfinden, daß der Mitmensch, der vielleicht nicht so kraftvoll in der Lage ist, für sich einzutreten, Rücksicht beansprucht. Erinnert wird auch an die übergeordneten Interessen einer Gemeinschaft, denen sich das Individuum unterzuordnen habe. Aber vielleicht ist die Ehefrau gerade dabei, sich aus der «Ecke» der Selbst-losigkeit emporzuarbeiten und gerät schon bei den leisesten Anzeichen von Selbstbehauptung in den Verdacht, ins Gegenextrem abzugleiten? Möglich auch, daß das Gegenextrem vorübergehend nötig ist, um die Waagschale überhaupt in Bewegung zu bringen?

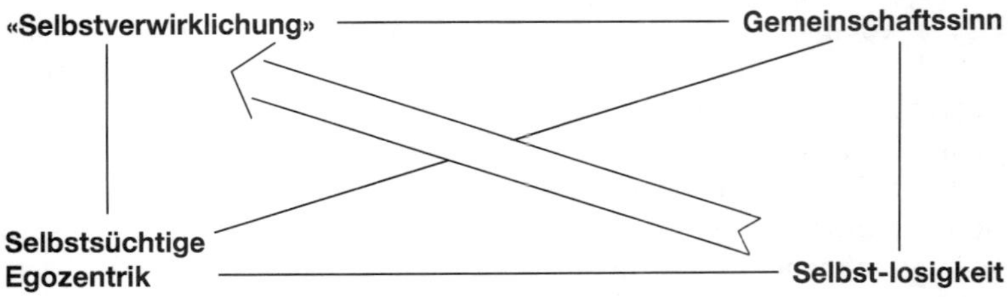

Ein ähnlicher Vorwuf, der sich gegen die «Selbstverwirklichungsbewegung» richtet, lautet: «Wenn jeder nur noch täte, was ihm Spaß macht und worauf er gerade ‹Bock› hat, wenn keiner mehr – persönliche Unlustgefühle überwindend – seine Pflicht zu tun bereit ist, dann geht alles vor die Hunde!» Hier wird Selbstverwirklichung mit Vergnügungssucht und Pflichtvergessenheit gleichgesetzt – bzw. es wird den Anhängern der «Bewegung» eine solche Gleichsetzung unterstellt. Während der erste Vorwurf einen Mangel an Rücksicht gegenüber den Mitmenschen beklagte, so wird in diesem zweiten Vorwurf die verantwortliche Bindung der persönlichen Kräfte an eine Aufgabe vermißt (ist hier nicht das Sich-Aufgeben eher gefragt als das Sichselbst-Verwirklichen?).
Diese Kritik wirft existentielle Probleme auf. Zunächst ist es von der zeitgenössischen Psychologie besonders durch Victor Frankl (1981) herausgestellt worden, daß die menschliche Existenz ohne die Bindung an eine Aufgabe, an etwas, was über sich selbst hinausweist, verkümmert (vor allem in die Depression): «Erst im Dienst an einer

Sache oder in der Liebe zu einem Partner wird der Mensch ganz Mensch und ganz er selbst... Sich selbst verwirklichen kann der Mensch also eigentlich nur in dem Maße, wie er sich selbst vergißt, indem er... sich selbst übersieht.» (Frankl, 1981, S. 38)

Auf der anderen Seite besteht aber auch die Gefahr, sich selbst zu verfehlen, indem man sich pflichtgetreu einer Aufgabe widmet, ohne den *Sinn* dieser Aufgabe mit dem Sinn der eigenen Existenz zu vergleichen. Ein solcher Eigen-Sinn würde gerade heute vielfach dazu führen, die Sinnlosigkeit, ja Sinnwidrigkeit des beruflichen Tuns zu erkennen. Was habe ich von mir zu halten, wenn ich meine ganze körperliche oder intellektuelle Kraft, Tag für Tag und Jahr für Jahr einer Sache widme (zum Beispiel einem Produkt), die ich angesichts der Situation unserer Erde für verhängnisvoll halte? Dazu muß ich gar nicht in der Rüstungsindustrie oder in einem Atomkraftwerk beschäftigt sein – hier wird lediglich die übergeordnete Fragwürdigkeit besonders eklatant, die mein «pflichtbewußtes» und mit voller Hingabe an die technischen Aspekte der Aufgabe erfülltes Handeln in seltsamer Weise begleitet. Dies ist eine neue Form von Selbstentfremdung: Ein Techniker oder Konstrukteur mag in seiner Aufgabe «voll aufgehen», herausgefordert durch die immanenten Probleme seiner Arbeit, und doch in gleichem Atemzuge spüren, daß er seinen existentiellen Auftrag verfehlt, dem Ganzen Einhalt zu gebieten. Vielleicht verfügt mancher «Aussteiger» über genau diesen Spürsinn, auch wenn er von außen als pfiffiger, die Anstrengung scheuender Honigschlecker angesehen wird. Selbstverwirklichung in diesem Sinne bedeutet, bei aller pflichtbewußten Hingabe an eine Aufgabe die Prüfung ernst zu nehmen, ob mir diese Hingabe guttut – in körperlicher und seelischer Hinsicht, aber auch in Hinsicht auf die wertgeleitete Ausrichtung meiner Existenz.

Versuchen wir diesen Gedankengang in einem zweiten Werte- und Entwicklungsquadrat festzuhalten:

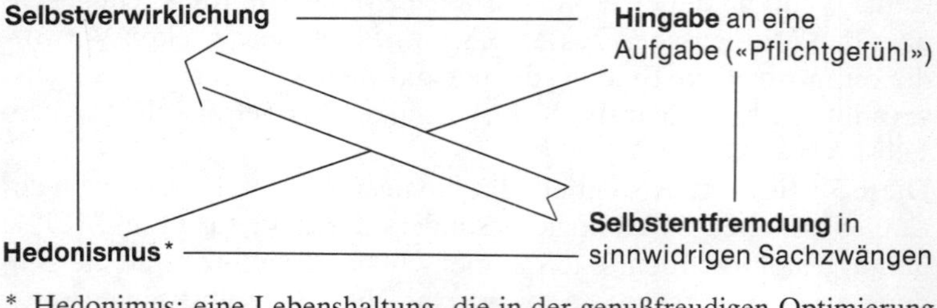

* Hedonimus: eine Lebenshaltung, die in der genußfreudigen Optimierung des eigenen Wohlbefindens das höchste Ziel sieht.

In dem obigen Zitat von Frankl war noch von einem zweiten Hingabe-Aspekt die Rede, von der Hingabe an den Partner. Dies führt zu einem dritten Vorwurf, zu der dritten Entwertungsmöglichkeit eines verkürzten Selbstverwirklichungsbegriffes. Vielen Frauen und Männern, besonders aber Frauen, wurde bewußt, daß sie jahre- und jahrzehntelang die eigene Entwicklung auf dem Altar der Ehe und Familie geopfert hatten. «Selbstverwirklichung» bedeutet hier, sich zu befreien aus einer symbiotischen Abhängigkeit – eigene Bedürfnisse ernst zu nehmen und Entfaltungsmöglichkeiten zu ergreifen, auch wenn dies die Partnerschaft plötzlich viel schwieriger macht und nicht selten gefährdet; neben das «Wir» tritt die Perspektive des «Ich einerseits und Du andererseits». In letzter Konsequenz bedeutet dies, daß ich nötigenfalls «meinen Weg» allein gehe. Wird nun dieses «Nötigenfalls» in ein Ideal umgedeutet, dann besteht die Gefahr, Bindung und Hingabe an einen anderen Menschen nur als Hindernis für die Selbstentwicklung zu begreifen statt als einen ihrer zentralen Aspekte. Was dann als «Selbstverwirklichung» ausgegeben wird, mag in Wahrheit narzißtische* Beziehungslosigkeit sein. Wiederum wird allerdings ein solcher Gegenpendelschlag in mancher persönlichen Entwicklung nötig sein, um sich aus selbstblockierender Abhängigkeit erst einmal zu lösen.
Somit ist das dritte dialektische Spannungsverhältnis vorgegeben, in das die Selbstverwirklichung eingebunden ist:

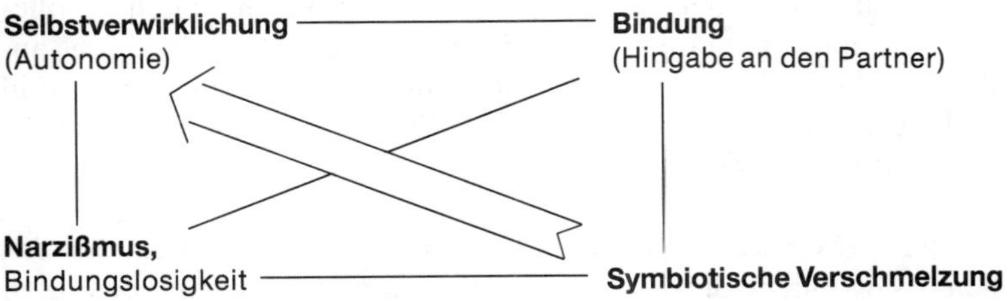

In unserem Kulturkreis sind die Werte «oben rechts» jeweils hoch im Kurs gewesen:
1. Der Gemeinschaftssinn und die Bereitschaft, sich für Volk und Vaterland aufzuopfern, bis hin zu «Du bist nichts, Dein Volk ist alles!»
2. Das «preußische» Pflichtgefühl – bis hin zur Selbstentsagung und zum verbrecherischen «Ich tue nur meine Pflicht!»
3. Die traditionelle Ehemoral, die besonders den Frauen kein Recht auf Eigenentwicklung zugestand, bis hin zur selbstverleugnenden Aufopferung.

* narzißtisch: die Selbstliebe betonend

Vor diesem Hintergrund wird es verständlich und für die Humanisierung des Menschen wünschenswert, wenn die Entwicklungslinie von unten rechts nach oben links verläuft – auch wenn das Gegenpendel dabei gelegentlich zu weit schlägt. Wenn in dem Selbstverwirklichungsbegriff die hier angedeutete dreifache dialektische Spannung enthalten ist, dann kann er zu einer höheren Stufe menschlichen Daseins führen. Andernfalls führt er zum Egoismus und Hedonismus*, damit auch zu Sinnleere, Isolation und Depression (vgl. auch Ruth Cohn in: Farau und Cohn, 1984, S. 434–437).

3.5 Polarisierungen in Diskussionen durchschauen

Ich habe bisher zwei (zusammenhängende) Nutzanwendungen des Wertequadrates beschrieben: die individuelle Bestimmung der eigenen Entwicklungsrichtung – ganz allgemein oder speziell in einem gegebenen Anforderungsfeld; zum anderen die Interpretation von Mängeln und Schwächen als «des Guten zuviel», mit der Konsequenz der Erweiterung statt der «Ausmerzung».
Eine dritte Verwendungsart bezieht sich auf Gruppendiskussionen. Immer wieder kommt es vor, daß sich in bestimmten inhaltlichen Auseinandersetzungen die Anwälte zweier «Schwesterntugenden» polarisieren * und heftig bekämpfen. So mögen etwa in einem Lehrerkollegium die einen mehr die Notwendigkeit der Reglementierung, die anderen mehr den Wert der freien Entfaltung vertreten, und zwar sowohl in der geäußerten Meinung als auch in ihrem beruflichen Gesamtverhalten, durch das sie jeweils den einen Wert akzentuierter verkörpern.

Ein weiteres Beispiel: In einem Altenpflegeheim betont ein Teil der Schwestern mehr den Aspekt der *Betreuung* («Man muß den alten Leuten auch manche Last abnehmen, ihnen helfen, sie pflegen und betreuen – denn in dem Maße, wie die Kräfte schwinden, wird der Wunsch nach betreuender Zuwendung größer»), während die anderen mehr den Aspekt der *Ermutigung zur Selbständigkeit* betonen («Man darf die alten Leute nicht entmündigen und wie kleine Kinder behandeln, sondern muß sie in ihrer Fähigkeit bestärken, für sich

* polarisieren: Wenn sich zwei Menschen (oder Halbgruppen) in ihrem Wertverständnis so auseinanderbewegen, daß beide jeweils auf einem Pol zu stehen kommen. Dadurch werden zwei zusammengehörige Werte auseinandergerissen und erscheinen als «Entweder–oder«.

selbst zu sorgen, aktiv und initiativ zu bleiben, sonst rosten sie als altes Eisen, machen sich abhängig und verlernen, auf ihre eigenen Kräfte zu vertrauen.»).

In beiden Fällen entsteht leicht eine polarisierende «Über-Kreuz-Kommunikation», bei welcher man sich selbst einem Wert auf der oberen Etage des Quadrates verpflichtet fühlt, hingegen den anderen im «Keller der Entartung» sieht und dort angreift:

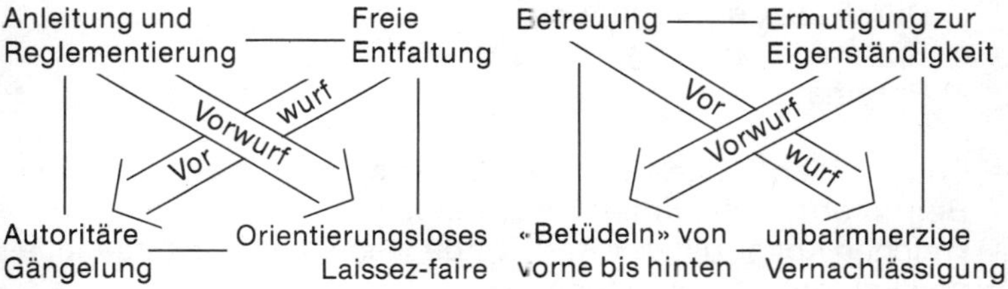

Die Neigung, sich selbst als Wertverkörperung, den Konfliktgegner hingegen als Verkörperung der «Fehlhaltung» zu sehen, programmiert ein kommunikationspsychologisches Durcheinander von Sach- und Beziehungsebene, denn die Vorwürfe zielen «unter die Gürtellinie». Die an sich notwendige und potentiell fruchtbare Auseinandersetzung droht in persönlichen Kränkungen unterzugehen und die Gruppe zu spalten.

In dieser Situation kann es heilsam sein, wenn der Moderator diese Gruppendynamik durchschaubar macht, wobei das Wertequadrat eine versöhnliche Betrachtung der Unterschiedlichkeiten nahelegt: jede der beiden Parteien tritt für ein wertvolles Prinzip ein, hat sozusagen einen Zipfel der Wahrheit erwischt. – Erst die ausgehaltene Spannung zwischen beiden Polen könnte dem Stein des Weisen ähneln – und gottlob gibt es Anwälte und Verkörperungen *beider* Prinzipien in dem Team! – Durch diese Intervention fühlen sich beide Parteien verstanden und rehabilitiert und müssen sich gegenseitig nicht mehr verteufeln. Wichtig scheint mir aber, diese «harmonisierende» Intervention nicht zu früh einzubringen, denn sonst kann einer allzu raschen, aber nicht lange tragfähigen Versöhnlichkeit Vorschub geleistet werden, ohne daß die in der Gruppe vorhandenen Gegensätze wirklich zum Ausdruck und zum Austrag gekommen wären. Also: Integration *nach* der Konfrontation, nicht zu ihrer Verhinderung!

Übungen

1. Bilden Sie die Quadrate zu folgenden Ausgangsbegriffen:

   a) Toleranz,
   b) Feigheit,
   c) Durchsetzungsvermögen,
   d) Spontaneität,
   e) Pragmatismus.

- Entscheiden Sie jeweils zunächst, ob Sie den angegebenen Begriff oben oder unten hinschreiben!
- Welchen konstruktiven Kern entdecken Sie in den angegebenen Fehlern und Untugenden?
- Welche Entwicklungsrichtung zur Abrundung der Persönlichkeit deutet sich «diagonal» in den Quadranten an?

2. Benennen Sie eine für Sie zutreffende

a) Stärke/Tugend
b) Schwäche/Untugend

und konstruieren Sie die dazugehörigen Quadrate!

Lösungsvorschläge zur Übung 1

Toleranz — Engagement

Gleichgültigkeit — Fanatismus

Vorsicht — Kühnheit
Mut

Feigheit — Übermut
Leichtsinn

Durchsetzungsvermögen — Rücksicht

Rücksichtslose
Ellbogen-Mentalität — Selbstverleugnung,
mangelnde Selbstbehauptung

Spontaneität — Besonnenheit

vorschnelle
Impulsivität — alles auf die
Goldwaage legende
Über-Bedächtigkeit

Pragmatismus — Prinzipientreue,
Wert-Bindung

Opportunismus
«Schlawinertum» — Unflexible Prinzipienreiterei,
ideologische Starrheit

III
Kommunikationsstile zwischen Persönlichkeits- und Beziehungsdynamik

Bei den folgenden acht Kommunikations- und Interaktionsstilen handelt es sich um bestimmte Arten und Weisen, mit anderen Menschen in Kontakt zu treten, zu sprechen und die Beziehung zu gestalten. Mit jedem Stil verbinden sich bestimmte innere Verfassungen (die Transaktionsanalyse spricht von «Ich-Zuständen»): ein Gemisch aus Bedürfnissen, Gefühlen, Stimmungen und Absichten, das uns gleichsam «durchströmt» und durch alle Poren und Ritzen nach außen dringt, dort unsere Kontaktpartner erreicht und sowohl durch Worte wie auch durch die gesamte nonverbale Ausstrahlung beeinflußt.
Diese Stile (und die mit ihnen verbundenen «Strömungen») schließen einander nicht aus. Im Gegenteil: *alles ist in jedem;* nahezu jeder Leser wird sich in nahezu jedem Stil ein wenig «wiederfinden» in dem Sinne, daß er dieses Muster der Kontaktgestaltung samt des inneren Zumuteseins von sich selbst in manchen Situationen und bei manchen Beziehungspartnern kennt. – Manchmal erst auf den zweiten Blick: Immer wieder reagieren meine Hörer und Kursteilnehmer, indem sie etwa sagen: «Bei dem und dem Stil, den ich durchaus von anderen kenne, dachte ich zunächst: Damit habe ich überhaupt nichts zu tun! Und erst später habe ich mich ‹ertappt› und gemerkt: So bin ich auch, aber viel weniger bewußt!»
Die verschiedenen Strömungen, die hier in didaktischer Reinkultur vorgestellt werden, schließen sich auch in ein- und demselben Augenblick nicht aus – im Gegenteil, in der Regel fließen zwei oder mehr Strömungen zusammen und ergeben ein für die Person bzw. die Situation charakteristisches Gemisch. Solche Ambivalenzen* sind ein see-

* Ambivalenz: gemischte Gefühle von gegensätzlicher Qualität (z. T. unbewußt)

lischer Regelfall, kein Ausnahmefall. So mag jemand seinen Kollegen um Rat und Hilfe bitten und dabei in einer bedürftig-abhängigen Stimmung sein («O je, wie macht man das bloß – ich werde es nie schaffen, du bist meine einzige Rettung!») –, gleichzeitig aber auch von einer verächtlichen «Unterströmung» erfaßt sein («Was willst du mir schon groß beibringen – ausgerechnet du! All deine weisen Ratschläge taugen doch zu nichts!») *Logisch* ist diese Kombination nicht, *psychologisch* ist sie allemal: den Kollegen wird dieses Strömungsgemisch atmosphärisch erreichen und zumindest unterschwellig irritieren. Andere Strömungen wiederum passen gut zueinander und ergeben ein eindeutiges Gemisch. So verbinden sich der *entwertende* (Kap. 4) und der *bestimmende* Stil (Kap. 6) «gern» zum gut bekannten «autoritären Verhalten» («Nun machen Sie das endlich so, wie ich Ihnen sage, herrje noch mal, das muß doch auch in Ihren kleinen Kopf reingehen!»).

Zwar haben wir gesagt: Alles steckt in jedem, jede Strömung ist in jedem Menschen angelegt und auslösbar. Dennoch gilt, daß bei bestimmten Menschen diese oder jene Strömung ein besonders breites oder tiefes Flußbett hat und so der Persönlichkeit ein bestimmtes Gepräge gibt. Jeder hat bevorzugte Muster der Kontaktgestaltung, einhergehend mit bestimmten Vermeidungsmustern, die ihren lebensgeschichtlichen Hintergrund haben. In diesem, aber auch wirklich nur in diesem Sinne werde ich idealtypisch etwa vom «selbst-losen» oder vom «kontrollierenden Menschen» sprechen, als sprachliche Kurzformel für *einen Menschen, der von dieser Strömung (neben manchen anderen) auffällig häufig und heftig erfaßt wird, so daß sie eines seiner typischen Kontaktmuster darstellt und dabei ganz bestimmte Vermeidungen und Einschränkungen enthält, deren Überwindung für ihn heilsam und förderlich wäre.*
Die nachfolgenden acht Kommunikationsstile sind in ihrem aktuellen Aspekt (der akuten seelischen Strömung) mit einigen «Ich-Zuständen» der Transaktionalen Analyse (zum Beispiel Berne, 1967) vergleichbar. In ihrem habituellen Aspekt (des Charakters) berühren sie sich mit solchen Persönlichkeitstheorien, denen für zwischenmenschliche Beziehungen besondere Bedeutung zukommt. Diese Berührung ist zunächst locker, denn ähnlich wie V. Satir (1975, s. auch Bosch, 1977) gehe ich vom kommunikativen Phänotypus aus, also von dem, was im alltäglichen Erleben sichtbar und spürbar ist – eine hypothetische Verbindungslinie zu bestimmten entwicklungsgeschichtlichen «Genotypen» ist aber häufig naheliegend. So wird der kundige Leser

immer wieder Anklänge an bekannte Persönlichkeitstheorien finden. Hierbei handelt es sich neben der Charakterologie Adlers (Ansbacher und Ansbacher, 1972) um psychoanalytische Persönlichkeitstheorien in der Ausformulierung von Riemann (1969, s. auch Thomann und Schulz von Thun, 1988) und von Reich (1970, s. auch Lowen, 1983 und Kurtz, 1985). Die systemischen Teile sind durch das Kollusionskonzept von Willi (1975) inspiriert. – Daraus ergeben sich die *Wegbereiter der vorgelegten differentiellen Kommunikationspsychologie* zu folgender Zusammenschau:

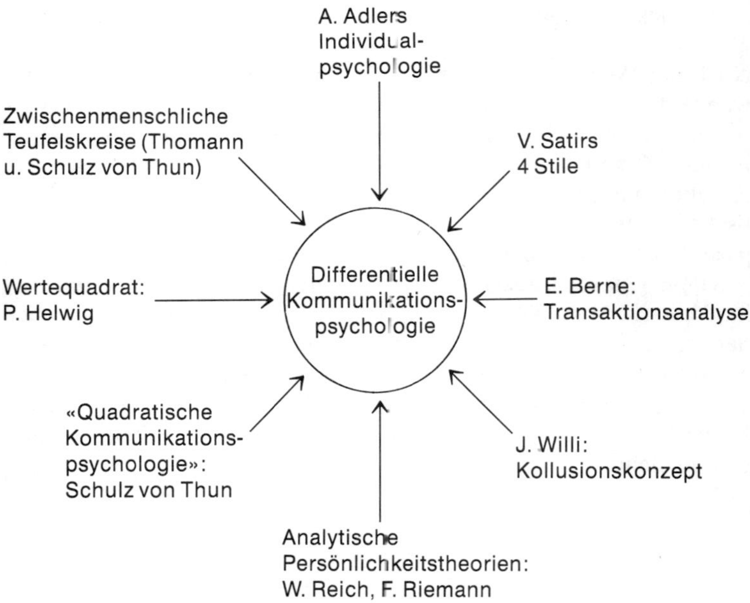

Abb. 8: Wegbereiter der differentiellen Kommunikationspsychologie

Der hier zutage tretende theoretische Eklektizismus* mag als nachteilig angesehen werden. Tatsächlich verdankt die Zahl Acht der nachfolgenden Stile bzw. Persönlichkeitsanteile ihre Existenz nicht einem

* Elektizismus: sich aus verschiedenen Schulrichtungen und theoretischen Systemen das heraussuchen und zusammenfügen, was man (für praktische Zwecke) brauchen kann.

geschlossenen theoretischen System – wie das zum Beispiel bei Fritz Riemanns vier «Grundformen der Angst» (1969) intellektuell und ästhetisch so überaus befriedigend der Fall ist. Insofern nimmt sich die nachfolgende Liste teilweise etwas additiv, willkürlich und insgesamt vielleicht vorläufig aus. Mir ist jedoch kein theoretisch geschlossenes System bekannt, das alle wichtigen und typischen Kommunikationsphänomene der Praxis beschreiben und erklären würde. So war bei der Auswahl und Festlegung der Zahl Acht ausschlaggebend, daß damit erfaßt wird, was mir als Trainer und Kommunikationstherapeut wiederholt begegnet und sich als Ausgangspunkt für persönliche Weiterentwicklung eignet.

Noch ein Wort zu den Namen, die ich für die einzelnen Stile verwende. Da es sich um alltägliche, normal-menschliche Verhaltensweisen und Persönlichkeitsanteile handelt und nicht um pathologische Randerscheinungen, habe ich die Bezeichnungen der Alltagssprache entlehnt, und zwar auch dann, wenn der besprochene Stil in der analytischen Literatur unter anderem Namen aktenkundig ist. Dem psychologischen Laien fällt es auch heute noch schwer, «orale», «anale», «masochistische» oder «hysterische» Charakteranteile als ihm selbstverständlich zugehörig zu akzeptieren – und wahrscheinlich hat er ganz recht mit seiner Weigerung. Solche Kategorien mögen sich als psychiatrische Kürzel auf Fachkongressen eignen – als Einladung zur neugierigen Selbsterfahrung, als Ausgangspunkt für persönliche Entwicklung und für vertieftes zwischenmenschliches Verstehen taugen sie nicht.

1. Der bedürftig-abhängige Stil

Wer kennt es nicht: das schöne Gefühl, umsorgt und beschützt zu werden, sich von Großen und Starken behütet zu wissen, die einem den richtigen Weg weisen und achtgeben, daß nichts Schlimmes passiert? Erwachsen werden heißt, mehr und mehr für sich selbst einzustehen und die Verantwortung zu übernehmen. Die dabei gewonnene Unabhängigkeit muß bezahlt werden mit einem Verlust an Urgeborgenheit, der uns besonders schmerzlich spürbar wird, wenn das Leben uns beutelt und die Grundfesten unserer Existenz ins Wanken kommen. Auch wenn wir auf eigenen Beinen stehen, bleibt doch ein Teil von jenem alten Bedürfnis erhalten, sich dann und wann an jemanden anzulehnen, der groß und stark ist und bestimmt schon alles in Ordnung bringen wird. Unterschiedlich ist die Stärke dieses Bedürfnisses beim erwachsenen Menschen, unterschiedlich auch, in welchem Maße er es sich zugesteht. Wenn es aber, zeitweise oder chronisch, die Oberhand gewinnt, dann können wir damit rechnen, daß es sich auswirkt auf die Art und Weise, den Kontakt zu anderen Menschen zu gestalten. Der Kommunikationsstil muß hier ersetzen, was das Baby an natürlichem Appeal hat, durch den es automatisch den Hilfs- und Pflegeinstinkt von Personen in seiner Umgebung auslöst.

1.1 Erscheinungsbild, Grundbotschaft und seelischer Hintergrund

Wir beschreiben also als erstes einen Kommunikationsstil, der darauf abzielt, sich selbst als hilflos oder überfordert darzustellen und dem anderen das Gefühl zu geben, er müsse einspringen, helfen, entscheiden und verantworten – sonst wäre alles verloren.

Abb. 9: Grundpose des bedürftig-abhängigen Stils*

* Zur Wahl des Geschlechts bei den abgebildeten Figuren siehe Fußnote S. 15.

Diese «Botschaft» geht vom Bedürftig-Abhängigen oft nonverbal aus – schon wie er einen anschaut, kann einem das Herz erweichen. In anderen Fällen werden die Bitten durchaus deutlich und können sich zu dringenden Forderungen steigern: «Das kannst du jetzt aber mal wirklich für mich tun! Du siehst doch, wie mir alles über den Kopf wächst! Kannst du denn nicht wenigstens einen Tag Urlaub nehmen, damit ich zumindest Montag noch mit dir rechnen kann?...»
Wir können annehmen, daß Menschen, die einen solchen Stil als bevorzugtes Kontaktmuster entwickelt haben, in ihrer früheren Kindheit bestimmten Urerfahrungen ausgesetzt waren, aus denen sie unbewußt eine psychologische Schlußfolgerung für ihr weiteres Leben gezogen haben:

Seelisches Axiom:

**«Ich bin schwach und hilflos –
allein bin ich dem Leben nicht gewachsen!»**

Ich bezeichne solche frühkindlich eingefleischten Urbotschaften als seelische «Axiome», da sie im Erwachsenenalter nicht mehr überprüft werden. Sie werden nicht einmal in Sprache gefaßt, so wie das hier hilfsweise geschehen ist, um dieses Selbstgefühl irgendwie zu beschreiben. Statt dessen «stecken sie in einem drin», und alle weiteren Strategien und Bewältigungsmuster gehen von diesen Axiomen aus, sind daraus abgeleitet. Eine korrigierende Überprüfung an der heutigen Realität scheitert in der Regel daran, daß der Betreffende sich durch seine Bewältigungsmuster eine Erfahrungswelt schafft, die bestens geeignet ist, das Axiom wieder und wieder zu bestätigen. Durch diese sich selbst erfüllende Prophezeiung *macht* jeder seine Erfahrungen, so sehr er sie auch zu «erleiden» scheint. Aufdeckende Psychotherapie ist der Versuch, die axiomatischen Urerfahrungen wieder aufzusuchen, den ewigen Bestätigungskreislauf bewußt zu machen und zu unterbrechen.
Welche prägenden Urerfahrungen mögen es gewesen sein, die das Axiom der eigenen Hilflosigkeit und ewigen Bedürftigkeit begründen? Der Zusammenhang zwischen frühkindlicher Entwicklungsgeschichte und Charakter ist nicht das vorrangige Thema dieses Buches (s. zum Beispiel Riemann, 1969). Dennoch mögen jeweils einige Andeutungen ausreichen, um eine Ahnung solcher Zusammenhänge zu stiften. Manchmal können wir besser miteinander klarkommen, wenn wir unterstellen, daß manche Verhaltensweisen und Gefühle, die der andere mir entgegenbringt (oder mir verweigert), nicht allein mir zu-

gedacht und zugelebt sind, sondern als Nachboten früher Verwicklungen gleichsam nach hinten gerichtet sind und in der Gegenwart die alten Szenarien aufzubauen suchen.

Der Mangel an Selbstvertrauen, den wir beim Bedürftig-Abhängigen im Falle starker und überdauernder Ausprägung entdecken, mag ursprünglich dadurch entstanden sein, daß das Kleinkind in einer Phase, in der es dazu heranreifte, die Welt ringsum auf eigenen Beinen und mit dosiertem Trennungsrisiko von der Mutter zu erkunden, extrem behindert und entmutigt wurde: «Laß mich das machen, dazu bist du noch zu klein!» – «Bleib hier, sonst machst du dich nur schmutzig – ach, so doch nicht – gib her!» – Solche Sätze, tausendfach wortwörtlich gehört oder in ihrer Substanz vernommen, lassen die eigenen Kräfte unterentwickelt; die Energien der Lebensbewältigung richten sich nun ersatzweise darauf, sich mit starken Menschen zu umgeben, an die man sich anlehnen kann und die für einen sorgen werden, denn so ist man ja auch als Kind über die Runden gekommen.

Möglich aber auch, daß genau das Gegenteil der Fall war: daß das Kind nicht *zuviel* Behütung und Entlastung erfahren hat, sondern vernachlässigt und viel zu früh auf sich alleine gestellt war und sich in grenzenloser Verlassenheit der Welt ausgeliefert sah. Um diesen (längst verdrängten) Urschmerz nie! nie! nie! mehr spüren zu müssen, zieht der Erwachsene alle Register, um sich nun heute den unbegrenzten Beistand zu sichern, den es gestern so entsetzlich hat entbehren müssen.

Bei diesem wie bei allen anderen Stilen sind es längst nicht nur frühkindliche Grunderfahrungen, die dazu führen, daß bestimmte seelische Strömungen die Oberhand gewinnen. Allerdings sind solche Erstprägungen besonders nachhaltig. Dazu kommen aber vielfältige und manchmal einschneidende Erfahrungen in Jugend und Pubertät, auch noch im Erwachsenenalter und im Berufsleben. Man denke ferner daran, daß das überlieferte Rollenbild die Frau zum «schwachen Geschlecht» gestempelt hat, mit der Folge, daß bei ihr die Herausbildung eines bedürftig-abhängigen Kontaktmusters besonders gern geduldet oder sogar verlangt wird. Wie sagt Noras Ehemann in Ibsens Schauspiel? «Ich müßte ja kein Mann sein, wenn nicht gerade diese weibliche Hilflosigkeit dich für mich besonders anziehend machte...» Solche Idealvorstellungen sind das Ergebnis gesellschaftlicher «Luftströmungen», die man/frau zeitlebens einatmet, nicht nur in den ersten Lebensjahren.

Kommen wir zurück zur Beschreibung des Kommunikationsstiles. Da trotz der soeben gemachten Aussagen durchaus auch Männer in bedürftig-abhängige Strömungen hineingeraten können, wählen wir das Beispiel eines Dialogs zwischen zwei Freunden:

A: Du B, sag mal, hast du einen Augenblick Zeit?
B: Ja – also, äh, kurz – ich muß nachher noch...
A: Ja, also ganz kurz, bei mir ist mal wieder alles chaotisch. Weil der Heiner mit seiner Freundin zusammenzieht, gibt er die Wohnung auf, und ich muß hier raus, und zwar schon zum Ersten. Also ich weiß überhaupt nicht mehr, was ich machen soll!
B: Ach du Schreck! Ja, und kannst du die Wohnung nicht übernehmen?
A: Wie denn??
B: Ja, indem du zum Beispiel einfach wohnen bleibst!
A: Mensch, du stellst dir das alles so einfach vor! Ich hab doch gar keinen Mietvertrag, und die Wohnung wäre ja auch zu teuer für mich allein!
B: Und wenn du jemanden mit aufnimmst?
A: Meinst du, das ginge? – – Wen denn?
B: Tja, äh, das weiß ich natürlich auch nicht auf die Schnelle.
A: Mensch, was soll ich denn bloß machen?? (seufzt) – Also gerade, wenn man denkt, man kommt mal zur Ruhe – ich weiß kaum noch, wo mir der Kopf steht.
B: Also paß auf! *Erstens:* Du mußt eine Anzeige aufgeben, vielleicht auch mal bei der Zimmervermittlung anrufen. *Zweitens:* Von heut auf morgen kann man niemanden raussetzen. Du mußt mit Heiner reden, daß er dir 'ne angemessene Frist setzt. Und *drittens* –
A: Sag mal, könntest du nicht mal mit Heiner reden?
B: (stutzt) Also, das wär vielleicht besser, wenn du direkt...
A: Nee du, also in letzter Zeit war das etwas schwierig, ich komm da nicht so gut an ihn ran. Und ich bin dann auch so erregt, daß ich die Worte nicht finde...
B: Aber ich...
A: Doch, du hast da wirklich 'ne gute Art – und er kennt dich doch auch, der weiß doch: was du sagst, hat Hand und Fuß!
B: Also gut, aber heute nicht mehr, ich muß gleich noch weg. Und egal, wie das Gespräch ausgeht, 'ne Anzeige würde ich in jedem Fall aufsetzen.
A: Ja, sag noch mal schnell: Wie macht man so was am besten?
B: Also einfach, was du willst, auf zwei, drei Zeilen, zum Beispiel «Junger Mann sucht...»
A: Ja, wart mal schnell, ich hol was zu schreiben – so, kannst du noch mal diktieren?
B: Also, den Text mußt du nun schon selber machen – ist doch nicht so schwer!?

A: Ach, Mensch, ich glaub, du weißt gar nicht, wie mir im Moment zumute ist! Sag mal, könntest du nicht heute abend kurz vorbeikommen, daß wir die Sache mal in Ruhe durchgehen?
B: Also heut abend ist schlecht.
A: (schweigt)
B: Höchstens morgen.
A: (schweigt)
B: Hörst du?
A: (mit tonloser, ersterbender Stimme) Ja, ja.
B: Also gut, heut abend, aber nicht vor halb elf, und nur kurz. Wir werden schon alles hinkriegen!
A: (hoffnungsvoll) Ja, meinst du?

Versuchen wir einmal, die bei wechselnden Inhalten und Anlässen wiederkehrende *Grundbotschaft* zu formulieren, die der Bedürftig-Abhängige vielleicht nicht direkt ausspricht, aber doch «ausstrahlt», das heißt durch Tonfall, Mimik, Gestik und die Art seiner Formulierungen «subkutan» (aber deswegen nicht weniger massiv) aussendet. Legen wir dabei das Modell der quadratischen Nachricht (Kap. II.1) zugrunde, dann empfangen wir:

1. die *Selbstkundgabe der Hilfsbedürftigkeit*: allein schaff ich es nicht, ich bin dem nicht mehr gewachsen! Ich kann das nicht, wie sollte ich auch mit meinen schwachen Kräften

2. die (verführerische) *Beziehungsbotschaft «Du bist stark und kompetent!»*, durch die sich der Empfänger oft sehr angesprochen fühlt. Denn im Kontakt mit dem Hilfsbedürftigen darf er eine Seite an sich spüren, die ihn aufwertet und die sich gut anfühlt: fähig zu sein und gebraucht zu werden.
Diese Beziehungsbotschaft wird im obigen Beispiel manchmal direkt ausgesprochen («du hast da wirklich 'ne gute Art... was du sagst, hat Hand und Fuß!»), überwiegend aber durch die ganze Art der Gesprächsführung signalisiert.

3. *Direkte und verdeckte Appelle,* alle von der Art «Hilf mir, du mußt für mich sorgen, hörst du? Laß mich bloß nicht im Stich!» – im obigen Beispiel zunächst direkt («Könntest du nicht heut abend kurz vorbeikommen...?»), später dann «stumm», als der direkte Appell nicht gleich die erwünschte Wirkung zeigt – der unausgesprochene Vorwurf «Ja, ja, in der Not hat man dann keine Freunde!» lastet drückend in der Hörmuschel und zeitigt prompt seine Appellwirkung.

Abb. 10: Grundbotschaft des bedürftig-abhängigen Stils

Angesichts der Hilf- und Kraftlosigkeit, die der Bedürftig-Abhängige demonstriert, mag es überraschen, wie kraft- und machtvoll er auf seine Mitmenschen emotionalen Einfluß ausübt. Man kann sich ihm nicht leicht entziehen! Um nicht als herzlos und egoistisch dazustehen, fühlt man sich verpflichtet, mit Rat und Tat einzugreifen – und «irgendwie» sieht man sich bald in die Probleme verstrickt, wie von Zauberhand plötzlich die Verantwortung dafür auf sich lasten, ob alles gutgeht. Wer nach dem Köder der Beziehungsbotschaft «Du bist stark und fähig!» geschnappt hat, hängt auch an ihrem Angelhaken: «Und du bist zuständig!»
Wenn wir also auch die «power» des sich schwach und hilflos Gebenden nicht unterschätzen sollten, so wäre es doch verfehlt, ihm magische Kräfte zuzuschreiben. Hat vielleicht auch der Kontaktpartner ein heimliches Interesse, sich zu einem Engagement verführen zu lassen? Liegt vielleicht sogar ein gegenseitiges Verführungssystem vor? Mit solchen Fragen betreten wir «systemisches» Gelände.

1.2 Der systemische Blickwinkel

Bisher haben wir den individualpsychologischen Standpunkt eingenommen und so getan, als würde der bevorzugte Kommunikationsstil eines Menschen als Resultat seiner persönlichen Entwicklungsgeschichte zutage treten und somit eine Angelegenheit des Charakters sein. Dies trifft zu, enthält aber längst noch nicht die ganze Wahrheit. Wir haben weiterhin ins Auge zu fassen, daß jedes Kontaktmuster erst im wechselseitigen Zusammenspiel zweier oder mehrerer Personen zur vollen Entfaltung kommen kann, also eines oder mehrerer «Mitspieler» bedarf, welche durch ihre Art der Beziehungsgestaltung das in Rede stehende Verhalten nahelegen oder zumindest ermöglichen. Ein bedürftig-abhängiger Stil findet dann seine Erklärung nicht (nur) in der Vergangenheit des einzelnen, sondern (auch) in der gegenwärtigen Beziehungsdynamik eines Paares, einer Familie oder Gruppe. Jede Nora hat ihren Helmer.

Typischerweise findet sich der Bedürftig-Abhängige in zwei verschiedene Teufelskreise verstrickt, je nachdem ob der Partner eher fürsorglich oder eher verweigernd eingestellt ist.
Beginnen wir mit dem ersten Fall.
Zwei Menschen wie du und ich, beide stark und schwach zugleich, aber mit unterschiedlicher Angstverteilung im Hinblick auf diese beiden Seiten, begegnen einander und ziehen sich «irgendwie» an, wie die Pole zweier Magneten. Der eine zeigt die Stärke als kontaktzugewandte Seite, seine Schwäche bleibt im Hintergrund. Der andere bringt die Schwäche, Bedürftigkeit und Abhängigkeit in den Kontakt ein – seine Stärke bleibt kontaktabgewandt.

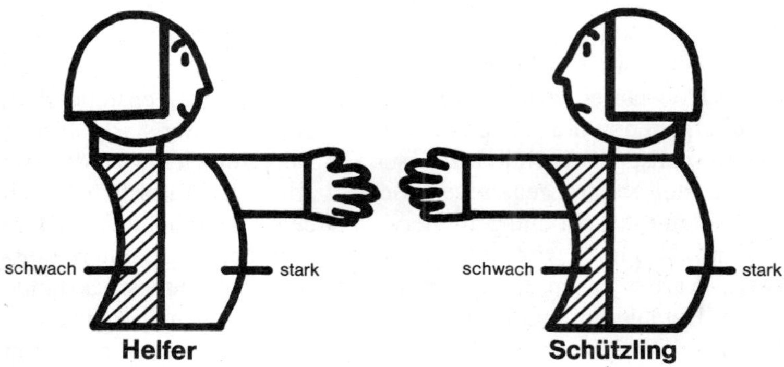

Abb. 11: Zusammentreffen der «passenden» kontaktzugewandten Seiten

Das paßt gut zueinander, beide erliegen gerne den Verführungen des anderen, schnappen begierig nach den Ködern, die der Partner auswirft – und provozieren damit ihrerseits wieder dieselbe «Strömung» beim anderen. Das folgende Schaubild illustriert einen Kreislauf, wie wir ihm schon im Musterdialog (S. 64) exemplarisch begegnet sind:

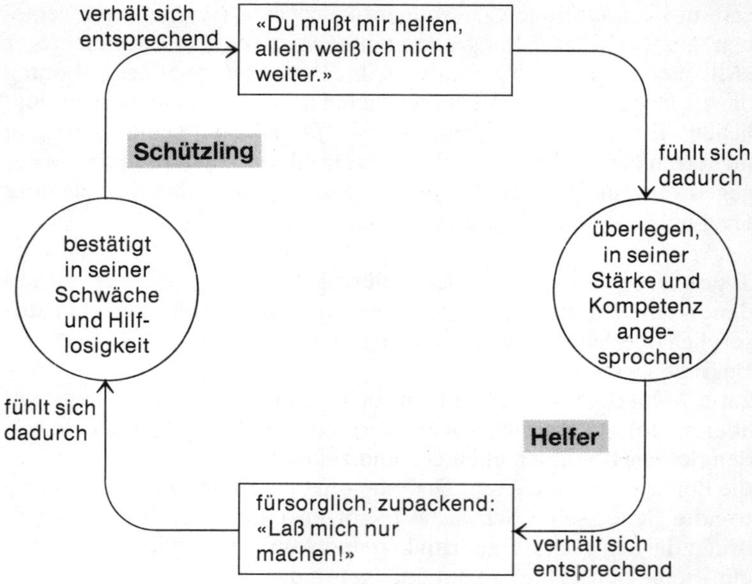

Für den Bedürftig-Abhängigen besteht der vordergründige Vorteil dieses Kreislaufes darin, daß er sich seine Angst vor Eigenständigkeit vorübergehend vom Leibe halten kann. Daß auch der starke Helfer seinen seelischen Vorteil aus dieser Konstellation zieht, werden wir im nächsten Kapitel genauer entwickeln. Auf jeden Fall scheinen sich die beiden «gesucht und gefunden» zu haben, alles scheint zufriedenstellend. Dennoch wird aus dem Kreislauf in der Regel ein Teufelskreis. Warum? Zum einen verewigt er die Entwicklungsrückstände beider Beteiligten, indem er jeweils nur die ohnehin gut entwickelten Seiten zuläßt. Dies könnte man vielleicht in Kauf nehmen, nach dem Motto: «Entwicklung ist ja ganz schön, aber ein bißchen Stabilität ist auch nicht zu verachten!» Aber leider hat der Kreislauf zusätzliche Tücken. Für den Bedürftig-Abhängigen enthält jeder «erfolgreich» verlaufene Kontakt stets auch eine erneute Kränkung seines Selbstwertgefühles – und die latente Wut über die eigene Angewiesenheit trifft dann jenen, der diese schmerzhafte Ich-Schwäche immer wieder spiegelt, richtet sich also paradoxerweise gegen den, dem man am meisten zu «verdanken» hat. Und auch der starke Helfer kriegt es noch mit ganz anderen Gefühlen zu tun als Mitleid und Überlegenheit. Im Zusammenhang mit dem seelischen Hintergrund des Helfers kommen wir auf den hier entstehenden Teufelskreis noch einmal zurück und werden ihn dann um einige Komponenten erweitern.

Ein ganz anderer Teufelskreis entsteht, wenn der Partner sich deutlich abgrenzt und den Bedürftig-Abhängigen «kurzhält»: Dieser fühlt sich elend alleingelassen und verstärkt daraufhin seine Anstrengungen, dem anderen doch noch etwas an Fürsorglichkeit und Unterstützung abzuringen. Diese verstärkten Anstrengungen sind es gerade, die in dem Partner die Angst erhöhen, «ausgesaugt» zu werden (s. Kap. 7: Der sich distanzierende Stil). Aus dem sicheren Gefühl heraus, daß der Bedürftig-Abhängige einem Faß ohne Boden gleiche und sogleich gierig die ganze Hand an sich reißen werde, wenn man ihm nur den kleinen Finger reiche – aus diesem Gefühl heraus verweigert der sich Distanzierende nun auch den kleinsten Finger, was die Bedürftigkeit des Partners ins Unermeßliche steigert:

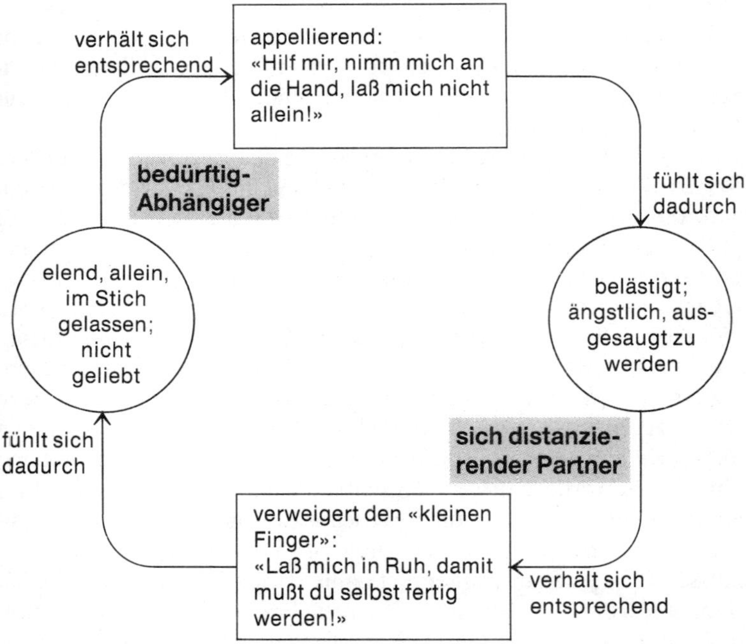

Beide hier beschriebenen Teufelskreise können in ein- und derselben Beziehung wirksam werden, zum Beispiel wenn der Partner zunächst fürsorglich reagiert, aber irgendwann, wenn er sich verausgabt hat, in die sich distanzierende Strömung «kippt», dann wieder ein schlechtes Gewissen bekommt usw.

1.3 Richtungen der Persönlichkeitsentwicklung

Der Gestalttherapeut Fritz Perls (1974) hatte Personen mit diesem Kontaktmuster besonders «auf dem Kieker»: Er nenne jeden neurotisch, der seine seelischen Kräfte dazu benutze, andere zu manipulieren, statt selbst erwachsen zu werden. Unfähig, seine eigenen Kräfte anzuwenden, mobilisiere er voller Machtgier Freunde und Verwandte. – Bevor wir aber darangehen, ausgehend von der Gefahr der pathologischen Übertreibung die förderliche Entwicklungsrichtung zu bestimmen, tun wir gut daran, zunächst *das Vorhandene zu würdigen und die biographische Leistung darin zu erkennen.* Diesen Arbeitsschritt wollen wir uns auch für die folgenden Stile zur Gewohnheit werden lassen. Ich halte ihn insofern für hilfreich, als er uns davor bewahrt, vorschnell und einseitig die «pathologische Brille» aufzusetzen – und das kann sowohl im Umgang mit anderen als auch mit uns selbst nur heilsam sein.

Manch einer könnte bitter nötig etwas von dem gebrauchen, worüber der Bedürftig-Abhängige im Übermaß verfügt – besonders diejenigen, die sich schwertun, andere Menschen um etwas zu bitten oder Hilfe anzunehmen, deren höchste Lebensehre darin besteht, auf niemanden angewiesen und niemandem zu Dank verpflichtet zu sein. Gegen diese meist bindungsängstliche Selbstgenügsamkeit, gegen diese mit zusammengebissenen Zähnen demonstrierte «Ich-brauche-niemanden»-Mentalität ist der Bedürftig-Abhängige gefeit. Sich einzugestehen, daß man alleine nicht mehr weiterkommt und sich dann helfen zu lassen – ja diese Hilfe aktiv zu erbitten: das ist auch eine *Fähigkeit.* Der gelegentliche Wunsch, sich anzulehnen, beschützt und umsorgt zu werden: dieser Wunsch von Frau *und Mann* macht Intimität erst möglich und erfüllt menschliche Kontakte mit Sinn. Manche «gestatten» sich diese Strömung nur, wenn sie krank sind – und müssen infolgedessen immer erst daniederliegen, um diesem Teil zu seinem Recht zu verhelfen. Und manche Frauen, die sich auf das Rollenbild des «schwachen Geschlechts» festgelegt sahen, haben im Zuge ihrer Emanzipation zunächst das Kind mit dem Bade ausgeschüttet:

sie versagten sich strikt alle Wünsche nach Abhängigkeit und Versorgtwerden, mit der Folge, daß dieser nicht mehr «linientreue» Teil ihrer inneren Wahrheit in den seelischen Untergrund wanderte und von dort aus für psychosomatische Unruhe oder depressive Stimmungen sorgte (Seyferth und Falt, 1984).
Weiterhin verfügt der Bedürftig-Abhängige über eine Fähigkeit, die andere auch erst noch erlernen müssen: das *Jammern*! Wie schlimm alles sei, besonders wenn man alleine davorstehe, und wie schrecklich, wenn alles auf einmal komme, und wie überfordert und hundselend man sich dabei fühle ... – Während das «ewige» Jammern die Energien in unfruchtbarer Weise bindet und mit eiserner Entschlossenheit den angeblich so schrecklichen Status quo unverändert läßt, kann das *gelegentliche,* bewußte Jammern als Entlastungsventil und als seelische Vorstufe neuer Tatkraft dienen.

Eingedenk dieser zu würdigenden Anteile ist nun auch die Frage erlaubt und nötig, wie sich Menschen weiterentwickeln können, die übermäßig häufig oder heftig von der bedürftig-abhängigen Strömung erfaßt werden und ihre privaten und/oder Arbeitsbeziehungen entsprechend eingeschränkt gestalten.

Autonomie und Selbstverantwortung. Bei ihnen weist die Kompaßnadel in Richtung Autonomie (Eigenständigkeit, Selbstbestimmung) und Selbstverantwortung. Das dazugehörige Entwicklungsquadrat:

Welche Entwicklungsschritte sind auf der Ebene der Kommunikation möglich, um Autonomie und Selbstverantwortung zu fördern? Die Bedürftig-Abhängigen neigen dazu, sich selbst als passiv und abhängig zu erleben, als Opfer des Geschehens. So kommt es auch in ihrer Sprache zum Ausdruck, in der durch *Passiv-Konstruktionen* und *Betonung der Fremdbestimmung* die eigene Urheberschaft an den Ereignissen verleugnet wird. Zu erkennen, daß *ich* es bin, der sich abhängig *macht* (und in dieses Ziel viel Energie hineinsteckt): das ist der erste Schritt zu einem erweiterten Bewußtsein. In der Gestalttherapie gibt es mehrere Anleitungen, um die *Sprache der Verantwortung* zu lernen. So wird der Klient bei jedem

«Ich *kann* nicht...»

dazu angehalten, den Satz einmal probeweise anders zu formulieren und mit

«Ich will nicht...»

zu beginnen. Zum Beispiel:

«Ich kann keine Knöpfe annähen.»	«Ich will keine Knöpfe annähen.»
«Ich kann ihn doch nicht einfach rausschmeißen.»	«Ich will ihn nicht einfach rausschmeißen.»
«Ich kann dir da auch nicht helfen!»	«Ich will dir dabei nicht helfen.» (Oder: «Ich seh nicht ein, wozu du mich dabei brauchst.»)

Entscheidend ist dabei nicht, daß die veränderte Formulierung möglicherweise besser zutrifft, sondern daß sie ein anderes Gefühl und ein anderes Bewußtsein beim Sprechenden aufkommen läßt. Wenn wir reden, reden wir nicht nur den Adressaten an, *sondern immer auch uns selbst etwas ein* – darauf hat Neuberger (1985) hingewiesen und für diesen Gedanken unter Verwendung des Nachrichten-Quadrates folgendes Symbol benutzt:

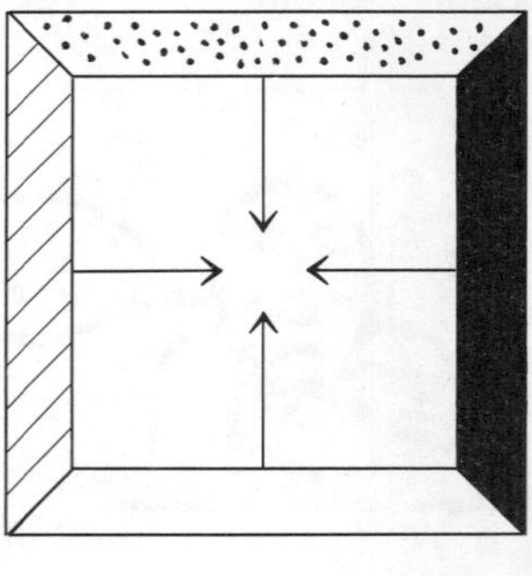

Durch diese Binnenwirkung der Kommunikation gestalten wir uns selbst. Wer fortdauernd bei der Beschreibung von Dingen und Ereignissen seine eigene Fremdbestimmtheit und Passivität hervorhebt, der konserviert und stabilisiert damit sein Lebensgefühl von Abhängigkeit.
Die Sprache der Verantwortung läßt sich auch bei ähnlichen Gelegenheiten lernen. Statt

«Ich muß...»,

wodurch wiederum die Unfreiheit des Handelnden betont wird, kann man alternativ einmal

«Ich entscheide mich für... (bzw. ich will...)»

versuchen (Stevens, 1975, S. 12). Zum Beispiel

«Ich muß auf diesen blöden Empfang gehen.»	«Ich entscheide mich dafür, auf diesen Empfang zu gehen, obwohl ich ihn blöde finde.»
«Ich muß früh nach Hause.»	«Ich will früh nach Hause.»

Auch hier gestalte ich mich selbst: Durch «ich muß» mache ich mich zum Sklaven und delegiere die Verantwortung an höhere Mächte; durch «ich will» mache ich mich zum Souverän. In ähnlicher Weise überprüft der Therapeut auch bei anderen Formulierungen: Betont der Klient den eigenverantwortlichen Teil, der seine persönliche Entscheidung im Rahmen seines Handlungsspielraumes ermöglicht? Oder betont er die Umstände, durch die er sich getrieben, gezwungen, veranlaßt sieht?
«Ich darf ja abends nicht mal alleine ausgehen!» beklagt sich eine Freundin über ihren streng wachenden Freund. Darf nicht? Ist sie sich bewußt, wieviel Macht sie dem Freund über sich einräumt? Und wie sie ihm die Verantwortung zuschiebt für ihre Entscheidung, seinen Wünschen und Verboten Gehorsam zu leisten? Also:

«Ich darf nicht...»	«Ich habe mich entschieden, den Anweisungen Folge zu leisten!»

«Und dazu stehe ich!» Oder nicht? Vielleicht löst diese Probeformulierung eine Auseinandersetzung mit mir selbst aus, bei der ich mir klarwerde, wie sehr ich dazu neige, mich zur Marionette zu machen, um nur nicht Konflikte durchstehen zu müssen, um nur nicht verantwortlich und erwachsen zu werden. In jedem «Ich darf nicht...» halte ich an einem Stück behüteter Kindheit fest – und vielleicht ist dieser (untaugliche) Versuch nur allzu verständlich angesichts eines großen Nachholbedürfnisses an Behütung? Es ist durchaus möglich, daß der bedürftig-abhängige Mensch, bevor er zu neuen Ufern der Eigenständigkeit aufbrechen kann, erst noch in einer Therapie nachholen muß, was früher zu kurz gekommen ist, das heißt erst noch intensiv beschützt und gehalten, umsorgt und gepflegt werden muß.

Eine weitere Übungsrichtung kann für den bedürftig-abhängigen Menschen darin bestehen, schrittweise *seinen Stil, um Hilfe zu bitten,* zu verändern. Und zwar

- spezifisch statt global,
- aktiv regieführend statt sich passiv überlassend,
- offen und deutlich statt verdeckt und zwischen den Zeilen.

Was mit diesen drei Punkten gemeint ist, sei am Beispiel verdeutlicht. Angenommen, jemand hat ein Problem am Hals, wie zum Beispiel das Wohnungsproblem aus dem Musterdialog (s. S. 64f). *Global* um Hilfe zu bitten sähe so aus, dem anderen das Problem vor die Füße zu werfen und «Was mach ich bloß?» zu seufzen (das heißt «fang du mal an, die Sache mit Tatkraft und kühlem Kopf in die Hand zu nehmen – denn ich liege ja am Boden und kann nicht!»). Gleichzeitig überließe er sich dabei passiv der Regie des anderen. *Spezifisch* und *aktiv regieführend* wäre hingegen das Hilfeersuchen dann, wenn er sich als zuständiger Problemlöser zeigte und dem Helfer genau die Stelle anweisen würde, an der er Unterstützung von ihm erwartet. Zum Beispiel: «Für mich steht fest, ich möchte hier wohnen bleiben und gegen die Kündigung ankämpfen. Weißt du oder hast du eine Idee, was hier ratsam ist zu tun?» Oder: «Ich bin mir darüber unschlüssig, ob ich kämpfen oder nachgeben will. Am liebsten würde ich dir einmal meine Gedanken und Gefühle dazu erzählen, und von dir zum Schluß hören, was du davon hältst. Bist du dazu bereit?»
In beiden Fällen läßt sich der in Not Geratene zwar helfen, behält aber die Fäden (= die Verantwortung) in der Hand. Zudem werden die Wünsche offen und deutlich formuliert – der andere kann darauf mit ja oder nein reagieren. – Übrigens kann der Partner dem Hilfesuchenden helfen, seine Autonomie nicht abzugeben, indem er ihn in

die Rolle des aktiven Regisseurs zurückverweist. So kann er auf das seufzende «Was mach ich bloß?» reagieren, indem er sagt:

- «Was hast du dir bis jetzt überlegt?» oder
- «Was genau erwartest du jetzt von mir?»

Damit verschmäht er zwar den ausgeworfenen Köder, bleibt aber doch in einer Weise hilfsbereit, die die Selbsthilfekräfte des anderen nicht lahmlegt bzw. lahmliegen läßt. Möglicherweise hat der helfende Partner aber etwas in sich, das ihn lüstern nach dem Köder schnappen läßt? Mit dieser Frage ist das nächste Kapitel aufgeschlagen.

2. Der helfende Stil

2.1 Erscheinungsbild, Grundbotschaft und seelischer Hintergrund

Der jetzt folgende Stil ist dem soeben beschriebenen komplementär, das heißt, er paßt dazu wie ein Schlüssel zum Schloß. Menschen, die von der helfenden Strömung stark und dauerhaft erfaßt sind, ziehen Bedürftig-Abhängige wie Magneten an. Als geduldige Zuhörer und Ratgeber sind sie allzeit bereit, sich für die Schwachen, Beladenen und Hilflosen einzusetzen, sich um sie zu kümmern und ihnen in der Not mit Rat und Tat beizustehen – nicht selten über die eigene Erschöpfungsgrenze hinaus. Sie strahlen eine souveräne Stärke aus, die zu sagen scheint: «Ich brauche niemanden» – und «Ich bin ganz für dich da!»

Abb. 12: Grundpose des helfenden Stils

Von der helfenden Strömung können wir um so leichter erfaßt werden, je mehr wir mit unseren eigenen schwachen und hilfsbedürftigen Anteilen auf dem Kriegsfuß stehen. Der entsprechende Kommunikationsstil ermöglicht die Abwendung davon und zugleich die Zuwendung zu solchen Anteilen beim Gegenüber:

a) durch die Selbstkundgabe von Stärke und Belastbarkeit
b) durch die Thematisierung der Sorgen und Probleme des Gegenübers, oft verbunden mit der Bereitschaft, geduldig zuzuhören
c) durch eine Beziehungsbotschaft, die die Hilfsbedürftigkeit des anderen unterstreicht
d) durch Appelle, die Empfehlungen für den anderen, aber keine eigenen Wünsche enthalten:

Abb. 13: Grundbotschaft des helfenden Stils

Schmidbauers tiefenpsychologische Studie über die «Hilflosen Helfer» (1977) hat unter dem Schlagwort «Helfersyndrom» besonders unter Angehörigen der sozialen Berufe betroffene Beachtung gefunden. Denn wir Psychologen und Sozialarbeiter, Ärzte, Psychotherapeuten, Krankenschwestern und Pädagogen haben uns beruflich eine zwischenmenschliche Grundsituation gewählt, in der die Weichen für den Kontakt zu unseren Gunsten gestellt sind. – Wieso zu unseren «Gunsten»? Müssen wir uns nicht ziemlich abrackern, oft bis in die Nachtstunden hinein, um die Ratlosen, Kranken und Bedürftigen zu stützen, etwas von ihrem Elend mitzutragen? Ganz gewiß – und doch liegt nach Schmidbauer der innerseelische «Vorteil» des souveränen und altruistischen Verhaltens darin, daß der Helfer sich auf diese Weise etwas vom Halse halten kann, wovor er große Angst hat: sein eigenes Anlehnungsbedürfnis, seine schwachen Anteile. Das seelische Axiom scheint bei diesem Stil zu lauten:

Für mich ist es eine Katastrophe,
schwach (ratlos, traurig, verzweifelt)
und bedürftig zu sein!

Nach Schmidbauer trägt der helfende Mensch «ein verwahrlostes, hungriges Baby» in sich. Es verkörpert jenes Preisgegebensein und jene Ohnmacht, die er als kleines Kind erlebt hat. Wenn dieses sich in Momenten intensiver Bedürftigkeit nach Schutz und liebevoller Zuwendung, nach Versorgtwerden und menschlicher Nähe alleingelassen oder abgelehnt fühlte, hatte es einen gewaltigen Urschmerz zu erfahren und zu verkraften. Die Art der Bewältigung kann nun in dem Versuch bestehen, jene mit katastrophalem Schmerz (und wahrscheinlich Todesangst) verknüpften Gefühle von Bedürftigkeit und Schwäche nicht mehr in sich aufkommen zu lassen (nie wieder!). Wie kann das geschehen, wie kann man hier seelisch auf Nummer sicher gehen? Indem man in den Kontakt mit anderen Menschen nur jene Aspekte des eigenen Selbst einbringt, die den gefährlichen Anteilen entgegengesetzt sind: die starken und souveränen Teile, die sich mit all den Vorstellungen verbinden, wie ein edler Mensch sein sollte, nämlich hilfreich und gut. Diese Verhaltensweisen waren wahrscheinlich schon in der Kindheit geeignet, Liebe und Bestätigung zu erlangen. Nach Außenthal (1984) scheint dies in besonderem Maße für die *älteste Tochter* typisch zu sein: Als «Hilfserzieherinnen» für die jüngeren Geschwister sind sie besonders mit den elterlichen Werten identifiziert (Vorbild sein!); so geben sie sich sehr früh schon *stark, vernünftig, tüchtig, selbständig* und *verantwortungsbewußt*:

«Auf jeden Fall bin ich immer die Verantwortliche gewesen oder die Vernünftige, und das ist das, was immer noch ganz schön Auswirkungen auf mein jetziges Leben hat.»*

Dafür gibt es liebende Anerkennung, hingegen ist die kindlich-bedürftige Seite nicht gefragt – und wird entsprechend aus dem eigenen Selbsterleben ausgeblendet:

«Das Komische ist, daß ich immer selbständig war, also von Anfang an. Ich denke manchmal, ich war als Kind schon *eine kleine Erwachsene* und habe mich auch selber eigentlich so ganz wohl gefühlt in der Rolle – und auch immer wieder reinmanövriert, und daß es mir jetzt erst aufgeht: ich hätte gern jemanden gehabt, der sich um mich kümmert!»

Das Umsorgen wird für die «kleine Erwachsene» zum Haupt-Kontaktmuster («Irgendwie war das so meine Rolle – immer so 'n bißchen sorgen und kümmern und zuständig sein...»), und auch die große Erwachsene kann später davon nicht mehr lassen:

«Ich hab mir oft gewünscht, daß mal jemand da ist, der sagt, was ich tun soll. Nur – als ich dann älter wurde, da paßte mir das natürlich auch nicht mehr...»

* Die angegebenen Originalzitate beziehen sich auf die Diplomarbeit von Außenthal (1984), die Tiefeninterviews mit neun ältesten Schwestern (Alter 23–34) durchgeführt hat.

Denn das hieße ja auch, etwas von der *Überlegenheit* aufzugeben, die mit der Rolle verbunden ist:

«Er war immer so mein kleiner Bruder, auf den ich runtergeguckt habe.»

Die schwierige seelische Leistung, welche die älteste Tochter zu erbringen hat, kommt in dem Satz zum Ausdruck: «Du mußt lieb sein zu diesem kleinen Rivalen, der dir das wegnimmt, was du am meisten brauchst!» (de Haen, 1983, zit. nach Außenthal, 1986)

«Wenn wir uns stritten: ich kriegte immer eins auf den Deckel, wenn ich meine Schwestern schlug. Das war völlig klar – als Älteste. Ich bin ja ‹die Verantwortliche›.»

So bedarf es der Herausbildung eines starken Über-Ichs («Edel sei der Mensch, hilfreich und gut!»), um «die andere Seite» innerlich nicht aufkommen zu lassen: Bedürftigkeit, Eifersucht, Aggression. Teilweise gelingt dies nicht: Viele ältere Schwestern haben nach eigenen Angaben ihre jüngeren Geschwister wiederholt «gequält», «tyrannisiert» und «fertiggemacht».

Wir können nach diesem Rückblick die Seelenlage der helfenden Strömung genauer fassen. Die starke kontaktzugewandte Außenseite leistet folgendes: Sie hält das eigene hungrige Baby «sicherheitshalber» unter Verschluß, läßt aber anderen Menschen stellvertretend jene Fürsorglichkeit angedeihen, die man selbst nicht ausreichend erhalten hat. Gleichzeitig erheischt das edle Selbstbild die Anerkennung, die einem seit eh und je zuteil wurde. Indem wir die Abb. 12 um diese Aspekte ergänzen, gelangen wir zu folgendem Bild:

Abb. 14: Grundpose des helfenden Stils, mit «Ergänzungen»

Die folgenden zwei Selbstzeugnisse mögen das bisher Gesagte illustrieren und ergänzen. Eine selbsterfahrene Studentin schreibt:

«Aufgrund einer ziemlich ernsten Viruserkrankung mußte ich drei Wochen lang in einer Klinik behandelt werden. Der dortige Kontakt mit dem Pflegepersonal, besonders mit einer Nachtschwester, brachte mich auf die Idee, eine Krankenpflegeausbildung zu machen. Ich brach also mein Studium ein Semester vor dem Diplom ab. Obwohl meine Eltern von meinen Ambitionen nicht gerade begeistert waren, konnten sie doch gegenüber solch edlen Motiven wie Nächstenliebe und ‹endlich mal Geld durch eigener Hände Arbeit verdienen wollen› nichts einwenden.
Jahrelang darin geübt, das zu bieten, was die Leute jeweils von mir hören wollten, um mein Ziel zu erreichen, bekam ich in einer Zeit der höchsten Ausbildungsknappheit sehr schnell eine Stelle in einem Hamburger Krankenhaus. Hier konnte ich meine Helfer-Symptomatik zum Gedeihen und Blühen bringen. Ich wollte keine gute, ich wollte eine *sehr gute* Schwester sein. Von Anfang an gestaltete ich meine Freizeit nach den Ansprüchen, die der Dienstplan an mich stellte. Hatte ich Frühdienst (Beginn 6.00 Uhr), so mußte ich spätestens um 21.00 Uhr im Bett sein, weil ‹die Patienten ein Recht auf eine ausgeschlafene Schwester haben›. Auch wenn ich mich noch so schlecht fühlte, ging ich zur Arbeit, zwang mich zu einem Lächeln und zur guten Laune. Gab es einen personellen Engpaß, arbeitete ich auch schon mal 15 Tage ohne einen freien Tag, denn ich wollte ja stark und belastbar erscheinen. Dem hohen Anspruch an mich selbst konnte ich aber nur in den ersten fünf Monaten meiner Ausbildung gerecht werden. In dieser Zeit machten mich Sätze wie: ‹Schwester, wenn Sie zur Tür hereinkommen, geht die Sonne auf›, oder: ‹Wenn Sie immer da wären, würde ich viel schneller wieder gesund›, wirklich glücklich. Ich kam damals oft mit dem Gefühl vom Dienst, nun endlich meinen Traumberuf gefunden zu haben.
Aber schon bald erfüllte ich die Voraussetzungen dieses Ideals innerlich nicht mehr. Immer häufiger kam es vor, daß ich nach den Diensten total ausgebrannt zu Hause saß und Löcher in die Luft starrte. Ich war unzufrieden, daß mich mein Beruf so auffraß, daß ich (entsprechend meiner damaligen Einstellung) keinen privaten Freiraum hatte. Auch in meinen Partnerschaften fühlte ich mich nie wohl, auch hier sah ich mich stets schnell ‹vereinnahmt›. Heute weiß ich, daß ich mir Männer mit Problemen als Partner wählte, daß ich auch in diese Beziehungen mit den Gedanken ‹Ich bin stark, wenn ich dir helfe, kommst du da schon heraus› hineingegangen bin. Wenn sich die Männer dann nicht so behandeln lassen wollten, brach ich die Beziehung ab und wendete mich mit neuem Elan meinem Beruf zu (Die Patienten waren ja wenigstens dankbar).

Schon sehr bald aber reichte mir die Bestätigung von Patienten und Kollegen nicht mehr aus. Ich schraubte meine Normen immer höher und war ständig unzufrieden mit meinen Leistungen. Ich bestand mein Examen mit «Sehr gut» und empfand mich als totale Niete in der praktischen Arbeit. Das hungrige, verwahrloste Baby in mir schrie sich heiser, die Anerkennung, die ich ja durchaus bekam, machten es niemals auch nur noch annähernd satt. Mein Körper reagierte natürlich auch auf diesen Mißstand. Ich litt unter Schlafstörungen und zusätzlich unter Magen- und Darmbeschwerden. Dadurch, daß ich mich morgens stets zerschlagen fühlte, mußte ich noch mehr Kraft für die Aufrechterhaltung meiner Fassade investieren. Die Magen- und Darmbeschwerden wurden mit den entsprechenden Pillen und Säften in erträgliche Maße gebracht.
Mit der Absicht, Gesprächstherapie zu lernen, um so sterbenden Menschen besser beistehen zu können, begann ich nach fünf Jahren Berufstätigkeit mein Psychologiestudium – sozusagen, um mein Helfersyndrom auf akademischer Grundlage weiter zu perfektionieren. Durch Gespräche mit einer therapieerfahrenen Krankenschwester während einer Aushilfstätigkeit in einem Krankenhaus, durch die nach dem Vordiplom angebotenen Studieninhalte im Fach Psychologie und durch die Teilnahme an Mitarbeiterbesprechungen in der Sozialstation, bei der ich im Moment vorwiegend in der Altenpflege arbeite, bin ich langsam darauf gekommen, was eigentlich mit mir los ist.»

Der folgende zweite Bericht ist ebenfalls von einer Frau; daraus ist aber nicht zu schließen, daß der helfende Stil ein typisch weibliches Kontaktmuster darstelle. Nach meinen Erfahrungen sind Frauen und Männer hier gleichermaßen vertreten. Jedoch tun sich Frauen häufig leichter damit, ihrer seelischen Vorgänge gewahr zu werden und darüber zu sprechen. –
Im folgenden wird sehr plastisch, wie der helfende Mensch mit eigenen Bedürfnissen umgeht:

«Ich strahlte nach außen Stärke, Sicherheit und Ruhe aus und habe deshalb in Beziehungen meist die Oberhand. Das ist für mich gut und wohltuend, weil ich durch die Rolle der ‹starken, klugen, geduldigen Ratgeberin› Anerkennung (für meinen Kopf) bekomme und außerdem das Gefühl, gebraucht und gemocht zu werden (für den Bauch)... Soweit, so gut – oder besser – nicht gut!... Ich habe von mir nicht nur das Bild ‹der Starken›, sondern das Bild ‹der *immer* Starken›. Ich gestehe mir keine vermeintlichen Schwächen (Traurigkeit, Ratlosigkeit usw.) zu, und was wohl noch entscheidender ist, ich gestehe es mir auch nicht zu, daß mir in solchen Situationen jemand hilft. Ich brauche niemanden!
Was geschieht aber, wenn ich wirklich mal jemand benötige? Ich sende meine Bedürfnisse in verdeckter Form: beiße bis zuletzt die Zähne zusammen, werde oft körperlich krank oder verkrieche mich irgendwo und

melde mich erst wieder, wenn es mir ein wenig besser geht. Natürlich hoffe ich insgeheim sehnsüchtig, daß jemand kommt und sich um mich kümmert. Aber erstens bitte ich nicht selbst direkt um Hilfe, das könnte ich nicht mit meinem Selbstbild vereinbaren, und ein Konglomerat von Ängsten hält mich davon ab. Und zweitens habe ich durch mein vorhergehendes Verhalten ein Bild von mir bei den anderen aufgebaut, so daß sie sich von mir nur schwer vorstellen können, daß ich zum Bespiel weine. Ich gebe den anderen also keine Gelegenheit, mir ihrerseits zu helfen. Obwohl ich dieses selbst inszeniert habe, ruft es in mir eine große Enttäuschung hervor, ich fühle mich ausgenutzt und trenne mich, um nicht ganz ausgesaugt zu werden, fühle mich als Opfer von dem anderen. Beschließe dann, um nicht wieder so enttäuscht zu werden, mir noch ein dickeres Fell zuzulegen – denn schließlich: Ich brauche niemanden!»

In diesen Selbstzeugnissen kommen besonders prägnant die Gefahren zum Ausdruck, die mit der helfenden Strömung für den Helfer selbst verbunden sind. Zwar erreicht er (oder sie) das Ziel (= die Gefühle von Schwäche und Bedürftigkeit «unten» zu halten), bekommt darüber hinaus aufblickende Anerkennung und Dankbarkeit. Aber das hungrige Kind in ihm bleibt unterernährt, nach einiger Zeit fühlt er sich überanstrengt, ausgelaugt, von «Blutsaugern» umgeben («Alle wollen sie was von mir!») und als seelischer Mülleimer mißbraucht. Da solche Regungen nicht ins Idealbild eines Wohltäters passen, können der innere Griesgram, der Ärger, das Gefühl von Einsamkeit trotz vieler Kontakte und die Erschöpfung häufig nur über Krankheiten ausgedrückt werden, als psychosomatische Notbremse gegen schonungslose innere Durchhalteparolen. Laut Schmidbauer gibt es Statistiken, nach denen professionelle Helfer überraschend häufig zu Suchtmitteln greifen. Das mag (auch) damit zu tun haben, daß Ärzte und Krankenhauspersonal hier besonders leichten Zugriff haben. Durchaus wahrscheinlich aber auch, daß seine psychoanalytische Erklärung zutrifft: Helfer tun sich schwer, sich jene menschliche Nähe zu «holen», nach der das hungrige Baby verlangt, also beschützende Geborgenheit und Halt im Rahmen einer auf Gegenseitigkeit begründeten Beziehung. Die Sucht ist nun der Versuch, sich ähnliche Gefühle zu «machen», aber ohne Menschen dafür zu brauchen. Die Formel Schmidbauers: Suchtmittel = «giftige Muttermilch» bringt diesen Gedanken auf einen deutlichen Nenner. Das Suchtmittel kann eingenommen werden, ohne daß man «über seinen Schatten springen» muß, und garantiert zunächst einmal Ersatzbefriedigung, allerdings um den Preis der langsamen Selbstzerstörung. Und ist vielleicht das Helfen selbst schon zu einer Art Sucht, ist aus dem Helfen-Wollen längst ein Helfen-Müssen geworden (Falt, 1988)?

2.2 Der systemische Blickwinkel

Die Verstrickung des helfenden Menschen in zwischenmenschliche Kreisläufe haben wir bereits ins Auge gefaßt (S. 66ff). Umgeben von Menschen, die ihn dringend brauchen, ist sein fürsorglicher Anteil immer wieder «gefragt», so daß dieser gleichsam immer stärkere Muskeln bekommt, bei deren bloßem Anblick man sich sogleich in guten Händen fühlt. Im Umgang mit seelisch beeinträchtigten Menschen (zum Beispiel Depressiven, Alkoholabhängigen, sonstigen Suchtabhängigen) ist der Helfende immer in Gefahr, zum heimlichen Komplizen des Symptoms zu werden, zum «Symptompfleger», der es dem «Symptomträger» immer wieder erspart, sich mit den realen Folgen seines selbstzerstörerischen Verhaltens auseinanderzusetzen und sein Schicksal selbst in die Hand zu nehmen. Dieser besonders im Zusammenhang mit Alkoholismus untersuchte und auch «Co-Verhalten» (Hambrecht, 1982) genannte Beitrag eines Helfers wirft natürlich die Frage auf, worin denn im Einzelfall eine adäquate Hilfe bzw. ihre Verweigerung besteht. Zu diesem Thema sei auf das vorzügliche Lehrbuch von Dörner und Plog (1978) verwiesen. Unser Interesse hier betrifft die Interaktionsdynamik zwischen «normalen» Menschen, soweit sich ihre Strömungen in eine bedürftig-abhängige und eine helfende polarisiert haben. Dazu ist der bereits beschriebene Kreislauf von S. 68ff wieder aufzunehmen und zu erweitern. In ihm steckt der Teufel: Neben dem «offiziellen» Außenkreis von Fürsorge und Dankbarkeit entsteht nämlich noch ein viel weniger bewußter Innenkreis von Enttäuschung und Kränkung, von Aggression und Sabotage. Der Schützling fühlt neben der Erleichterung, die ihm der Helfer verschafft, immer auch eine Kränkung über seine eigene Bedürftigkeit – und daß der Helfer diese «auskostet» und sein eigenes Selbstgefühl darauf aufbaut, macht ihn höchst ambivalent: «Du sollst nicht glauben, du könntest alles besser und wärest so großartig!» meldet sich eine leise Stimme in ihm – und dieser Stimme folgend, gönnt er dem Helfer die Erfolge nicht und beginnt, sie ihm vorzuenthalten. Plötzlich sind alle Ratschläge untauglich («Ja, aber...»), sind alle Hilfsmaßnahmen noch nicht ausreichend gewesen, ja vielleicht sogar fehlgeschlagen, wofür er den Helfer nun verantwortlich macht: «Nun haben wir den Salat – sieh bloß, was du angerichtet hast!» – S. Abb. 15 auf der nächsten Seite.

Indem der Hilflose dem Helfer nachweist, wie unzureichend seine Bemühungen waren, erreicht er zweierlei: Zum einen entschädigt er sich mit diesem kleinen Racheakt für den Demütigungs-Anteil, den

Abb. 15: Reaktion des Hilfsbedürftigen im Teufelskreis mit dem Helfer

die helfende Wohltat im Begleitgepäck hatte, zum anderen spornt er den Helfer an, in seinen Anstrengungen nicht nachzulassen – ja, diese noch zu verstärken, um die erlittene Schlappe auszugleichen.
Der Helfer («Ich habe ja nur versucht, dir zu helfen!», s. E. Berne, 1967, S. 196ff) ist frustriert und verärgert über den so wenig fruchtbaren Boden, auf den seine Saat gefallen ist. Aber er sieht ein, daß er mit seinen helfenden Eingriffen auch Verantwortung übernommen hat und den anderen nicht gerade jetzt, wo alles noch schwieriger geworden ist, im Stich lassen kann! So nimmt er die Herausforderung an und verdoppelt seine Anstrengungen, wobei er freilich seinen Ärger nicht ganz verhehlen kann und seine Ratschläge durch aggressive Gefühlsbeimischung zu Rat-«Schlägen» werden läßt, die dem anderen das Gefühl geben, das zu sein, was er ohnehin zu sein fürchtet: ein Versager, der nicht einmal bei kompetenter Unterstützung zurechtkommt. Diese nun schon fast offene Demütigung vertreibt erst recht das Gefühl von Dankbarkeit und weckt statt dessen den Wunsch, dem anderen ebenfalls eine Niederlage zuzufügen usw.
Dies alles spielt sich mehr oder minder unterschwellig ab – überschwellig bleibt der Helfer, getreu seinem edlen Ich-Ideal, begütigend, tröstend und ermutigend, der Schützling betont seine Angewiesenheit und Dankbarkeit. Allmählich entsteht auf beiden Seiten ein eigenartiges Gefühlsgemisch aus Mitleid und Zorn, Dankbarkeit und Rache, dessen Dynamik wir uns in Form eines halbverdeckten Doppelkreislaufes vor Augen führen können:

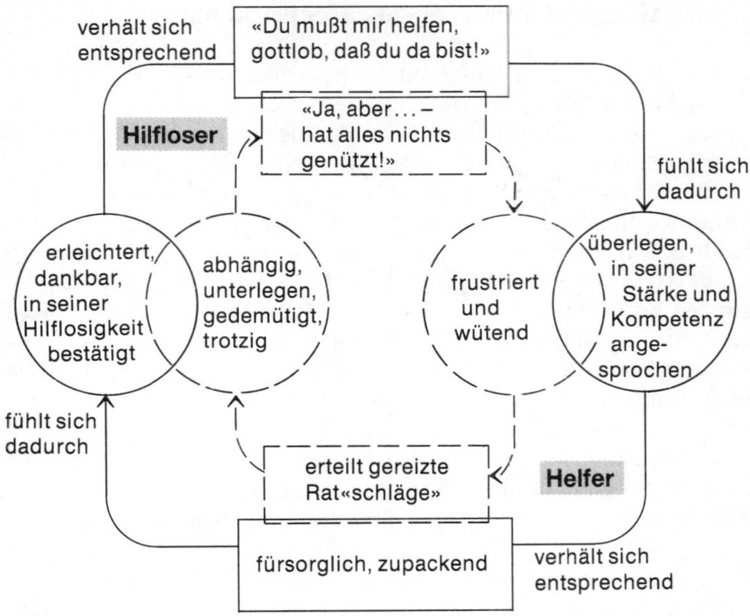

Dieser Doppelkreislauf kann in einer Trainings- oder Supervisionsgruppe innerhalb weniger Minuten entstehen und die ganze Atmosphäre heillos verderben: Ein Teilnehmer bringt ein Problem ein, signalisiert damit eine gewisse Hilfsbedürftigkeit und löst bei den anderen die helfende Strömung aus (oft noch vermischt mit der sich beweisenden und der kontrollierend-bestimmenden). Sie reagieren mit gescheiten Analysen, detektivisch geschulten Nachfragen und vielen Ratschlägen. Der Problemträger bekommt das Gefühl, von «himmlischen Heerscharen», die alles besser wissen, überwältigt zu werden. Um nicht als der einzig Dumme dazustehen, beginnt er eine (verdeckte) Abwehrschlacht gegen die «Klugscheißer»: Dies habe er selbst schon erfolglos versucht, jenes sei völlig praxisfern. Die Helfer werden ungeduldig, verdrossen über die Nutzlosigkeit ihrer Bemühungen und enttäuscht von der Undankbarkeit ihres Schützlings, und versuchen nun verstärkt, ihn «zur Vernunft» zu bringen. – Die Stimmung ist auf beiden Seiten gereizt, das Problem zwischen «Ratsuchendem» (der im Grunde gar nicht «Rat» sucht, sondern Verständnis und Ermutigung) und seinen Helfern ist längst größer geworden als das Ausgangsproblem. – Solche Erfahrungen haben dazu beigetragen, daß professionelle Hilfe heute ein anderes Gesicht hat.

2.3 Richtungen der Persönlichkeitsentwicklung

Wenn wir bis jetzt die Gefahren des helfenden Stils für die seelische Gesundheit und die Fallstricke für die Beziehungsgestaltung herausgestellt haben, dann dürfen wir darüber nicht vergessen, daß die Bereitschaft und die Fähigkeit, andere Menschen in Notlagen und hilflosen Phasen zu unterstützen, für sie zu sorgen und ihnen einen Teil der Verantwortung abzunehmen, als menschlicher Wert und Zeichen von Kraft und Reife anzusehen sind. Die Entwicklung von Hilfsbereitschaft ist ein viel zu kostbares Gut, als daß wir sie unter den psychologischen Verdacht stellen dürften, sie diene nicht wirklich dem Wohl des Mitmenschen, sondern solle die eigene fehlentwickelte Psychodynamik intakt halten. Die tiefenpsychologische Analyse verfehlt ihren Sinn, wenn sie für naseweise Entlarvungszwecke mißbraucht wird. Hingegen erhält sie ihn, wenn sie unser Bewußtsein dafür schärft, daß es neben der gerechtfertigten und unabdingbaren Hilfe auch eine Pseudohilfe gibt, die zum Nachteil beider Partner ausfallen kann. Problematisch wird die helfende Strömung erst dann,

- wenn der Helfende seine Kontakte und Privatbeziehungen regelmäßig so organisiert, daß keine Gegenseitigkeit von Geben und Nehmen entstehen kann, aus dem unbewußten Wunsch heraus, durch Konzentration auf die Sorgen und die Bedürftigkeit anderer die eigenen nicht spüren zu müssen;
- wenn der Helfende anfängt, durch 150 %iges Engagement für andere seine Substanz zu ruinieren – ohne seine eigenen Bedürfnisse überhaupt noch zu spüren;
- wenn der Helfende aus dem Blick verliert, welchen Gewinn er selbst aus seinem altruistischen Verhalten zieht, sich nur noch mit dem hilfreich, edel und guten Selbstbild identifiziert und damit moralischen Druck ausübt;
- wenn der Helfende aus dem inneren Zwang heraus, die Rolle des Starken und Kompetenten immer wieder einzunehmen, die Selbsthilfekräfte des Hilfesuchenden schwächt und ihn abhängig hält. Dies ist gemeint, wenn Ruth Cohn sagt: «Zuwenig Hilfe ist Diebstahl, zuviel ist Mord!»

Wer sich selbst als «eingefleischten» Helfer ansieht, kann seine persönliche Entwicklung in zweifacher Hinsicht ausrichten. Die eine betrifft den Umgang mit sich selbst, die andere den Umgang mit den hilfsbedürftigen Partnern:

Eigenständigkeit und Bedürftigkeit. Im Umgang mit sich selbst kann sich der chronische Helfer auf die Spur kommen, wenn er die altruistische Selbstdeutung seines Handelns probeweise einmal fallenläßt und sich statt dessen fragt: Was habe *ich* davon, wenn ich mich immer wieder für andere aufreibe (und mich womöglich ausgenutzt und ausgelaugt fühle)? Die erste Antwort mag dann lauten: Ich bekomme Anerkennung und Dankbarkeit dafür. – Dies ist sicher zutreffend, gleichwohl ist in vielen Fällen zu beobachten, daß die helfende Grundstellung auch dann erhalten bleibt, wenn die Undankbarkeit der Empfänger längst mit Enttäuschung empfunden wird. In solchen Fällen mag eine tieferliegende Antwort lauten: Durch die helfende Haltung komme ich darum herum, meine Bedürftigkeit und Ohnmacht, meine Kleinheit und Schwäche zu spüren und dazu zu stehen: daß ich manchmal auch jemanden bräuchte, vor dem ich hilfsbedürftig dastehen darf und der mir Halt gibt. Dies überhaupt zu *spüren* wäre der erste Schritt. Denn das Selbstbild (Ich bin stark und brauche niemanden!) ist ein mächtiger Dirigent im Seelenleben und läßt manche Töne gar nicht erst aufkommen, oder übertönt sie sogleich mit Pauken und Trompeten.
Der zweite Schritt liegt auf der Verhaltensebene und besteht darin, andere einmal um Hilfe zu bitten oder ihnen «zuzumuten», sich mit den eigenen Nöten und Bedrängnissen zu befassen. Dies ist für den Helfer oft eine «Pferdekur», lieber möchte er sich auf die Zunge beißen: So schlimm sei es schließlich gar nicht, und man sei bisher auch gut allein damit zurechtgekommen, und bestimmt habe der andere viel größere Probleme usw. –
Was dem eigenen Muster sehr zugespitzt zuwiderläuft, ist die Rolle des Klienten in der Psychotherapie. Unabhängig davon, *was* dort geschieht, ist allein schon diese *Rollenübernahme* eine entwicklungsträchtige Grenzüberschreitung (weswegen eingefleischte Helfer eher eine «Fortbildung» akzeptieren, wenn sie für sich etwas tun wollen).
Das zu diesen Gedanken gehörende Wertequadrat ist natürlich das gleiche wie beim bedürftig-abhängigen Stil (s. S. 61), nur mit überkreuzender Entwicklungsrichtung:

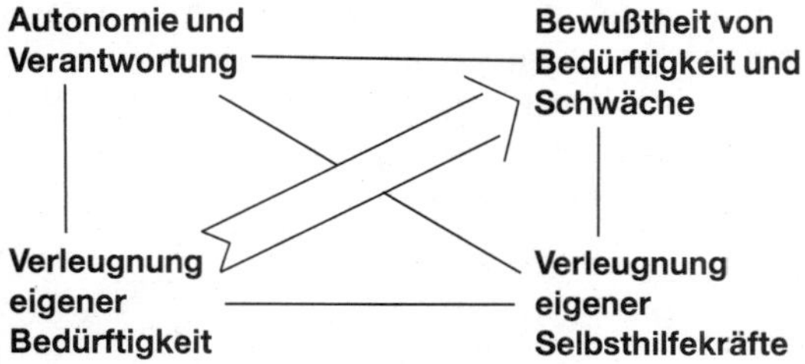

Für manche Menschen ist es leichter, den zweiten Schritt (auf der Verhaltensebene) vor dem ersten (Selbstwahrnehmung bedürftiger Anteile) zu tun. Auch dies ist möglich. Nehmen Sie sich vor, wo es irgend passend scheint, einen Kontakt einmal mit den Worten einzuleiten

- «Ich brauche einmal deine/Ihre Hilfe!» – oder:
- «Hast du/Haben Sie einen Moment Zeit?
  Ich muß mal etwas loswerden!»

und stehen Sie die Situation, die dann entsteht, einschließlich aller Gefühle, die in Ihnen aufkommen, bewußt durch. Es liegt im Wesen der «Pferdekur», daß am Anfang nicht nur schöne, sondern auch sehr unangenehme Gefühle und Körperempfindungen (Herzklopfen, Verspannungen etc.) spürbar werden. «Wo die Angst sitzt, da geht's lang!» lautet eine Faustregel der Psycho-Szene. Persönlichkeitsentwicklung heißt: Vermiedenes Neuland betreten und an seinem Torwächter, der Angst, vorbeikommen. Das hier einzugehende *Risiko* sollte aber ausbalanciert sein durch ein hinreichendes Maß an *Sicherheit*, das die Situation oder die Beziehung bietet, sonst besteht die Gefahr einer neuen Verletzung und eines Rückschlages.

Behütung und Herausforderung. Nun zum Umgang mit den Partnern und Schutzbefohlenen, Menschen also, die dem Helfer aufgrund eines besonderen Rollenverhältnisses anvertraut sind: die Kinder den Eltern, die Jugendlichen den Lehrern und Jugendleitern, die Mitarbeiter den Vorgesetzten, die Klienten und Patienten den Angehörigen helfender Berufe.
Was kommt zu kurz, wenn der Helfer dazu neigt, das Element von Schutz, Fürsorge und Behütung zu übertreiben? Alfred Adler hat den «verzärtelnden» Erziehungsstil für besonders verhängnisvoll gehalten, da er den Zögling darin behindert, seine eigene Kraft zu entfalten, sich auch einmal «durchzubeißen» und auf der Grundlage eigenständiger Bewältigungen ein stabiles Selbstwertgefühl zu entwickeln. Der überbehütende Erzieher (Vorgesetzte, Jugendleiter, Trainer...) muß lernen, seinem Zögling etwas zuzumuten und ihn herauszufordern, ohne gleich vom Gefühl überwältigt zu werden «Ich kann es einfach nicht mit ansehen, wie er/sie sich abquält!» – Mit dem nachfolgenden Wertequadrat wird dem Pädagogen ein schwieriges Kunststück abverlangt, denn was noch gestern dringend benötigter Schutz war, kann schon morgen zur «Überbehütung» werden:

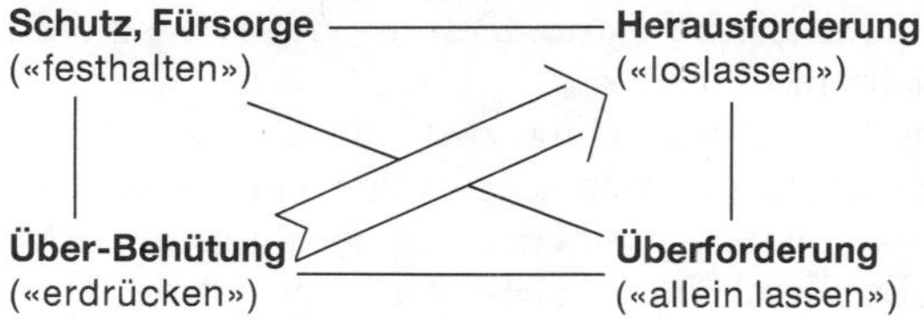

Anteilnahme und Abgrenzung. Was kann der Helfer tun, wenn er es mit «starken Schwachen» zu tun hat, die ihm auf den Leib rücken (und sich von ihm angezogen fühlen)? Leicht gesagt: Er müßte lernen, sich auch einmal zu verweigern. Ich bin in unseren Trainingskursen immer wieder erstaunt, wie viele Teilnehmer es sich selbst zum Ziel setzen, Nein sagen zu lernen (s. auch S. 108f). Wenn der andere sein ganzes Elend in die Waagschale wirft, und sei es auch nur in Andeutungen, kommen sie sich brutal und herzlos vor. Wiederum ist zu betonen, daß Mitleid und Hilfsbereitschaft ja nicht abgeschafft werden sollen; wenn aber der Helfer sich so stark in Mitleidenschaft gezogen sieht, daß ihm das Elend des anderen selbst unter die Haut kriecht und er es nicht mehr loswerden kann; wenn er sich plötzlich für die Abhilfe oder Linderung allein zuständig und verantwortlich fühlt: dann hat er es an der nötigen *Abgrenzung* fehlen lassen, ist in einen emotionalen Sog geraten, der die Grenze zwischen Ich und Du zum Verschwimmen bringt («*Konfluenz*»). Offenbar gedeiht eine gesunde Hilfe nur in der Balance von Anteilnahme und Abgrenzung:

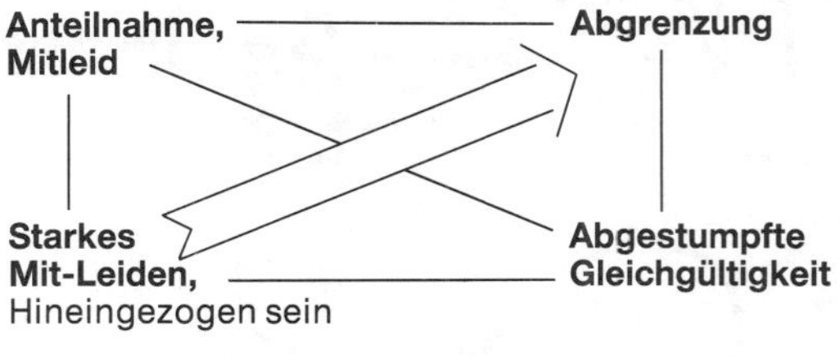

Dieselbe Balance ist gemeint, wenn in der Literatur zum Burnout-Syndrom (berufliches Ausbrennen) von *distanziertem Engagement* (s. Burisch, 1988, S. 36) die Rede ist. Burisch spricht von einer «verstellbar dicken Haut»: dünn genug, um für die Not des anderen durchlässig zu sein, dick genug, um nicht selbst davon erfaßt zu werden. Besonders für professionelle Helfer stehen und fallen berufliche Effektivität und seelische Gesundheit mit der Lösung dieser Abgrenzungsproblematik.

Bei der Abgrenzung ist wichtig, zwischen äußerem Verhalten und innerer Dynamik zu unterscheiden. Einer *überbetonten äußeren Abgrenzung* («Da mußt du selber sehen, wie du damit fertig wirst! Absolut dein Problem! Du brauchst gar nicht auf die Tränendrüse zu drücken – damit erreichst du bei mir gar nichts, höchstens das Gegenteil!») liegt in der Regel eine innere Anfälligkeit zugrunde, sich hineinziehen zu lassen. In dem Bild von eben ausgedrückt: Wegen allzu «dünner Haut» wird ein stacheliger Hornpanzer angelegt: je weniger der Helfer es aushalten kann, wenn es dem anderen schlechtgeht, um so schroffer, abweisender, aggressiver muß er seine Verweigerung vortragen – die innere Konfluenz muß mit äußeren Abwehrbastionen ausgeglichen werden. Umgekehrt kann der innerlich Abgegrenzte den Notleidenden viel näher an sich heranlassen, muß zum Beispiel im Umgang mit unheilbar Kranken und Sterbenden viel weniger auf Abwehr schalten, kann somit Kontakt entstehen lassen und dadurch (und nur dadurch) wirklich helfen.

Der gegenläufige Zusammenhang von innerer und äußerer Abgrenzung sei noch einmal an folgender Abbildung veranschaulicht:

Abb. 16: Konfluenz und Abgrenzung auf seiten des Helfers

Dies vor Augen, wird es plötzlich verständlich, wenn viele professionelle Helfer nach einiger Zeit so «herzlos» und zum Teil zynisch mit ihrem Klientel umgehen und den Menschen zum «Fall» degradieren («Machen Sie doch mal bei der Niere auf Nummer 18 das EKG – aber Vorsicht! Schwerer Fall von paranoider Querulanz!»). Was so inhuman aussieht (und ist), erweist sich als innere Not-Wehr gegen all das Elend, das man an sich heranlassen müßte, würde man dem Menschen ins Auge sehen und sich von ihm betreffen lassen. Wo seelische Kraft zur inneren Abgrenzung fehlt bzw. keine kraftspendende Institution geschaffen ist, wo der Helfer (zum Beispiel der Arzt) seine innere Situation regelmäßig bearbeiten kann (salopp gesprochen: wo er mal «etwas los wird») – dort muß eben die fehlende innere Abgrenzung durch äußere Abwehr ersetzt werden – eine verbreitete Notlösung, verbunden mit innerer Abstumpfung und Aggressionen gegen die Klientel. Ein Sozialpädagoge formulierte seine Stimmung in dem Satz «Kaputte aller Länder vereinigt euch, aber laßt mich in Ruhe!» Typischerweise passiert das auch und gerade denjenigen, die sich voller Engagement und Mitgefühl den Notleidenden hatten widmen wollen. Dieses «Umkippen» ins gegenteilige Extrem ist eine durchaus charakteristische Bewegung im Entwicklungsquadrat, auf die schon Helwig (1967) aufmerksam machte, indem er davon sprach, daß wir dazu neigen, *überkompensatorisch* von dem einen Unwert in den entgegengesetzten anderen zu entfliehen, wenn wir «nicht die Kraft haben, uns in die geforderte Spannung der oberen Plus-Werte hinaufzuarbeiten» (vgl. S. 39). – Im vorliegenden Fall also:

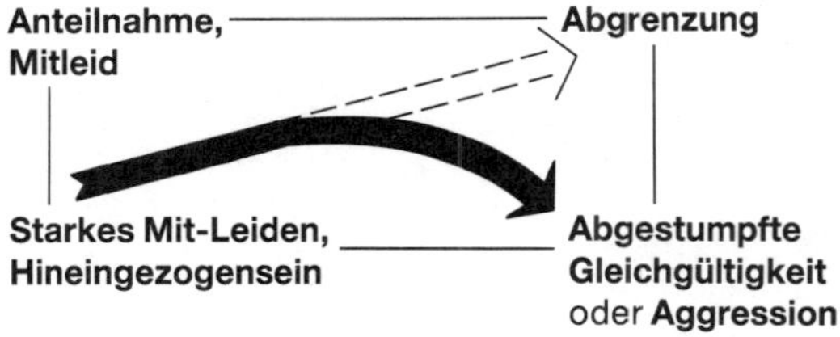

Freilich ist auch noch ein dritter Fall möglich und empirisch beobachtbar, nämlich ein Mangel an innerer und äußerer Abgrenzung zugleich. Diese Menschen «kümmern sich» (im doppelten Wortsinne) so sehr um ihre Mitmenschen, daß ihr eigener Mitleids-Kummer die Sorgen und Nöte der eigentlich Betroffenen bald übersteigt. Dann tritt nicht selten der paradoxe Effekt ein, daß der Bekümmerte den

«Helfer» wieder aufrichten muß – meist verbunden mit dem Vorsatz, ihn beim nächsten Mal mit eigenen Sorgen nicht zu belasten.
Was kann der Helfer tun, um seine innere Abgrenzung zu verbessern? Zunächst ist wichtig zu wissen, daß im Umgang mit schwerem Elend (schweren Krankheiten, Schmerzen, Sterben, Verzweiflung) das *Aushaltenkönnen, ohne einzugreifen* in der Regel eine große Hilfe darstellt (zum therapeutischen Umgang mit Krisen siehe ausführlich Kast, 1987). Viele Menschen meinen, daß die eigene Hilf- und Lösungslosigkeit eine Art zusätzliches Gift darstellt, vor dem man den Notleidenden (und sich selbst!) dringend bewahren muß. Oft ist das Gegenteil der Fall: Begegnet der Notleidende einer Mentalität von «Das-müssen-wir-jetzt-in-den-Griff-Kriegen», von der er sich nicht wirklich etwas verspricht, dann fühlt er sich um den Beistand betrogen, der durch eine nicht-ändern-wollende menschliche Anteilnahme möglich gewesen wäre. – Es geht also um das Aushalten. Aushalten kann man aber eher, was einem nicht völlig fremd ist. Je mehr der Helfer sich auseinandergesetzt hat mit den Themen, denen er begegnet (Depression, Verlassenheit, Unheilbarkeit, Tod und Sterben...), um so weniger wird er kopfscheu werden müssen, um so weniger sich anstecken lassen von der Verzweiflung und um so eher zum Felsen werden, der die Brandung an sich heranläßt, ohne von ihr ver-rückt zu werden. Aus diesem Grunde ist es so wichtig, daß die Angehörigen von Berufen, deren Wirkung unauflöslich mit dem Eingehen einer zwischenmenschlichen Beziehung verbunden ist, eine regelmäßige berufsbegleitende therapeutische Supervision erhalten.

3. Der selbst-lose Stil

3.1 Erscheinungsbild, Grundbotschaft und seelischer Hintergrund

Der selbst-lose Stil ist dem helfenden verwandt. Auch hier besteht das Grundmuster darin, für andere da zu sein, ihre Wünsche und Nöte zu erspüren und sich in ihren Dienst zu stellen. Doch während der Helfer eine souveräne Pose anstrebt, sozusagen «von oben» kommt, hat die aufopfernde Tendenz des Selbst-losen etwas Unterwürfiges – sie kommt «von unten»:

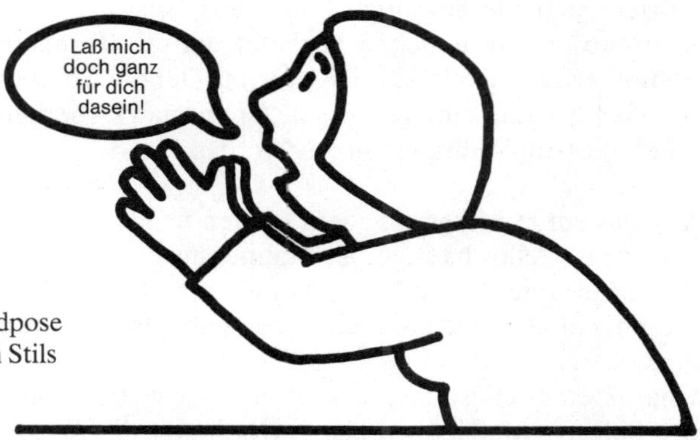

Abb. 17: Grundpose des selbst-losen Stils

Auch die zugrundeliegende seelische Dynamik ist anders als bei der helfenden Tendenz. Kam es bei dieser darauf an, sich Gefühle eigener Schwäche, Hilf- und Ratlosigkeit vom Leibe zu halten und durch die souverän-überlegene Pose gegenüber Hilfsbedürftigen (oder solchen, die dazu gemacht werden) sich der eigenen Stärke und Problemlosigkeit zu vergewissern, so ist demgegenüber das Gefühl von Schwäche in der selbst-losen Strömung durchaus mitenthalten. Charakteristisch ist hier eine tiefe Überzeugung von eigener Bedeutungs- und Wertlosigkeit, die nur durch den Einsatz für andere leidlich kompensiert werden kann. Das seelische Axiom lautet:

> **«Ich selbst bin unwichtig – nur im Einsatz für dich und für andere kann ich zu etwas nütze sein!»**

Dieses Sich-durch-den-anderen-Definieren ist Ausdruck des fehlenden Selbstgefühles und zugleich ein Mittel, die *Angst vor Selbstwerdung*, also davor, ein eigenständiges und abgegrenztes Individuum zu werden, einzudämmen. Offenbar hat es in der frühkindlichen Entwicklung eine Zeit gegeben, in der jeder Ansatz von Eigen-Sinn massiv unterdrückt wurde – ja mehr noch: in der alle Hinweise darauf gefehlt haben, daß das Kind einen eigenen Wert und eine eigene Bedeutung hat, und jede Bestätigung dafür ausblieb, daß es überhaupt eigene Wünsche haben kann. «Um dich geht es hier nicht!» war die Botschaft, und um nicht aus der Gemeinschaft ausgestoßen zu werden, hat das Kind sich angepaßt und eingefügt, hat sich für die Zwecke anderer instrumentalisieren lassen und sich schließlich in seinem Lebensgefühl selbst als Werkzeug für andere definiert – mit dem Vorteil, daß die gewaltige Angst vor Ausgrenzung, die als Basso continuo das Seelenleben begleitet und als Trennungsangst in der Hauptbeziehung fortlebt, leise bleibt. Der dienstbare Einsatz für die anderen wird zur einzigen Quelle (sparsamer) Anerkennung, bewirkt zumindest ein Wahrgenommen-Werden.

Vor diesem Hintergrund, dem Frauen namentlich früherer Generationen zweifellos häufiger als Männer ausgesetzt waren, Angehörige der Unterschicht sicherlich auch stärker als Mittelschichtskinder – vor diesem Hintergrund können wir den selbst-losen Kommunikationsstil verstehen:

Charakteristisch ist die Aufwertung des anderen und die Abwertung des Selbst. «Maßgeblich bist DU!» lautet die *Beziehungsbotschaft*, verbunden mit der Bereitschaft, die starken und guten Seiten des anderen zu würdigen, hingegen seine schwachen und fehlerhaften Seiten zu übersehen, zu bagatellisieren und zu entschuldigen.

Die *Selbstkundgabe* dagegen lautet «Ich bin unwichtig!», im Extrem sogar «Ich bin nichts!», wodurch er sich ständig klein macht und entwertet. Dies kann durchaus wortwörtlich geschehen, etwa durch selbstabwertende Präambeln wie

- «Ich weiß, das ist eine dumme Frage, aber ich wollte mich nur mal erkundigen...»
- «Leider bin ich schrecklich ungebildet...»

- «Bestimmt bin ich Ihnen schon die ganze Zeit lästig – es tut mir leid, daß ich Ihre kostbare Zeit mit diesen unwichtigen Dingen stehle ...»
- und wenn der andere widerspricht, dann ist dies selbstverständlich nur ein Ausdruck seiner bewundernswerten Höflichkeit ...

Thomann (1985) hat diese *Tendenz zur Selbstentwertung* durch das folgende Bild sinnfällig gemacht:

Abb. 18: Selbstentwertung (Zeichnung von Saul Steinberg)

Ebenso wie der Helfende vermeidet es auch der Selbst-lose, sich mit seinen Problemen und Sorgen zu offenbaren, allerdings aus einem anderen Grund. Mochte jener nicht als schwach und bedürftig dastehen, so ist es diesem undenkbar, derart in den Mittelpunkt der Aufmerksamkeit zu geraten und seinen Partner damit zu belasten und zu belästigen. «Ich kann mich dir nicht zumuten!» lautet die innere Überzeugung. Und wenn doch einmal, dann nur kurz angedeutet und, bevor noch der andere wirklich darauf eingehen kann, mit schnellen, abwiegelnden Rückziehern wieder zunichte gemacht: So schlimm sei es wirklich nicht – und im Grunde auch völlig unwichtig!

Aus der Selbstoffenbarung ausgespart werden ferner alle «unbequemen» Anteile der eigenen Innenwelt, die den Partner enttäuschen, verletzen, wütend machen könnten (vgl. Seyferth und Falt, 1984, S. 155 ff).

Aus dem Wunsch heraus, es dem anderen recht zu machen, lautet denn auch der *Grundappell*: «Sag, wie du mich haben willst!»

Abb. 19: Grundbotschaft des selbst-losen Stils

Die Hörgewohnheiten sind durch ein großes Appell- und ein negativ umdeutendes Beziehungs-Ohr gekennzeichnet. Mit dem Appell-Ohr liegt der Selbst-lose ständig auf der Lauer, um seine Reaktionen erwartungsgerecht ausfallen zu lassen: Wenn er spürt, eine Bemerkung ist witzig gemeint, dann lacht er automatisch – ohne daß eine Zwischeninstanz eingeschaltet wäre, in der entschieden würde, ob er die Bemerkung überhaupt witzig findet. Man kann es auch so ausdrükken: er *übergeht sich selbst*, reagiert nur auf den anderen und macht sich dadurch zum Automaten.

Das Beziehungs-Ohr ist darauf spezialisiert, die eigene Selbstentwertung zusätzlich mit Nahrung von außen zu versorgen. Äußerungen der Gesprächspartner werden so (um-)gedeutet, daß sie im Zweifel immer die eigene Wertlosigkeit antönen. «Du verstehst alles nur verkehrt und kriegst das in den falschen Hals – und zwar in deinen negativen Hals!» warf ein Ehemann seiner Frau vor (Thomann und Schulz von Thun, 1988, S. 240) – und versorgte sie damit mit einem neuerlichen Beweis ihrer Fehlerhaftigkeit.

Der negative Umdeutungsmechanismus sei in folgendem Bild illustriert:

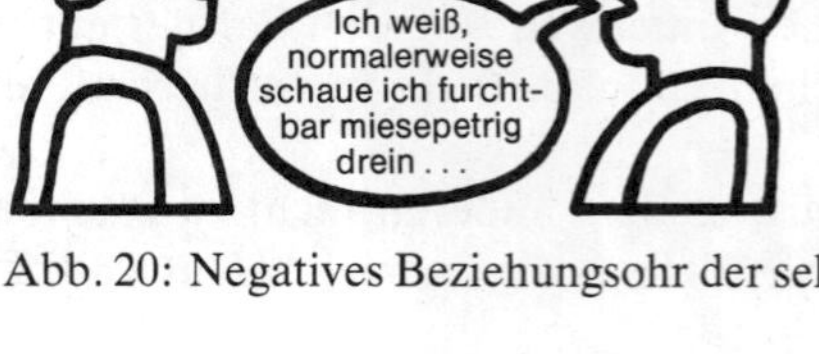

Abb. 20: Negatives Beziehungsohr der selbst-losen Strömung

Tragen wir noch einige weitere Elemente dieses Stiles zusammen. Wer von der selbst-losen Strömung erfaßt ist, hält sich in Gruppen mit eigenen Meinungen sehr zurück und spezialisiert sich vorzugsweise auf bestätigende «Begleitmusik», mehr «einwerfend», als für sich selbst das Wort beanspruchend:
- «Ja, das find ich auch!»
- «Oh, das wäre ja furchtbar!»
- «Ja, eben!»
- «Aber wirklich!»
- Lachende und bedauernde Laute (je nach Intention des Sprechenden).

Leute, die selbst gern das Wort führen, fühlen sich durch diese affirmative Begleitmusik mehr und mehr in ihrem Element. Um nicht mit einer eigenen Meinung aufzufallen, erspürt der Selbst-lose mit feiner Antenne auch noch den normativen «Wind», der in einer Gruppe weht:

«Ich fühle mich schon ein gutes Stück appell-unabhängiger geworden, aber die Erinnerung an mein Bemühen, es allen recht zu machen, nicht unangenehm aufzufallen und auf der richtigen ‹Meinungs-Woge› zu schwimmen, ist mir jetzt noch peinlich. Ich entsinne mich, daß ich meine Meinung nur zu äußern wagte, wenn schon jemand anderes die gleiche Richtung angegeben hatte, und wie schlimm, wenn ich mal zuerst gefragt wurde! Mein ängstliches Lavieren fiel dann auf und wurde mir auch vorgehalten.» (Soziologiestudent)

Und wenn wir es, von der selbst-losen Strömung erfaßt, doch einmal wagen, eine eigene Meinung zu sagen, dann niemals klipp und klar, zum Beispiel
- «Das finde ich falsch» (Punkt!),

sondern abschwächend und spurenverwischend:
- «Irgendwie finde ich das manchmal so 'n bißchen auch übertrieben, so etwas–ich mein, nicht daß ich direkt etwas dagegen hätte, nicht?»,

um so die Disharmonie abzuschwächen, die wir beim Aufkommen von Unterschiedlichkeit angstvoll empfinden. Das innere Motto des Selbst-losen lautet «Harmonie um jeden Preis!» – daher seine *Konfliktscheu* und *Aggressionshemmung*:

Abb. 21: Konfliktscheu und Aggressionshemmung

Schon das selbstentwertende Verhalten hat die heimliche Wirkungsabsicht, sich selbst als möglichen Stein des Anstoßes vorsorglich aus dem Wege zu räumen und dadurch das Gegenüber zu beschwichtigen. Streit und Auseinandersetzung sind für den Selbst-losen deswegen eine so große Bedrohung, da jedes heftige Wort, sogar schon kleine Meinungsverschiedenheiten kleine Funken jener *Trennungsangst* in ihm aufsprühen lassen, die in seinem Seelenleben eine so große Rolle spielt.

Um Streit zu vermeiden und den anderen zu beschwichtigen, gibt er gern nach und nimmt viel Lästiges und Belastendes auf sich: sein Buckel ist breit genug, um die Mitmenschen zu entlasten. Die Hartnäckigkeit, mit der er an diesen Lasten festhält und sie sich nicht nehmen läßt, statt dessen immer noch mehr auflädt – dieses Festhalten weist darauf hin, daß die Lasten untrennbarer Teil seiner Identität geworden sind. Was bliebe von ihm übrig, wenn man sie ihm nehmen würde? «Erst durch die Bürde ein Minimum an Würde!»

Abb. 22: Grundpose des selbst-losen Stils, mit «Ergänzungen»

Vergessen wir nicht, daß jeder Kommunikationsstil nicht nur *Ausdruck von* etwas ist, sondern immer zugleich auch einen mehr oder minder heimlichen *Wirkungsaspekt* hat! Wer wird sich einem so lieben, altruistischen, bescheidenen Menschen, der nie böse wird und einem alles recht machen will, wer wird sich einem solchen Menschen nicht *verpflichtet fühlen*? So passiert es leicht, daß der Selbst-lose durch seine ganze Art ein zartes Netz webt, in dem sich die Mitmenschen gefühlsmäßig gefangen fühlen und sich nicht leicht freimachen können. Eine Studentin schreibt:

«Irgendwann einmal ist mir aufgefallen, daß meine Mutter, die sich selber immer als vollkommen ‹selbstlose-märtyrerhafte› Mutter darstellt, ihren Egoismus/Willen mit ganz subtilen Mitteln fast immer durchsetzt. Sie ist immer lieb/geduldig etc. und bietet so kaum Angriffsfläche zum Streiten. Wenn sie nun etwas von uns will, so fordert sie dieses nicht, sondern bittet und reagiert mit tiefer Trauer bei einer Absage. Wir Kinder bekommen dann Schuldgefühle und versuchen nun, besonders lieb zu sein und den Wunsch doch irgendwie zu erfüllen.
Ich habe diese Waffe meiner Mutter erst vor kurzem durchschaut und dabei ist mir aufgefallen, daß ich sie selber bei meinem Freund auch einsetze. Jetzt, wo mir dies bewußt ist und ich auch mit ihm darüber geredet habe, kann ich besser dagegen angehen, und sollte ich nochmal in das Verhaltensmuster zurückfallen, so wird mich mein Freund darauf hinweisen können.»

3.2 Der systemische Blickwinkel

Im Blickwinkel einer sich gegenseitig bedingenden Beziehungsdynamik ist die selbst-lose Strömung an einem Kontaktmuster beteiligt, das wir uns folgendermaßen aufschlüsseln können:
Stellen wir uns zwei Menschen vor, wiederum ganz normale Menschen wie du und ich. Für beide trifft zu, daß sie sich teils großartig und als «toller Typ» – teils aber auch mickrig fühlen, als armseliges Würstchen, das nicht viel zu bieten hat. Diese Ambivalenz in bezug auf das eigene Selbst ist völlig normal und entspricht den Licht- und Schattenseiten der menschlichen Persönlichkeit. Nun passiert es aber, daß der eine von beiden eher Angst hat, seine großartige Seite zu zeigen und «auszuspielen» – seine kontaktzugewandte Seite ist die «Nicht-o. k.-Seite», die selbst-lose Seite, die in seiner Lebensgeschichte die Beziehungen zu den Mitmenschen schon immer erleichtert hat. Durch die gleichzeitig von ihm ausströmende positive Beziehungsbotschaft («Du bist maßgeblich!») leistet er beim anderen «narzißtische Aufbauarbeit». Dieser andere wird von Haus aus eher Angst vor der eigenen Mickrigkeit haben und ist daher dankbar für jede Bestätigung seines grandiosen Selbst. Gleichzeitig wird er dazu neigen, die eigene ungeliebte Schattenseite auf den anderen zu projizieren, was dieser ja in seiner Selbstdarstellung anbietet. Das Ergeb-

nis eine perfekte Kooperation *, eine seelische Arbeitsteilung, die es beiden erspart, bedrohliche Teile des eigenen Selbst zu integrieren:

Abb. 23: Zusammentreffen der «passenden» kontaktzugewandten Seiten

Der entsprechende Kreislauf ist von diesem «Zueinander-Passen» bestimmt und gibt der Beziehung zunächst jene Stabilität, die darauf beruht, daß keiner in seinen unterentwickelten Teilen gefordert ist:

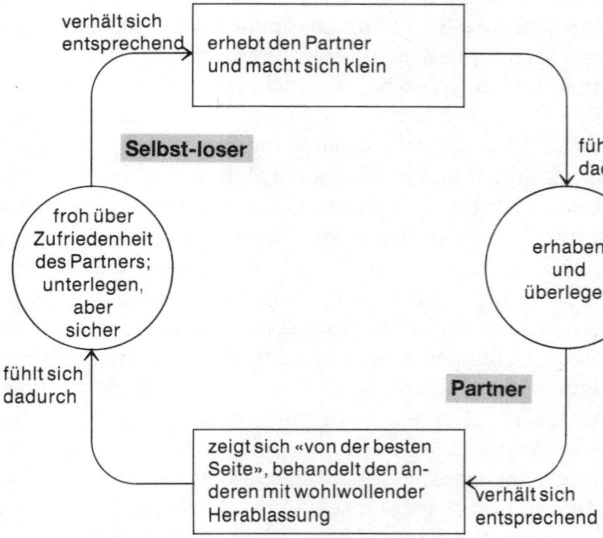

* Willi (1975) spricht von einer «narzißtischen Kollusion».

Bis dahin sind beide durchaus zufrieden und jeder in seinem Element. Eben dieses macht die gegenseitige Anziehungskraft aus: Für den Partner ist die Beziehungsbotschaft, die er empfängt (und durch seine Selbstkundgabe als «toller Typ» auch anfordert), verführerisch und schmeichelhaft – kann er sich doch in seinem Wert, in seiner Würde und Größe spüren; und daß einem die Wünsche von den Augen abgelesen werden, ist ja auch nicht gerade unangenehm. Seine Zufriedenheit macht den Selbst-losen zufrieden (wie dies so seine Art ist: «Wenn du zufrieden bist, bin ich auch zufrieden!»), die herablassende Behandlung gibt ihm jene Sicherheit, die mit einer unterlegenen Position verbunden ist.
Soweit, so stabil.
Aber auch dieser Kreislauf verwandelt sich leicht in einen Teufelskreis. Irgendwann wird sich der Partner des Selbstlosen durch dessen ständige Selbstentwertung «genervt» fühlen, und zwar um so deutlicher, je mehr er sich nach einem wirklichen Kontakt mit einem vollwertigen Gegenüber sehnt – und entsprechend wird sich seine herablassende Behandlung mit abweisender Distanz verbinden. Damit aber trifft er den Selbstlosen an seinem wunden Punkt: die Verlustangst treibt ihn nun, sich selbst noch kleiner zu machen, es dem anderen noch mehr recht zu machen und noch mehr auf sich zu nehmen.
Der Partner bekommt daraufhin Schuldgefühle, spürt gar Verachtung und Ekel; entsprechend «eklig» verhält er sich auch und kommt in jene feind-selige Strömung hinein, die wir im nächsten Kapitel zu besprechen haben. Dadurch, daß der andere nun auf ihm herumhackt und ihn «fertigmacht», fühlt sich der Selbst-lose vollends in seiner Nichtigkeit bestätigt, duckt sich und erträgt mit der Kraft eines Märtyrers all die Gemeinheiten. Was ihn für diese Erniedrigung entschädigt, ist das Bewußtsein seiner moralischen Überlegenheit – und diese Karte spielt er auch aus, so daß der andere noch mehr Schuldgefühle bekommt («Warum bin ich bloß so gemein und gehässig gegenüber diesem lieben, guten Menschen?»), aber auch noch mehr Verachtung und Wut. – Alles fing an mit zwei Menschen wie du und ich – und am Ende dieser Polarisierung stehen sich ein selbstloser Engel und ein mieser Teufel gegenüber, ein duldsames Opfer und ein rücksichtsloser Täter.
Dieser Teufelskreis gesellt sich dem Kreislauf von S. 100 hinzu, manchmal unterschwellig, oft mit spektakulärer Dramatik:

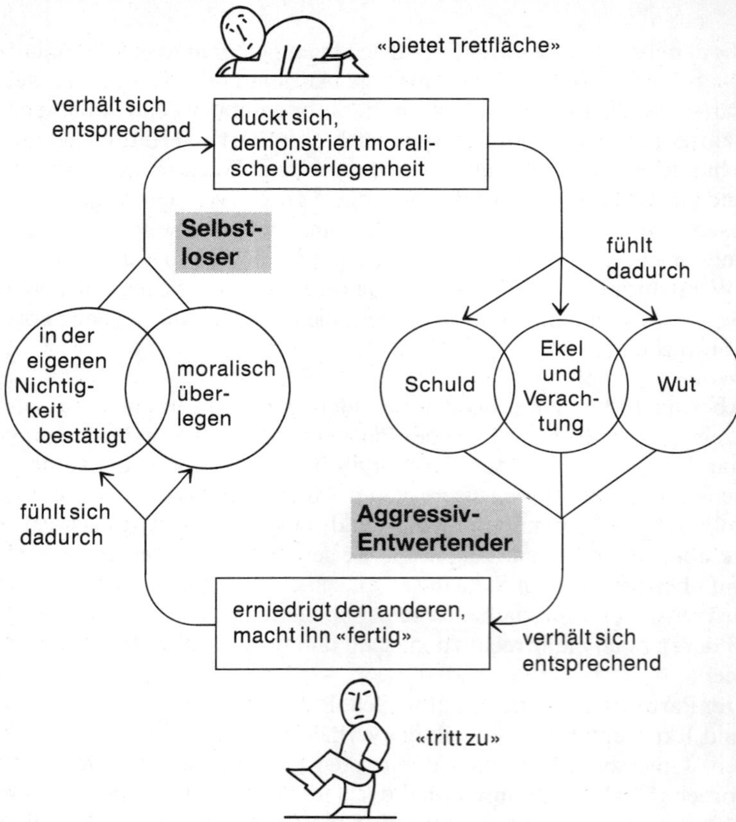

Der hier nur in sehr groben Zügen nachgezeichnete Kreislauf kann sich trotz der Gewalt und des Elends, das darin enthalten ist, in zählebiger Weise verewigen. Den Außenbetrachter lädt er dazu ein, sich mit dem armen Opfer zu identifizieren und den teuflischen Täter zu verurteilen. Dies ist bis zu einem gewissen Grade dann gerechtfertigt, wenn die Rolle des Täters, wie es oft der Fall ist, vom Manne eingenommen wird, der unter Einsatz seiner körperlichen Kraft Gewalt androht oder anwendet. Wer sich nun aufmacht, die geschlagene Frau zu retten, muß unter Umständen mit großem Widerstand rechnen, und zwar von *beiden*! Die Folgerung, daß die Frau dann offenbar «masochistisch» und ihr nicht zu helfen sei, ist ein naheliegender Kurzschluß, der eher der Enttäuschung des Retters gerecht wird als dem komplizierten zirkulären Kräftespiel, durch das die Beziehung ihren Zusammenhalt erfährt. Trotz aller systemischen Einsicht bleibt in der Praxis manchmal nur die Rettung des Opfers, zum Beispiel in ein Frauenhaus, um es der verheerenden Dynamik erst einmal zu entreißen. Solidarität mit dem Opfer und moralische Entrüstung gegenüber dem Täter sind dann gerechtfertigte emotionale Sofort-Maßnahmen, die nicht den Anspruch erheben können, die «ganze Wahrheit» schon erfaßt zu haben.

3.3 Richtungen der Persönlichkeitsentwicklung

Es mag der Eindruck eines seelischen Gruselkabinetts entstehen, wenn die Stile der Kontaktgestaltung um der didaktischen Prägnanz willen so idealtypisch und in ihren extremen Ausformungen zur Darstellung gelangen. Zuweilen trifft man sie jedoch im wirklichen Leben so an, vorübergehend oder chronisch – und dann ist es gut, sich darauf einen Reim machen zu können. In der Regel werden wir der selbst-losen Strömung nicht «in Reinkultur» begegnen, sondern kombiniert mit anderen Strömungen, zum Beispiel mit der *bestimmenden* (s. Kap. 6) oder der *sich beweisenden* (s. Kap. 5). – Ich erinnere an dieser Stelle auch daran, daß wir nicht dabei sind, eine Typologie menschlicher Persönlichkeiten zu entwerfen, sondern eine Typologie menschlicher Kommunikationsstile, welche mit bestimmten Persönlichkeits*anteilen* als verbunden angenommen werden. So sind wir alle hin und wieder, mehr oder minder, von der selbst-losen Strömung erfaßt. Was in extremer Übersteigerung pathologisch anmutet, hat in Maßen und unter bestimmten Umständen eine segensreiche Wirkung, verkörpert einen Grundbaustein der Humanität! Die positiven Möglichkeiten dieser Strömung liegen in dem Bewußtsein, daß mein Dasein nicht nur und nicht vorrangig einen Zweck in sich selbst hat, indem es zur Optimierung des eigenen Wohlbefindens aufruft, sondern sich auch und gerade in der Dienstbarkeit und im Einsatz für den Mitmenschen verwirklicht. Unter den psychologischen Altmeistern hat besonders Alfred Adler den «Lebenssinn» (1973) des seelisch gesunden Menschen mit der Entwicklung zum «Gemeinschaftsgefühl» und mit der Überwindung der ich-haften Strebungen verbunden gesehen. – Droht uns nicht gerade dieses, noch vor einem Jahrhundert völlig selbstverständliche christliche Bewußtsein, ein dienstbares «Werkzeug Gottes» für die Mitmenschen zu sein, heute unter Anleitung einer sich «humanistisch» nennenden Psychologie abhanden zu kommen, die statt dessen «Selbstverwirklichung» auf ihre Fahnen geschrieben hat?

Selbstbehauptung und Hingabe. Es ist die Fähigkeit zur *Hingabe*, die uns hier entgegentritt, und es scheint, als wäre dieser Wert in letzter Zeit etwas in Verruf gekommen. Kast (1982) berichtet, daß insbesondere Frauen mehrheitlich «allergisch» auf das Wort reagieren würden: offenbar empfinden sie eine allzu große Nähe zu «Unterwerfung» und «Preisgabe» und somit zum Tugendkatalog für die Frau von gestern, die zu einem Bewußtsein von «Ich bin nichts und du bist HERR-lich!» erzogen wurde. Tatsächlich droht der «Hingabe» eine solche Entwertung, wenn sie nicht gepaart ist mit einer *Selbst(be)achtung* (nach innen) und einer entsprechenden *Selbstbehauptung* (nach außen), welche auch klare Grenzen und Ansprüche formuliert und so die Hingabe zu einer prinzipiell gegenseitigen Beziehungsform macht.

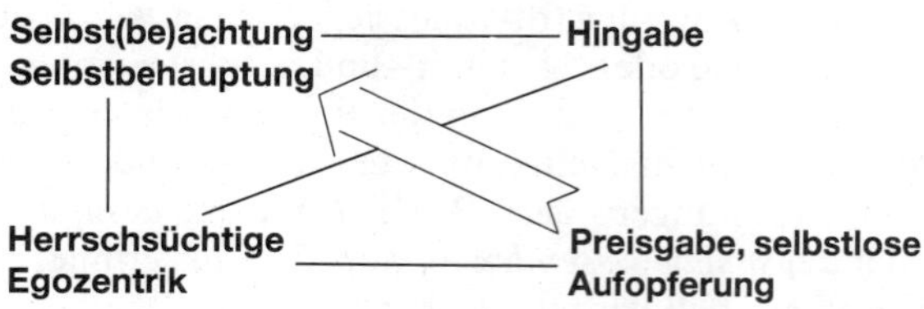

Mit den Worten von Kast: «Selbstbehauptung und Hingabe sind notwendige Pole menschlichen Verhaltens in der Begegnung, die sich also gegenseitig bedingen, keineswegs ausschließen. Nur wer sich selbst behaupten kann, sich abgrenzen kann, seine Gefühle und Emotionen wahrnehmen und ausdrücken kann, auch wenn sie aggressiv sind oder zumindest auf andere aggressiv wirken, kann sich auch hingeben, sich geben, sich ergreifen lassen, mit einem anderen Menschen wirklich in Kontakt kommen, ihm wirklich begegnen.» (1982, S. 475)
Eine mißglückte Balance von Selbstbehauptung und Hingabe kann offenbar auch psychosomatisch in Erscheinung treten, wie Beckenbauer (1988) in einer Arbeit über Frauen mit chronischer Blasenentzündung nahelegt. Eine solche Entzündung macht sexuellen Verkehr unmöglich und kann in einigen Fällen jenes selbstbehauptende «Nein» ersetzen, das die Frau sich vielleicht nicht zugesteht. Gleichzeitig fordert die Krankheit in starkem Maße die fürsorgliche Hingabe des Partners heraus und bringt vielleicht auf diese Weise die Beziehung in eine neue Balance, freilich auf Kosten der Gesundheit.

Zweifellos hat die Humanistische Psychologie die Bedeutung des Selbstwertes stärker betont als die der Hingabe und scheint sich damit in für manche befremdlicher Weise zum Anwalt der «egoistischen»

Seite des Entwicklungsquadrates zu machen. Tatsächlich besteht die Gefahr, daß die persönliche Entwicklung im «Ego-Trip» steckenbleibt, wenn der dialektische Zusammenhang von Selbstachtung und Hingabe aus dem Blickfeld gerät. Gleichwohl gibt es gewichtige Gründe für die wertschätzende Betonung der «egoistischen» Seite – ich nenne ein psychologisches und ein politisches Argument:

Das psychologische Argument: Ein Mangel an mitmenschlicher Hingabefähigkeit beruht nicht auf einem zu hohen, sondern einem zu *niedrigen* Selbstwertgefühl. Wer an seinem Wert zweifelt, ist innerlich beschäftigt, um die Selbstwertachse zu kreisen. So bleibt wenig Kraft, für den anderen da zu sein – es sei denn, die Sorge um den Mitmenschen wird zum seelischen Instrument der Selbsterhöhung, zu einem Mittel, um Anerkennung, Dankbarkeit, moralische Überlegenheit zu erlangen. Diese Art von Hingabe und Aufopferung aber hat leicht einen Beigeschmack von demonstrativer Aufdringlichkeit und läßt dem Geholfenen kaum eine Chance zum Wachstum.
Aus diesem Grunde führt der Weg zum Gemeinschaftsgefühl nur über das entwickelte Selbstwertgefühl – dieser Zusammenhang läßt sich nicht kürzer sagen als in der Bibel: «Liebe deinen Nächsten *wie dich selbst*!» Was hier als Appell formuliert ist, drückt eine psychologische Wahrheit aus: Du bist nur liebensfähig in dem Maße, wie du dich selbst liebst. Es scheint, als sei in der traditionellen christlichen Erziehung gleichwohl die Tugend der Selbstlosigeit überbetont und die der Selbst(be)achtung unterbetont worden, auch verbunden mit einer unseligen Verpönung von streitbarer und selbstbehauptender Aggression (Stein, 1986).

Das politische Argument: Eine Hingabebereitschaft, die nicht aus dem eigenen Wertbewußtsein heraus entsteht, ist in Gefahr, für Schädliches und Schändliches politisch mißbraucht zu werden. Der Wissenschaftsjournalist Arthur Koestler, gleichzeitig in Leben und Werk ein vortrefflicher Grenzgänger zwischen Politik und Psychologie, hat in seiner Analyse der Selbstzerstörungstendenzen der Menschheit verschiedene, angeblich stammesgeschichtlich angelegte «Konstruktionsfehler» der menschlichen Spezies ausgemacht (1965, S. 351 ff). Auf der Suche nach psychologischen Mit-Ursachen von Kriegs- und Vernichtungshandlungen kommt er zu dem Schluß, «daß unsere Spezies nicht an einem Übermaß an selbstdurchsetzender *Aggression*, sondern an einer übermäßigen Neigung zu selbsttranzendierender *Hingabe* leidet» (S. 359).

Die Geschichte zeige, daß in der menschlichen Tragödie die Zahl der individuellen Verbrechen, begangen aus selbstsüchtigen Motiven und mit der Wucht persönlicher Feindseligkeit, eine verschwindend geringe Rolle spiele, verglichen mit den massenhaften Vernichtungen, die von «harmlosen» Menschen begangen werden, in selbstvergessener Hingabe an eine Idee und an einen Repräsentanten des Volkes, der Nation, des Vaterlandes. «Der Egoismus der Gruppe wird vom Altruismus ihrer Mitglieder gespeist, und die Brutalität der Gruppe lebt von der Hingabe ihrer Mitglieder.» (S. 362)
Übrigens sehen wir an dieser Stelle, daß die «Hingabefähigkeit» traditionell gar nicht nur eine weibliche, sondern durchaus auch eine männliche (Un-)Tugend ist – nur bezieht sie sich beim Mann weniger auf die Familie, sondern auf berufliche Aufgaben, oder auf die Nation, das Vaterland, den Kaiser, den Führer – man denke an Heinrich Heines Grenadier: «Was schert mich Weib, was schert mich Kind, ... – mein Kaiser, mein Kaiser gefangen!»
Offenbar sind die psychischen Wurzeln dieser Art von Hingabebereitschaft denen der Frau gar nicht so unähnlich, wenn auch in den Auswirkungen verheerender: «Die Furcht vor der Freiheit» lautet der Titel eines Buches von Erich Fromm (1983), in dem er die seelische Infrastruktur des Faschismus erforschen wollte. Was liegt im Menschen, in uns, bereit, um für grauenhafte (Selbst-)Vernichtungskreuzzüge verfügbar zu sein? Sein Ergebnis: Der «autoritäre Charakter» kompensiere seine eigene Nichtigkeit und Wertlosigkeit durch glorifizierende Identifikation mit dem «großen Ganzen», als dessen zugehöriger Teil er sich fühlen darf. Diese Teilhabe entschädigt nicht nur für das persönliche Minderwertigkeitsgefühl, sondern verbürgt auch einen Schutz gegen die «Furcht vor der Freiheit», also vor dem entsetzlichen Verlassenheitsgefühl, das dann aufkommt, wenn man nach eigenen Maßstäben leben, entscheiden und sich verantworten müßte, ohne die Geborgenheit spendenden Maßregeln «von oben». In raffinierter Weise paßt die faschistische Ideologie: «Du bist nichts – dein Volk ist alles!» haargenau in dieses Schlüsselloch der autoritären Charakterstruktur, und gehorsamssüchtig und hingabebereit tönt es zurück: «Führer befiehl – wir folgen (und tragen die Folgen)!»
Die Bereitschaft, das eigene Werteempfinden auszublenden und sich den Maßstäben und Direktiven jener «Autoritäten» zu unterwerfen, mit denen man sich eins und einig fühlen muß, um sich in der Welt nicht ausgestoßen zu fühlen – diese Bereitschaft scheint, wie Milgrams Experimente in den USA und ihre Wiederholungen in

Deutschland nahelegen, noch längst nicht der Vergangenheit anzugehören (s. z. B. Milgram, 1974).

Bei alldem darf nicht der Eindruck entstehen, als ob politische Phänomene wie Faschismus oder Nationalismus aus der seelischen Struktur der einzelnen Menschen heraus erklärbar wäre – das hieße die historischen, politischen, ökonomischen Dimensionen außer acht lassen, die hier vorrangig wirksam sind. Gleichwohl spiegeln sich die äußeren Verhältnisse auch im Seelenleben der Menschen wider und entfalten dort eine zählebige Eigendynamik. Deshalb bedarf es für jede Reform der Gesellschaft auch psychischer Entwicklungsarbeit.

Der «autoritäre Charakter» erschöpft sich nicht in der Selbst-losigkeit, vielmehr scheint er in einer ganz bestimmten Kombination von seelischen Strömungen zu bestehen. Die beiden wichtigen anderen sehe ich in der aggressiv-entwertenden (Kap. 4) und in der bestimmenden-kontrollierenden (Kap. 6) Strömung. Dies genauer auszuarbeiten wäre ein Thema für sich – an dieser Stelle war darzulegen, warum Psychoanalyse und Humanistische Psychologie die «Hingabefähigkeit» des Menschen nur im Kontext der gesamten seelischen Konstellation beurteilen und lediglich in Verbindung mit einem entwickelten bzw. zu entwickelnden Selbstwertgefühl als einen Wert ansehen. Nicht von ungefähr beginnt Ruth Cohn ihren Leittext zur psychologischen Grundlegung einer zeitgemäßen menschlichen Ethik mit dem Satz: «Zu wissen, daß ich zähle!» (1975, Klappentext) und gibt damit die innere Voraussetzung für die nachfolgenden Sätze an: «Zu wissen, daß du zählst, zu wissen, daß jeder Mensch zählt, ob schwarz, weiß, rot oder braun. Die Erde zählt. Das Universum zählt...»

Kehren wir nach diesem Exkurs über den politischen Aspekt der Hingabe-Problematik zurück auf die Ebene der zwischenmenschlichen Kommunikation. In Verbindung mit einem gut entwickelten Selbstbewußtsein liegen die positiven Möglichkeiten des selbst-losen Stiles (der dann jedoch «auf-den-anderen-eingehender» Stil heißen sollte) darin, daß er dem Gesprächspartner einen Raum bietet, sich auszudrücken und zu entfalten. Die Atmosphäre in diesem Raum ist gekennzeichnet durch

- Ermutigung, sich auszusagen («Wie denken Sie darüber, Herr Meyer?»)

- Bereitschaft, geduldig aktiv zuhörend auf den anderen einzugehen
- Bestätigung, daß der andere so denken und fühlen darf, wie er denkt und fühlt, auch bei eigener entgegengesetzter Einstellung
- Unterstützung beim genauen Herausarbeiten dessen, was der andere sagen will und was ihn bewegt.

Hier kommen alle Kommunikationsweisen zusammen, die C. Rogers (1974) einem «Facilitator» («Erleichterer», «Ermöglicher») zurechnet und als Merkmale guter Gruppenleitung und Moderation anzusehen sind.

Selbstbehauptung: «Ich» und «Nein» sagen. Tugenden, die wir unter dem Einfluß der selbst-losen Strömung über-entwickelt haben, sind die Bescheidenheit und die Rücksichtnahme: «Du zuerst!» ist das Leitmotiv des Selbst-losen, bis hin zur völligen Verleugnung eigener Bedürfnisse. Wiederum ist zu betonen, daß Bescheidenheit und Rücksicht kostbare Güter im Zusammenleben der Menschen darstellen und als Ausgleich gegen eine sozial-darwinistische Ellenbogen-Mentalität schon in der Kinderstube eine große Rolle spielen. Wenn jedoch diese Haltungen nicht mit jenem Maß an Selbstbehauptung gepaart sind, das es erlaubt, auch eigene Interessen zu formulieren und durchzusetzen, drohen sie zu einer Untugend zu verkommen. Wieso «Untugend»? Ist es denn möglich, *zu* rücksichtsvoll und bescheiden zu sein? Aus psychologischer Sicht ist diese Frage zu bejahen: die «Versündigung» richtet sich zum einen gegen die eigene Person, da permanent unerfüllte Wünsche und vermiedene Selbstbehauptung einen depressiven Prozeß begünstigen. Zum anderen besteht die Gefahr, als Gegenüber nicht wirklich greifbar zu sein, was auf eine Kontaktvermeidung hinausläuft und der Beziehung jede Frische nimmt.

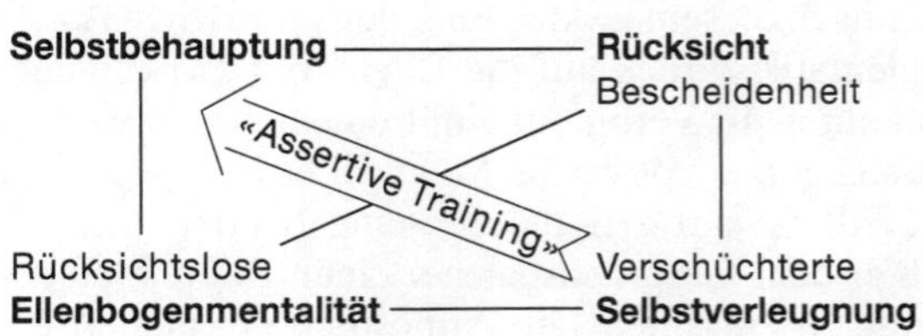

Der Selbst-lose muß daher, statt in stiller Stunde den Egoismus und die Undankbarkeit der Umwelt zu beklagen, lernen, das Wort «**Ich**» auszusprechen, vor allem in Verbindung mit
- Ich möchte (nicht),
- Ich will (nicht),
- Ich verlange.

In einem «Assertive training» (Verhaltenstraining zur sozialen Selbstbehauptung) wird genau dies geübt – eine Pferdekur für selbst-lose Personen, denen Sätze wie «Du sollst doch nicht extra für mich...» viel leichter und «natürlicher» von den Lippen gehen.
Besonders für Frauen werden solche Kurse zur Selbstbehauptung seit einigen Jahren verstärkt angeboten. Untersuchungen zur geschlechtsspezifischen Kommunikation hatten ergeben, daß Frauen auch in beruflichen und öffentlichen Situationen deutlich mehr als Männer dazu neigen,
- Verhaltensweisen zu zeigen, die den Gesprächspartner emotional unterstützen,
- im Gegensatz zur «schwergewichtigen» Selbstdarstellung der Männer sich selbst herabzusetzen oder zu verharmlosen (vgl. Kap. 4, S. 121f, und Kap. 5, S. 166f)

und dadurch ihre ohnehin spürbare Benachteiligung in bezug auf Redezeit und Geltung sowohl dokumentieren als auch verstärken. Dieser Befund läßt den Wunsch aufkommen, daß die Männer dem erstgenannten Aspekt nachzueifern lernen, statt wie gewohnt *distanziert, herabsetzend* und *sich beweisend* die Konkurrenz zu schüren; und daß die Frauen aufhören, ihr Licht unter den Scheffel zu stellen. Dies unterläuft nach meinen Erfahrungen auch solchen Frauen, die sich bewußt um einen selbstbehauptenden Stil bemühen (auf die Gefahr hin, sich das Prädikat «unweiblich» einzuhandeln und auf emotionales Befremden der männlichen Berufskollegen zu stoßen); und zwar dadurch, daß sie
- durch gewisse (sich selbst nicht wichtig nehmende) Formulierungen und
- durch selbstbeschränkende Körpersprache

vom alten selbst-losen Muster eingeholt werden und dadurch unbewußt ihre Ziele sabotieren. Ein Beispiel aus einem Seminar: Eine Mitarbeiterin möchte bei ihrem Chef durchsetzen, daß ihr ein Computer zur Verfügung gestellt wird. In einem früheren Gespräch hatte er sich ablehnend geäußert. Bei einem erneuten Versuch beginnt sie das Gespräch: «Könnten wir vielleicht noch einmal über diesen dummen Computer sprechen?»

In einem Kursus zur Selbstbehauptung kann an dieser Stelle in zweifacher Weise gearbeitet werden. Zum einen auf der *Verhaltensebene*: «Wenn Sie das Gespräch noch einmal beginnen, dann probieren Sie bitte drei kleine Änderungen:
1. statt ‹Könnten wir vielleicht...›: ‹Ich würde gerne mit Ihnen...›;
2. den *‹dummen›* weglassen;
3. statt der übergeschlagenen, angepreßten Beine: Bodenkontakt mit beiden Füßen, aufrechter Sitz, direkter Blickkontakt!»

Nachdem sie im Rollenspiel in dieser Art gesprochen hat, unterbreche ich und frage: «Wie fühlt sich das an, so zu sprechen?» – «Gut! Aber auch: es steht mir nicht ganz zu!» – «Wer meldet sich denn da in Ihnen und sagt ‹Es steht dir nicht zu, so zu sprechen!›?» – «Das kleine brave Mädchen in mir!»
An dieser Stelle ist nun jener Teil der Persönlichkeit hervorgekommen, der mit alter Routine die selbst-losen Anteile in die Gesprächsführung hineinmengt. So besteht jetzt die Gelegenheit, diesen Teil (das kleine brave Mädchen von damals) einmal genau kennenzulernen – das heißt, auf der *Ebene der Selbsterfahrung* zu arbeiten. Dies geschieht am besten durch die Aufforderung, sich mit diesem Teil einmal zu identifizieren und zu hören und zu fühlen, was er zu sagen hat, zum Beispiel: «Ich bin das brave Mädchen und möchte, daß mich alle gern haben. Und das erreiche ich dadurch, daß ich lieb und bescheiden bin – usw.»

Das erste wichtige Wort, das selbst-lose Menschen lernen müssen, lautete *Ich*. Das zweite lautet **Nein**! Nichts ist ihnen so unangenehm, als anderen etwas abzuschlagen. Wiederum die Frage: Kann man/frau es lernen, Nein zu sagen? Gewiß, aber nicht, ohne einen tiefgreifenden Wandel durchzumachen. Denn jedes Nein enthält das Risiko, daß der andere böse wird, und erinnert an die bedrohliche Tatsache, *anders* zu sein als andere – anders zu denken, zu fühlen, zu wollen, zu wünschen. Diese Bewußtheit setzt die Geborgenheit aufs Spiel, die durch Einigkeit erreichbar schien. Fritz Perls, der Begründer der Gestalttherapie, hat in seinem berühmten «Gestaltgebet» wohl vor allem die selbstlosen seiner Klienten im Auge gehabt:

> «Ich bin ich und du bist du.
> Ich bin nicht auf der Welt, um so zu sein,
> wie du mich haben willst – und du bist nicht auf der Welt,
> um so zu sein, wie ich dich haben will...»

Dies ist eine schmerzvolle und befreiende Lektion zugleich und erfordert eine Auseinandersetzung mit den eigenen Ängsten. Gleichwohl mögen auch Verhaltensrezepte nützlich sein, die in der kommunikationspsychologischen Literatur angeboten werden, um für das Nein-Sagen-Lernen ein geeignetes Repertoire aufzubauen. So empfiehlt der Amerikaner Garner (1981) eine «leicht zu erlernende Technik», wie man jemandem widerstehen kann, der von einem etwas will, was man nicht erfüllen möchte» (S. 170ff). Angenommen ein guter Bekannter bittet Sie dringend, eine Unterschriftensammlung für ihn durchzuführen, da er selbst verhindert sei. Sie wollen aber nicht. Er führt starke Argumente ins Feld: es sei sehr wichtig und für einen guten Zweck, und Sie würden ihm persönlich aus einer großen Schwierigkeit heraushelfen. – Die empfohlene Technik besteht nun aus folgenden Schritten:

1. Stimmen Sie ihm zu in dem, was Sie für zutreffend halten (zum Beispiel «Ich glaube wirklich, daß das eine wichtige Sache für dich ist, und ich halte den Zweck auch für gut!» ...)!
2. Sagen Sie klipp und klar, daß Sie nicht wollen, eventuell unter Angabe Ihrer Gründe («Aber ich möchte dich da nicht vertreten – es wird mir zuviel!»)!

Wenn der andere nun weiter drängt und mit Engelszungen auf Sie einredet (zum Beispiel «Ich versteh das nicht so ganz – die Sache, um die es geht, kann doch auch für dich mal wichtig werden!»), dann

3. Fahren Sie fort, dem anderen in dem zuzustimmen, was Sie für richtig halten – und wiederholen Sie dann Ihre Absage immer mit den selben Worten, wie eine «Platte mit Sprung» («Kann sie auch! Aber ich möchte dich nicht vertreten – es wird mir zuviel!»)!

Vielleicht haben Sie (wie ich) ein ungutes Gefühl bei derartigen mechanischen Verhaltensempfehlungen – werden hier doch alle Besonderheiten der Situation, der Beziehung, des inhaltlichen Anlasses usw. ausgeblendet. Und ob eine «Platte mit Sprung» («Broken Record») wirklich ein erstrebenswertes Kommunikationsideal darstellt, darf auch bezweifelt werden. Dennoch: auf dem Wege zu einer neuen Haltung können solche sehr konkreten Verhaltensschemata eine *Starthilfe* sein, um überhaupt «in die Gänge zu kommen». Dies gilt besonders dann, wenn jemand genau weiß, was er (nicht) will, aber Mühe hat, dies in einer geeigneten Form auszudrücken – und dann Gefahr läuft, wegen dieses selbst empfundenen Mangels inhaltliche Zugeständnisse zu machen, die für ihn nicht stimmig sind (was häufig vorkommt).

Ebenso häufig kommt es aber auch vor, daß wir, von der selbst-losen Strömung erfaßt, gar nicht genau wissen, was wir wollen und was wir nicht wollen. Bevor der selbst-lose Mensch «ich» *sagen* kann, muß er «ich» erst einmal *spüren*! Da er selbst gar nicht weiß, was er möchte, richtet er sich nach den vermeintlichen Wünschen der anderen – und verwechselt diese mit den eigenen. Fragt man den Selbst-losen vor einem Besuch: «Soll ich zu dir oder willst du zu mir kommen?» – so wird er zunächst antworten: «Oh, ist mir ganz egal; sag nur, was dir recht ist!» Besteht man jedoch auf einer Entscheidung, wird er sich nicht länger weigern und vielleicht sagen: «Dann komme ich lieber zu dir!» – aber mit der nachgelieferten Begründung: «Sonst kommst du noch in einen Verkehrsstau, und wahrscheinlich hast du sowieso wenig Zeit...»

Bei dieser eigenartigen Vermischung eigener und vermeintlich fremder Wünsche handelt es sich um eine neue Spielart von «Konfluenz», wie wir sie in bezug auf Leid und Mitleid schon bei der helfenden Strömung kennengelernt haben (s. S. 90): Da fließt etwas zusammen und verschwimmt, wo klare Grenzen zwischen Ich und Du bestehen sollten.

Als Partner-Übung ist hier «Herr und Diener» zu empfehlen: Mit dem Partner wird für eine gewisse Zeit, zum Beispiel für eine Stunde oder für einen halben Tag, folgende Verabredung getroffen: «In der ersten Halbzeit bist du Herr und ich Diener, das heißt es geht alles nur nach dir, nach deinen Wünschen; in der zweiten Halbzeit dann umgekehrt.»

Ein Selbst-loser wird seine dienende Halbzeit genießen, hingegen in der befehlenden Rolle in Verlegenheit und Ratlosigkeit verfallen. Wenn er ein «ausgekochter» Selbst-loser ist, wird er seinem Diener wohl bald «befehlen», den Gang der Dinge weiter zu bestimmen. Dann liefe wieder das übliche Spiel, aber mit einem wichtigen Unterschied: jetzt läuft es bewußt ab.

Für experimentierfreudige Paare kann diese Übung auch einmal für das Liebesspiel empfohlen werden. Denn die Neigung des Selbst-losen, es dem anderen recht zu machen und alle Antennen für die Wünsche des Gegenübers auszufahren, zeigt sich in der Sexualität vielleicht besonders eklatant – und stört die Lust.

Aggression und Kampfgeist. Selbstbehauptung und Abgrenzung schließen die Fähigkeit zum Konflikt und zur Aggression ein. Damit ist eine weitere Entwicklungsrichtung angesprochen. Indem der

Selbst-lose «von Haus aus» den harmonisierenden Part im Gespräch übernimmt, ist er gezwungen, seine Wut und seinen Ärger, seine Empörung und Verachtung zu «entsorgen». Aggression wird dabei meist in Depression verwandelt, wobei die «sauertöpfische» Ausstrahlung ringsum jede Freude vergällt und schon dadurch ihren aggressiven Urgehalt verrät. Die Selbst-losen bringen das Kunststück fertig, Aggression in Selbstanklagen zu verwandeln; so sagte eine an Depression erkrankte Mutter: «Was habe ich nur falsch gemacht, daß mein Sohn so wenig gläubig ist und jetzt sogar aus der Kirche ausgetreten ist?» – Den nicht nur depressiven, sondern eben auch aggressiven Gehalt dieses Seufzers spürt man am besten an der Wirkung: Der «Täter» wird Mühe haben, sich von Schuldgefühlen zu befreien, wenn er diese Selbstanklage vernimmt.

Überhaupt ist der Selbst-lose im Falle anhaltender Enttäuschungen zu «depressiver Aggression» durchaus fähig, sei es in Form von Vorwürfen oder durch Schuldgefühl-erzeugende Demonstration von Lebenselend; dabei ist zu beachten, daß der Fall «anhaltender Enttäuschungen» als Folge seiner Art, sich selbst zurückzunehmen, durchaus wahrscheinlich ist. Um wirklich vital zu streiten, mit der Faust auf den Tisch zu schlagen, unerbittlich für die eigenen Anliegen einzutreten – dafür muß erst noch der Zorn frei werden, der hinter der Melancholie lauert und sich auf ein Leben hinter den Kulissen eingestellt hat. Die Bücher und Trainingsansätze von Bach (zum Beispiel Bach und Wyden, 1969) sind geschaffen, um für diese Entwicklungsrichtung eine Schrittfolge anzubieten.

Merksätze wie «*Streiten verbindet*» oder «*Konfliktvermeidung ist Kontaktvermeidung*» können als Wegweiser für die hier angegebene Richtung dienen. In dem entsprechenden Werte- und Entwicklungsquadrat (vgl. S. 47) muß der Selbst-lose das Element des «Kampfes» in sich zur Ausbildung bringen, also an die Seite der Akzeptation die *Konfrontation* treten lassen; es gilt, neben der Versöhnlichkeit die Unerbittlichkeit, neben der Fähigkeit zu Konsens und Zustimmung die Fähigkeit zu Ablehnung und Konflikt zu entwickeln:

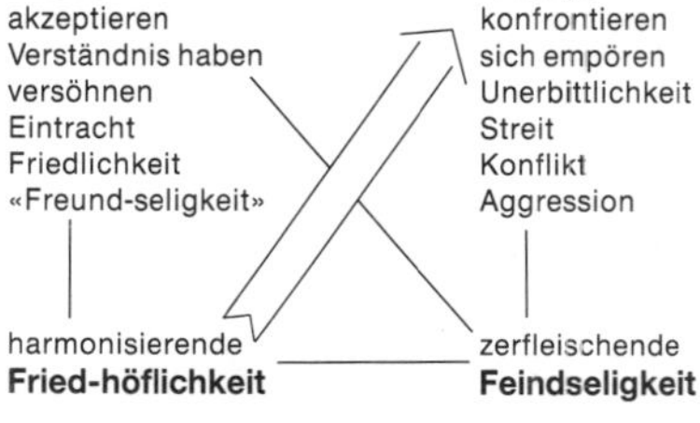

Ein verwandtes Wertequadrat, das dem selbst-losen Menschen ebenfalls ins Stammbuch zu schreiben ist, enthält die *Frechheit* als eine zu entwickelnde Tugend. Da sie bei ihm hinreichend mit *Güte* gepaart wäre, bestünde nicht die Gefahr eines Abgleitens in die «*Fiesität*»!

Die hier beschriebenen Entwicklungsrichtungen enthalten auf der Kommunikationsebene auch die *Fähigkeit zur Du-Botschaft*, zu jener Verhaltensweise also, die in der kommunikationspsychologischen Literatur oft als Erzfeind eines konstruktiven Umgangs angeprangert wird (Gordon, 1972) – ich selbst habe diesen Standpunkt noch im ersten Band von «Miteinander reden» vertreten. Inzwischen bin ich der Überzeugung, daß die Du-Botschaft in bestimmten Fällen eine Rehabilitierung verdient. Ich komme auf dieses Thema zurück, nachdem wir im nächsten Kapitel jenen Stil besprochen haben, der aggressive Du-Botschaften reichlich enthält, um so den Zusammenhang noch zu erweitern.

Miteinander reden . . .

4. Der aggressiv-entwertende Stil

Bei dem nun folgenden Stil handelt es sich in gewisser Weise wieder um ein Gegenstück des vorangegangenen. War der selbst-lose Stil durch seine Unterwürfigkeit auf der Beziehungsebene «von unten herauf», so gebärdet sich der nun folgende «von oben herab». Neigen wir in der selbst-losen Strömung «freund-selig» dazu, unser Gegenüber zu idealisieren und für maßgeblich zu erklären, so sind wir bei der «feind-seligen» Strömung von einer Energie erfaßt, die in dem anderen das Fehlerhafte, Erbärmliche und Schändliche entdeckt und entsprechend herabsetzend und entwertend behandelt.
Was so gegensätzlich erscheint, kann doch in ein- und derselben Person zusammenkommen. Es gehört zu den Wesensmerkmalen des autoritären Charakters (vgl. S. 107), daß er «nach oben hin buckelt» (den Mächtigen glorifizierend) und «nach unten hin tritt». In dieser sozialen «Radfahrer-Haltung» entschädigt er sich für die erlittene Kränkung des eigenen Selbstgefühles durch Erniedrigung der unter ihm Stehenden, der «Untermenschen». So sehr wir uns auch davon distanzieren mögen – alles steckt in jedem! Der Weg zur Humanität wird nicht in weißen Westen zurückgelegt, sondern verlangt die Selbsterkenntnis ungeliebter Anteile, deren Annahme und Integration. Andernfalls droht die Abspaltung dieser «fiesen» Teile aus dem eigenen Selbst und ihre mit großer moralischer Entrüstung vollzogene Wiederentdeckung im anderen! Die aggressiv-entwertende Strömung holt uns durch die Hintertür wieder ein, vielleicht in der Verkleidung des selbstgerechten Biedermannes.
Betrachten wir also auch die folgende Strömung mit jener selbsterforschenden Einstellung, die für alle acht angemessen und realistisch ist!

4.1 Erscheinungsbild, Grundbotschaft und seelischer Hintergrund

Von dieser feind-seligen Strömung erfaßt, sind wir darauf aus, unserem Gegenüber offen oder versteckt etwas anzutun, was ihn klein macht, schuldig oder wertlos erscheinen läßt. Wir sind durch und durch erbost, zornig stellen wir seine Fehler und charakterlichen Minderwertigkeiten an den Pranger, bezichtigen und beschuldigen, pa-

thologisieren und erniedrigen – und sind durchdrungen von der Überzeugung, daß er es nicht anders verdient hat. Ja mehr noch, würde man gnädiger mit ihm verfahren, ihn so gutmütig behandeln wie man selbst «im Grunde» zu sein meint, oder würde man sich nur die geringste Blöße geben, dann würde er das sofort schamlos ausnutzen und den Spieß umdrehen. Man muß den anderen in Schach halten, sonst zieht er in aller Ruhe seine Angriffstruppen zu einem Vernichtungsfeldzug gegen einen selbst zusammen!
Dieser Stil entspricht dem «Anklagenden» bei Virginia Satir, die Grundpose ist beschuldigend (s. Abb. 24a) und/oder herabsetzend (Abb. 24b):

Abb. 24a: Grundpose des aggressiv-entwertenden Stils (beschuldigend)

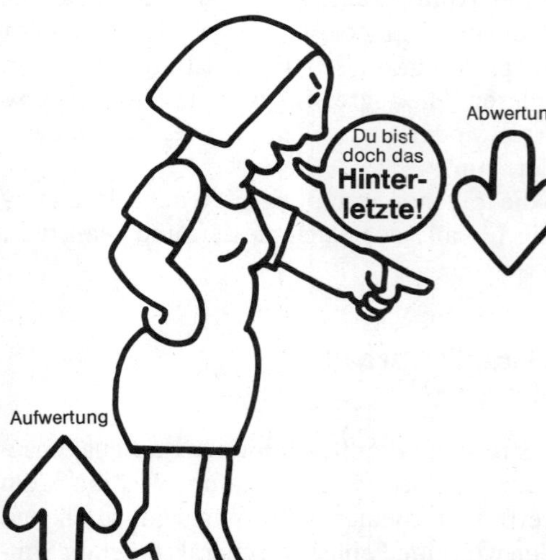

Abb. 24b: Grundpose des aggressiv-entwertenden Stils (herabsetzend)

Die kommunikative Grundausstrahlung enthält die Selbstdarstellung der Stärke und Unverletzlichkeit («Mir kann keiner!»), eine grundsätzlich herabsetzende Beziehungsbotschaft und den Appell, «klein beizugeben»:

Abb. 25: Grundbotschaft des aggressiv-entwertenden Stils

Das mißtrauische Beziehungsohr, das der Feind-selige mit dem Selbst-losen gemein hat, wittert allzeit den Widersacher. Dieser ist potentiell in jedem Mitmenschen zu vermuten, manchmal aber auch in bestimmten Gruppen (Ausländern, Juden, Kommunisten), zu denen hin die feindselige Strömung durch politische Propaganda kanalisiert werden kann. Bisweilen richtet sich das mißtrauische Beziehungsohr gegen bestimmte Personen, die Ähnlichkeit mit alten Wundenschlägern aus der eigenen Lebensgeschichte aufweisen. Ein Student schreibt:

«Ich kenne das von mir bei Leuten, die meinen Eltern ähnlich sind und von denen ich annehme, daß sie mich so wie ich bin ohnehin nicht akzeptieren. Ich begegne ihnen von vornherein in *aggressiver Lauerstellung*, um ihnen zu signalisieren, daß es ihnen nicht möglich ist, mich zu verletzen, weil ich sie ja ohnehin nicht leiden könne. Diese Fantasien auf Realität zu überprüfen, gelingt mir dadurch natürlich nicht, weil ich das erwartete Verhalten selbst provoziere.»

Was von außen so aggressiv und bösartig, so verächtlich und überkritisch aussieht, das hat eine überaus verletzliche und verzweifelte Innenseite; «Harte Schale – weicher Kern» heißt es im Volksmund durchaus zutreffend. Das kleine Kind hat schwere Herabsetzungen, Demütigungen und wahrscheinlich Schläge erlitten. Es fehlte die Grunderfahrung von positiver und gleichberechtigter Koexistenz («ich *und* du – und beide in Ordnung!») – auch in Anschauung des elterlichen Kontaktes. Statt dessen lautete die Lebensgleichung «ich *oder* du!» – All diese Erfahrungen verdichten sich zu dem seelischen Axiom

> **Ich bin nicht in Ordnung, mache erbärmlich alles falsch. Wehe, jemand merkt es! Dann werde ich untergebuttert und gnadenlos verachtet!**

Das Minderwertigkeitsgefühl verbindet sich hier vor allem mit der Angst, «runtergemacht» zu werden, in die unterlegene Position zu geraten oder ausgegrenzt zu werden. Während der selbst-lose Mensch bei ähnlicher Urerfahrung sich duckt und aus der Not versucht eine Tugend zu machen, will der feind-selige Mensch «vorbeugend mit gleicher Münze heimzahlen» und macht das «Obensein» zur Überlebensfrage. Die von Alfred Adler beschriebene und so genannte «*Entwertungstendenz*» ergibt sich aus dem Versuch, die eigene Selbstaufwertung durch das Herabdrücken der anderen zu betreiben – mit einer zweifachen Zielsetzung nach außen und nach innen: Nach außen die Einschüchterung und Unterwerfung des Gegenübers als vorbeugende Maßnahme, um sich von ihm nicht bedroht fühlen zu müssen; nach innen die Vermeidung jener Gefühle von Unterlegenheit, Wehrlosigkeit, Weichheit und «erbärmlicher» Schwäche, mit denen man so schmerzvolle Erinnerungen verknüpft und die man nie, nie, nie! wieder spüren will. Zu Hilfe kommt dabei der Mechanismus der *Projektion*, durch den es möglich wird, die abgelehnten Teile von sich selbst überdeutlich dort wahrzunehmen und zu bekämpfen, wo es selbstwert-schonend möglich ist: beim Gegenüber.

Nach brutalen Gewalttaten ist es für die Öffentlichkeit besonders erschreckend zu erfahren, daß in dem Augenblick, in welchem das Opfer bereits gedemütigt und geschlagen am Boden lag und nur noch kläglich wimmerte und flehte, beim Täter oftmals keineswegs ein Rest von Mitleid wachgerufen wurde, wie das im Tierreich angesichts der Demutsgebärde des unterlegenen Rivalen geschieht, sondern daß im Gegenteil diese «wimmernde Kläglichkeit» den Täter nur noch zusätzlich reizte, dem Opfer den Rest zu geben. Offenbar wird er in dieser Sekunde unbewußt an seine eigene Kläglichkeit erinnert, die er so sehr verachtet und der er auch den Rest geben möchte.

Oberhandtechniken. Von der feindseligen Strömung bis hin zur brutalen Gewalttat ist es noch ein langer Weg mit vielen Hemmschwellen dazwischen, wenn auch die verächtliche Haltung dem Mitmenschen gegenüber und das Gefühl, sich an ihnen für all die selbst erlittenen Mißhandlungen rächen zu müssen, in vielen Fällen einen seelischen Vorläufer der Gewalttat darstellen mag.
Kommen wir zurück zum Kommunikationsstil. In der Angst vor Unterlegenheit eignet sich der Feindselige eine Reihe von Kommunikationstechniken an, um jederzeit die «*Oberhand*» zu behalten. Derartige Oberhandtechniken seien am folgenden Beispiel, einer Lagebesprechung in einer Jugend-Gang, demonstriert. Der Anführer fühlt sich durch seinen Rivalen bedroht und zieht alle Register der Oberhandsicherung:

Rivale: Nun mußt du aber auch sagen, wo es langgeht!
Anführer (ihn nachäffend): ‹Nun mußt du aber saaagen...› – Was muß ich denn saaagen? Ich muß gar nichts, kapierst du das?
Rivale: Ich mein, wir können doch hier nicht lange so rumpalavern...
Anführer (unterbricht ihn): Wer palavert denn hier? *Du* palaverst doch hier die ganze Zeit!
Rivale (mit abwehrender Handbewegung): Ich sag dazu nichts mehr!
Anführer (erstaunt tuend): Ach, du sagst dazu nichts mehr? So schnell zieht unser junger Freund den Schwanz ein, wenn es gefährlich wird?
Rivale (versucht noch einmal «mitzuhalten», scherzend): Also, Schwanz habe ich bis jetzt hier noch nicht gesehen... (schaut lächelnd in die Runde der Anwesenden)
Anführer: Ach, bist ein kleiner Witzbold, hm? Ist ja auch alles schrecklich witzig hier, nicht? Mach doch gleich noch einen Witz, ich hör so gern welche!
Rivale (lacht etwas gequält)
Anführer: Seht mal, er lacht – hoffentlich noch lange! (Die anderen lachen) Zu Hause hast du wohl nicht viel zu lachen, was?
Rivale (gibt sich geschlagen): Komm, hör auf, Jürgen!
Anführer: Gut, Leute, also er ist mit dem Palavern fertig – dann können wir jetzt wohl in action gehen.

Die Techniken der Oberhandsicherung werden je nach «Niveau» der Gesprächspartner unterschiedlich subtil und je nach dem Charakter der Situation unterschiedlich pseudohöflich ausfallen – die allgemeinen Konstruktionsprinzipien aber folgen häufig demselben Strickmuster:

1. Man hört das, was der andere gerade von sich gegeben hat, vor allem mit dem *Selbstkundgabe-Ohr* (= Was sagt das, was du eben geäußert hast, über dich selbst aus?).
2. Mit diabolischem Gespür wird aus dieser Selbstkundgabe ein solcher Aspekt herausgefiltert, aus dem sich sogleich ein Strick drehen läßt.
3. Der Strick wird folgendermaßen gedreht: Aus der Fülle möglicher Meßlatten (= Normen) wird eine solche herausgesucht und an die Selbstkundgabe des Gegenübers angelegt, bei welcher er schlecht aussieht. Dieses Auswählen und Anlegen der Meßlatte erfolgt vollständig implizit.
4. Das somit ausgemachte «Defizit», also die Diskrepanz zwischen dem heimlich gesetzten Sollwert und dem ermittelten Ist-Wert, wird nun kommentiert und dem anderen «vorgeworfen».
5. Die Darbietung des Vorwurfes erfolgt am geschicktesten so, daß sie ihrerseits wenig Selbstkundgabe enthält (denn da lägen Ansatzpunkte für den Gegner, mit gleicher Münze heimzuzahlen). Dies ist zum Beispiel durch *Ironie* oder durch *Fragen* zu erreichen. Kommunikationspsychologisch gesehen sind Fragen dadurch gekennzeichnet, daß der Fragende wenig Selbstoffenbarung bietet und vom Gefragten welche verlangt*. Die Antwort, wie immer sie auch ausfällt, bildet das Material für den nächsten Strick.
6. Der Gegner bleibt in der Unterhand, selbst wenn er versucht, aus dem Spiel auszusteigen. Antwortet er zum Beispiel gar nicht, wird ihm genau dies quittiert («Tja, darauf wissen Sie nichts mehr zu sagen!» Oder: «Was macht Sie so schweigsam heute?»). Stellt er seinerseits eine Frage, wird ihm vorgehalten: «Ich stelle fest, daß Sie auf meine Frage nicht antworten wollen (können) – ist sie Ihnen so unangenehm?»
7. Sollte es dem Gegenüber doch gelingen, auf der inhaltlichen Ebene unbequem zu werden, wird sofort die Ebene gewechselt. Von besonderer Schlagwirkung ist der Wechsel auf die Ebene der Körpersprache, zum Beispiel

– «Warum werden Sie denn plötzlich so laut?»

* Daher der Leitsatz einer (fragwürdigen) Manager-Oberhandschulung: «Wer fragt, der führt!»

– «Deswegen brauchen Sie doch nicht gleich rot zu werden!»
– «Wie stehen Sie überhaupt da – haben Sie immer die Hände in den Hosentaschen?»
Im obigen Beispiel stellt das Nachäffen des Tonfalles einen solchen Ebenenwechsel dar.
8. Sollte der andere mit einem Gegenmanöver gefährlich werden, dann kann man ihn ironisch als «tapferes Schneiderlein» würdigen und aufstacheln, *noch mehr* Derartiges zu bieten. Indem der Anführer seinen Rivalen auffordert, weitere Witze zu machen, hat er mit dieser paradoxen Verschreibung gleich wieder die Oberhand.

Diese kleine Schule der diabolischen Kommunikation mag uns einerseits dazu dienen, der Frage nachzugehen, wann wir uns derartiger Manöver bedienen und wozu wir sie nötig haben. Andererseits kann sie uns in der Rolle des Opfers helfen, die Strickmuster zu durchschauen und ihnen weniger hilflos ausgeliefert zu sein.

Männer gegenüber Frauen im Beruf. Das gilt auch für solche Oberhandtechniken, die im beruflichen Bereich gang und gäbe sind und dazu dienen, mißliebige Konkurrenten oder Konkurrentinnen einzuschüchtern und mundtot zu machen. Besonders Frauen leiden hier offenbar unter ihren männlichen Kollegen und Vorgesetzten (Stechert, 1988). Werden sie denn beleidigt, angebrüllt oder lächerlich gemacht, sind die Männer wirklich so ungalant? Durchaus nicht, die Entwertung vollzieht sich viel weniger spektakulär, dafür aber doppelt wirksam:
– durch *Unterbrechungen*; zum Beispiel Frau: «Sollten wir denn dann nicht lieber die Einsparung im nächsten Jahr vornehmen? Dann könnten wir doch ...» Mann unterbricht: «Also vor allen Dingen sollten wir in der Haushaltsplanung darauf achten, daß ...» – ohne daß ein «böses Wort» fällt, lautet die demonstrative Botschaft: «Ihr Beitrag ist es nicht wert, zu Ende gehört, geschweige denn, gewürdigt und diskutiert zu werden!»
– durch mangelnden *Blickkontakt* auf seiten der Zuhörer: Wenn diese mit gelangweilter Miene auf ihre Unterlagen schauen oder sich sogar tuschelnd dem Nachbarn zuwenden, signalisieren sie damit die gleiche Botschaft. Allerdings muß man dazu bedenken, daß Männer durchschnittlich ihre Gesprächspartner überhaupt weniger anschauen;
– durch *resonanzloses Übergehen von Gesprächsbeiträgen*: Niemand nimmt Bezug auf das Gesagte, weder positiv noch negativ. Diese Art,

jemanden wie Luft zu behandeln, ist in höchstem Maße aggressiv und entwertend, wird aber, da überhaupt «kein Blut vergossen wird», im allgemeinen als völlig normal empfunden. Und wehrt sich doch einmal eine Frau dagegen, kommt die nächste Entwertung, vielleicht hinter vorgehaltener Hand: «Sehr empfindlich, unsere Dame, sie nimmt alles sehr persönlich, dabei geht es doch rein um die Sache!»

Wie können sich Frauen gegen solche entwertenden Oberhandtechniken wehren, die in unbewußter Gedankenlosigkeit, aber durchaus verdeckt aggressiv, von vielen Männern verwendet werden? Angesichts der normenbestimmenden Übermacht männlicher Berufskollegen wachsen die Möglichkeiten einer einzelnen Frau nicht in den Himmel. Trotzdem kann sie mit einer Mischung aus Pfiffigkeit und Kampfgeist das Schlimmste von sich fernhalten, zum Beispiel indem sie

– *sich innerlich wappnet.* «Innerlich wappnen» heißt, die eigene Durchlässigkeit für bestimmte Zeiten zu vermindern, so daß einiges von dem abprallt, was sonst zu tief hineingeht und kränkt. Dies kann durch Selbstsuggestion vor einer Sitzung geschehen, indem sich die Frau zum Beispiel folgende Sätze selbst einspricht: «Es wird Leute geben, die mich unterbrechen, ignorieren oder auf eine verdeckte Art anfeinden! Das hat wenig oder nichts mit mir persönlich zu tun, sondern spiegelt eine alte Tradition wider, wie Männer miteinander und speziell mit Frauen umgehen. Damit ist überhaupt nicht gesagt, daß meine Leistung schlecht, meine Beiträge wertlos, ich selbst unbedeutend wäre – vielleicht ganz im Gegenteil. Und ich werde jetzt hineingehen in diese Situation, rechne mit dem Schlimmsten und lasse mich davon nicht anfechten!»

– *sich nicht unterbrechen läßt*, etwa mit den deutlichen Worten: «...wenn ich das noch zu Ende sagen darf, Herr Muster!» – und sich dann den Zusatz erspart: «Ich habe Sie schließlich auch ausreden lassen!» Statt dessen eher, falls passend: «Ich möchte Ihnen auch sagen, warum mir soviel an dem Gedanken liegt, den ich gerade vortrage, nämlich: ...»

– *auf sachlichen Reaktionen besteht*, wenn ihr Beitrag ohne jede Resonanz geblieben ist. Dabei wäre es in der Regel geschickt, auf der Sachebene zu bleiben – also nicht: «Das ist mal wieder tpyisch, daß keiner auf meinen Vorschlag eingeht!», sondern: «Mir ist noch nicht klargeworden, wie Sie zu meinem Vorschlag stehen, die Einsparungen im nächsten Jahr vorzunehmen. Besonders von Ihnen, Herr Muster, als Zuständigem würde mich das interessieren!»

Für einen Wechsel auf die Meta-Ebene («Ich möchte einmal etwas loswerden, und zwar fühle ich mich in diesem Kreis oft übergangen, einfach nicht ernst genommen, und sitze dann häufig mit dem Gefühl da...» usw.) müßten die Vorzeichen sehr günstig stehen. Die Gefahr besteht, daß solche Sätze auf den alten Boden fallen: Frau = Gefühl = empfindlich = unsachlich.

Aber es ist überhaupt schwer, allgemeine Empfehlungen zu geben. Ich wage das hier nur, um eine mögliche Richtung anzudeuten. In jedem Einzelfall kommt es darauf an, Strategien zu entwickeln, die der Frau gemäß sind und die den Besonderheiten der Situation entsprechen.

Erziehung. Auch in anderen Bereichen des gesellschaftlichen Lebens ist die zwischenmenschliche Kommunikation vom aggressiv-entwertenden Stil in starkem Maße mitgeprägt, vor allem in der Erziehung und der Politik. Die empirischen Untersuchungen von Reinhard und Annemarie Tausch (1977) in Elternhäusern und Schulzimmern haben in bedrückendem Ausmaß zutage gefördert, daß auch heute noch Zigtausende von Kindern für nahezu alles, was sie von sich geben, gemaßregelt, ironisch kommentiert, gedemütigt und verächtlich gemacht werden.
Inzwischen wissen wir aus tiefenpsychologischen Studien, daß die gute pädagogische Absicht, aus dem Kind «einen anständigen Menschen» formen zu wollen, nur eine leicht durchschaubare Verbrämung ist. Eine Verbrämung jener feindseligen Energie nämlich, von der der Erwachsene durchdrungen ist und die sich bevorzugt gegen Kinder wendet, weil diese erstens wehrlos sind und zweitens in anfänglicher Unbefangenheit all jene Gefühle und Verhaltensweisen zeigen, die der Erwachsene in sich selbst zu unterdrücken gelernt hat und nun im Kind verteufelt und bekämpft (s. A. Miller, 1980). Ein moralisierendes Vorgehen («Man *sollte* seine Kinder achtungsvoll behandeln, ihre Würde nicht durch Wort und Tat verletzen!») hilft hier nicht weiter, macht den Eltern und Lehrern noch ein schlechtes Gewissen – und das entstehende Gemisch von Feindseligkeit und Schuldgefühlen ergibt für die Kinder erst recht keine Wohltat. Eher scheint es aussichtsreich, die Not der Eltern in den Blick zu bekommen, die der Not der Kinder nicht nachsteht. Die wohlwollende Aufarbeitung der zugrundeliegenden Selbstentwertung ist dringlicher als die Anprangerung des daraus entstehenden Verhaltens – jedenfalls aus therapeutischer Perspektive, welche einzunehmen natürlich oft

nicht möglich ist. Wer in einer Familientherapie vernimmt, daß der Vater seinen zweijährigen Sohn aus nichtigem Anlaß im Wald wie zur Exekution hinter die Büsche geführt hat, um ihn dort mit einem Knüppel nach Strich und Faden zu versohlen – und wer ihn darüber witzeln und lachen hört, der glaubt schaudernd den leibhaftigen Unmenschen vor sich zu haben; und wer dann erlebt, wie derselbe Vater sich in seiner eigenen Familie kläglich einsam und abseits stehen sieht, wie er sich ausgeschlossen fühlt von dem nahen Herzenskontakt, der zwischen Frau und Kindern zu bestehen scheint, und wie er zu Weihnachten eine aufkommende Atmosphäre von liebevollem Miteinander regelmäßig «rechtzeitig» zerstört, um sich dem nicht auszuliefern – der sieht plötzlich den verletzten Menschen hinter dem Unhold, schwankt in der Identifikation mit dem Opfer und dem Täter ratlos hin und her – und erkennt, wie moralische Vorhaltungen am Kern der Sache vorbeigehen.

Politischer Dialog. Dies scheint auch für die politische Kommunikation zuzutreffen. Der politische «Dialog» scheint hierzulande ruiniert, jedenfalls sein öffentlich erkennbarer Teil. Ebenso regelmäßig, wie nach verbalem Schlachtengetümmel der moralische Katzenjammer den Appell zur gegenseitigen Fairness laut werden läßt, ebenso rasch kultiviert sich auf der politischen Bühne wieder jener Brustton, der den politischen Gegner als lächerlich, hirnarm, teuflisch, charakterlich anstößig oder krankhaft hinstellt, als einen Irrläufer der Weltgeschichte, vor dem nur die eigene Integrität und Vernunft einen wirkungsvollen Schutz darstellen. – Gegenbeispiele, die darin bestehen, daß die Position des anderen mit liebevoller Gründlichkeit studiert und auf ihre rechtmäßigen Bestandteile untersucht wird, um dann jene Punkte deutlich, aber mit der Nachdenklichkeit dessen zu markieren, der die Möglichkeit auch des eigenen Irrtums unterstellt – solche Gegenbeispiele gibt es, aber sie bleiben seltene Ausnahme. Eine solche Art politischer Auseinandersetzung hätte zwar weniger Aussicht, die eigenen Schlachtenbummler in ihrem politischen Kampfgeist anzufeuern, dafür um so mehr die Chance,

- problemlösende Energien zu mobilisieren und auf der inhaltlichen Ebene wirklich weiterzukommen,
- sich jene Kränkungen zu ersparen, die in die ganze künftige Gesprächskultur einen Bodensatz von Haß und Gehässigkeit legt; jene Kränkungen auch, die den Aufbau eines Panzers nötig macht, um sie abzuwehren (vgl. Richter, 1982).

Es war für mich wie für einen Teil meiner Generation eine ebenso verblüffende wie ernüchternde Erfahrung, daß ausgerechnet jene alternativen Bewegungen, die nicht nur eine andere politische Programmatik, sondern auch neue Formen des miteinander Umgehens entwickeln wollten (so zum Beispiel W. D. und C. Hasenclever, 1982), und die wir deswegen mit soviel Sympathie verfolgt haben – daß ausgerechnet diese die traditionellen Parteien in Hinblick auf interne Gehässigkeit und Selbstzerfleischung übertroffen haben.
Osbahr (1984) ging in einer empirischen Arbeit der Frage nach, ob dafür psychologische Gründe maßgeblich sein können, und ist dabei, auch in Anlehnung an Bauriedl (1984), zu sehr interessanten Überlegungen und Befunden gelangt. Ich versuche, die wesentlichen Punkte zusammenzufassen:

1. Offenbar ist es eine menschliche Eigenart, auf die Fragen und Probleme, die uns betreffen, ambivalent, das heißt mit einem inneren Einerseits-Andererseits zu reagieren. Nehmen wir als Beispiel die Einstellung eines Menschen zum Thema «Behandlung von Straftätern»:

Abb. 26: Innere Ambivalenz zum Thema: Behandlung von Straftätern

2. Solche Ambivalenzen sind zwar seelischer Regelfall, gleichwohl aber schwer auszuhalten. Wir neigen daher dazu, innere Anstandsregeln zu bilden (die meist der Ideologie der Gruppe entsprechen, der wir uns zugehörig fühlen), nach denen wir die eine Hälfte unserer Reaktion als böse (spießbürgerlich, sozialromantisch, unprogressiv) ansehen und uns selbst verbieten. Nun haben wir, als Erfolg dieser inneren Streichungsmaßnahme, eine eindeutige, klare Position, sind

nicht mehr von innerem Zwiespalt gequält und befinden uns in Harmonie mit den eigenen Leuten. Diese Position, die wir für einzig menschlich, rechtmäßig, vernünftig erklären, wird zu einem Teil unserer Identität. Dies erklärt, warum wir uns bei *sachlichem* Widerspruch leicht *persönlich* angegriffen fühlen.
3. Die verbotene Hälfte wird als nicht «linientreu» aus dem inneren Empfinden abgedrängt. Für diese Verdrängung ist Energie nötig.
4. Diese Energie zeigt sich zum Beispiel im *apodiktischen Diskussionsstil*, der den eigenen Standpunkt mit besonders forscher Entschlossenheit vorbringt und als einzig möglichen gelten läßt: «Jeder vernünftige Mensch wird einsehen, daß...» – der apodiktische Stil (und der damit einhergehende Dogmatismus) erweist sich somit nicht als eine bloße Unart, die man sich «abgewöhnen sollte», sondern als psychodynamisch notwendige *innere Überzeugungsarbeit*, durch die der andere Teil in mir selbst zum Schweigen gebracht wird. Je stärker die eigene (nicht ausgehaltene) Ambivalenz, um so stärker der missionarische Impuls.
5. Diese zur Abdrängung nötige Energie zeigt sich aber auch in der *Verteufelung des Meinungsgegners*. Wird die abgedrängte Hälfte im Standpunkt des anderen entdeckt, bietet sich die Gelegenheit, den inneren Kriegsschauplatz nach draußen zu verlagern und dort in aggressiv-entwertender Art zu bekämpfen. Dies mag z. T. die rüde Gehässigkeit in der politischen Auseinandersetzung zwischen den Parteien erklären.
6. Wie aber kommt es zum Elend der politischen Auseinandersetzung *innerhalb* der Parteien, zu der aggressiven, zynischen, verächtlichen und anklagenden Art, mit dem Meinungsgegner umzugehen, so daß «die politische Diskussion zum Austragungsort von verletzten Gefühlen verkommt und die inhaltliche Diskussion stagniert», wie Osbahr das vorgefunden hat? Innerparteilich verläuft die Ambivalenzspaltung überwiegend *gleichsinnig*. Aber gerade darin scheint ein verschärfendes Moment zu liegen. Denn wenn ich nun beim anderen Spurenelemente jener verbotenen Hälfte entdecke, die unserer gemeinsamen Identität zuwiderläuft, dann ist dieser «Verrat» am eigenen Wertekodex besonders empörend. Der «Entlarvte» und Angegriffene reagiert zumindest unterschwellig mit Schuldgefühlen, denn wenn das stimmen würde, was man ihm vorwirft, wäre das ja auch nach dem eigenen Verständnis schändlich. Um so erboster wird er sich zur Wehr setzen, um so detektivischer nun auch seinerseits beim anderen entdecken, daß dieser nicht in jeder Hinsicht lupenrein die gemeinsamen Überzeugungen verkörpert.

7. Ein wichtig zu erkennendes Paradox liegt nun darin, daß besonders solche Gruppierungen in Gefahr sind, in brisante Ambivalenzspaltungen hineinzugeraten, deren Anspruch an Humanität und Mitmenschlichkeit besonders hoch ist. In dem (wahrhaft zu begrüßenden) Bemühen, die Korruptheit und Charakterverderbtheit traditioneller Politik zu überwinden, hat die Grün-Alternative Bewegung ihren Mitgliedern einen so hohen Standard an menschlicher Integrität auferlegt, daß viele Anteile einer Normalperson abgedrängt werden müssen. Zum Beispiel der ehrgeizige Anteil, der sagt: «Jawohl, ich möchte auch Geld verdienen und politische Karriere machen!» gilt als «Igitt» und muß vor sich selbst und den Parteigenossen verborgen bleiben. Was ich aber vor mir selbst verberge, werde ich mit argwöhnischen Argusaugen beim anderen entdecken: Ist das nicht einer, der immer so sozial redet, aber im Grunde nur an seinen Aufstieg denkt? Diese Haltung muß sofort ausgemerzt werden – kann so einer überhaupt zu uns gehören? – Dieser fühlt sich nun von den eigenen Freunden an den Pranger gestellt – und wird kaum umhinkönnen, seine politische Arbeit mit der Verarbeitung der erlittenen Kränkungen zu verknüpfen:

«Seit der Zeit ist der Wurm drin. Ich behandel die wie Gegner, wie wirkliche Gegner. Mit der Absicht der politischen Vernichtung.
Ich hab so 'ne Wut, innere Verzweiflung, daß ich mich an der politischen Vernichtung der anderen mit Begeisterung beteilige. Mit allen Sarkasmen, die mir dabei einfallen. Meine ganze Stimmung verwende ich dafür. Ich weiß genau, wenn ich X erwische, an irgendeiner Stelle, um ihn lächerlich zu machen, dann würd ich's tun...» (aus einem Politiker-Tiefeninterview, Osbahr, 1984, S. 160)

Daß «das meiste Übel in dieser Welt nicht... auf böse Absichten, sondern auf die bösen Folgen eines unbegrenzten Willens zum Guten zurückzuführen» sei, diese These hatte Gerhard Szczesny schon 1971 in seinem Buch «Das sogenannte Gute» entfaltet (S. 43). Was er damals den Ideologen ins Stammbuch schrieb, haben wir alle uns selbst einzutragen, die wir einen Überlegenheitsanspruch in Sachen «Menschlichkeit» anmelden. Dieser ist aus den geschilderten Dynamiken heraus «gegenteilsanfällig» und fördert die Tendenz, das «Reich des Bösen» stets beim anderen auszumachen.

Was ist zu tun? Ich habe Anfang der achtziger Jahre an eindrucksvollen Workshops von Ruth Cohn teilgenommen, auf denen die inneren Voraussetzungen (und Hindernisse) politischen Handelns

(Nicht-Handelns) mit Methoden der Therapie, Selbsterfahrung und Gruppendynamik thematisiert und persönlich bearbeitet wurden. Die Leitidee war, daß die politische Bewegung eine psychologische Fundierung brauche – und umgekehrt sich die psychologische Selbsterfahrung im politischen Handeln fortzusetzen habe. Dies wäre ein möglicher Weg: daß Politiker die Psychologen weniger für die Entwicklung einer «optimalen und zielgruppengerechten» Imagebildung heranzögen, sondern für die ehrliche Aufarbeitung der Innenseite ihres politischen Handelns. Allerdings sehe ich dafür zur Zeit wenig Ansätze, da wir Wähler immer noch nicht reif genug sind, politische Authentizität zu verkraften und zu honorieren.

Ein weiterer Weg könnte darin bestehen, daß politische Gremien und Fraktionen mit Hilfe eines externen* *Klärungshelfers* (Thomann und Schulz von Thun, 1988) darangehen, eine dialogische Kultur zu entwickeln, in der Standpunkte und Interessen hart ausgefochten werden, ohne die menschlichen Beziehungen zu ruinieren. Dem Klärungshelfer obliegt dabei die Aufgabe, den sachlichen Teil der Auseinandersetzung zu moderieren, die Beziehungsebene im Bedarfsfalle anzusprechen, gelegentliche Metakommunikation zu ermutigen, ohne in die falsche Ebene einer Psychologisierung hineinzugeraten. Soweit ich sehe, werden solche Möglichkeiten, so sehr sie im wirtschaftlichen und sozialen Bereich zunehmend genutzt werden, im politischen Kontext noch kaum aufgegriffen – jedenfalls habe ich selbst nur ausnahmsweise von Politikern derartige Anfragen erhalten.

4.2 Der systemische Blickwinkel

Wo immer die aggressiv-entwertende Strömung kommunikationsbeherrschend wird, gibt es meist auch Mitspieler, die dies entweder «anheizen», es mit sich geschehen lassen – oder beides im Wechselspiel. Je nachdem ist die teufelskreisartige Eskalation symmetrisch oder komplementär.

Der *komplementäre* Kreislauf ist uns durch den Beitrag des selbstlosen Stiles schon bekannt, er muß hier nicht noch einmal entfaltet werden (s. S. 100). Im Rahmen der systemischen Sichtweise lohnt es sich immer zu schauen, in welcher Weise auch das unterlegene Opfer

* Extern = von außen kommend, das heißt der Gruppe nicht zugehörig und somit in das Netzwerk von Beziehungen und Interessen nicht verstrickt.

auf eine leise Art «die schwarzen Tasten des Klaviers spielt», das heißt dem feindseligen Bezichtiger auf unterschwellige Art zu verstehen gibt, nicht ganz in Ordnung zu sein – Grund genug wäre schließlich vorhanden, und eine still und duldend vor sich hergetragene Verachtung ist nicht minder mitteilsam als ein lautes Schmähen.
Beim *symmetrischen** Teufelskreis beruht die Herabsetzung und Beschuldigung auf Gegenseitigkeit, es kommt in der Regel zur «Eskalation der Gewalt», wobei der Übergang von der kommunikativen zur tätlichen Verletzung fließend werden kann:

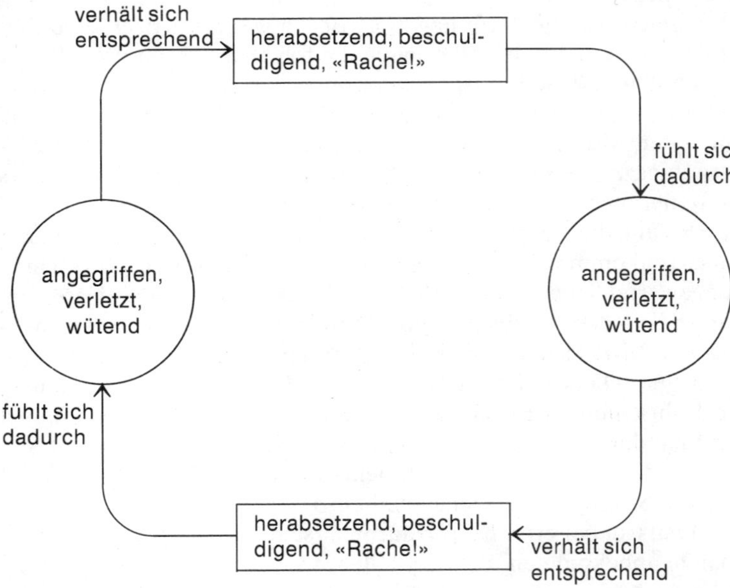

Auch hier ist die für Teufelskreise typische Erscheinung gegeben, daß beide Kontrahenten den jeweils anderen als Aggressor betrachten und sich selbst als denjenigen, der sich schließlich nicht alles gefallen lassen kann und sich seiner Haut wehrt. Die Parallele zum «Nach»-Rüstungsgebaren der Supermächte Anfang der achtziger Jahre ist eklatant. Bleiben wir hier aber auf der Ebene der Beziehung zweier Individuen. Angesichts der verheerenden Folgen ihrer gegenseitigen

* symmetrisch reagieren = auf genau gleiche Weise reagieren, im Gegensatz zu komplementär = in seiner Reaktion die passende Ergänzung liefern (z. B. gebieterisch – unterwürfig)

Beschuldigungen und Verletzungen möchte man den beiden zurufen: «Nun vertragt euch doch! Müßt ihr denn immer so streiten!?» – und vergißt dabei leicht die Frage, was die beiden denn davon haben! Oder können sie einfach nicht anders, weil ihnen halt der Schnabel wie ein Hackebeil gewachsen ist, und brauchten ein Verhaltenstraining in milder und einfühlsamer Gesprächsführung? Vielleicht auch das, doch ihr nimmermüder Kampfgeist und das zähe Aneinanderhängen weisen eher darauf hin, daß sich die beiden «gesucht und gefunden» haben, um sich aneinander abzuarbeiten und ihre seelischen Geschäfte zu erledigen. Psychoanalytiker machen sich aufgrund von Zusammenhangsbeobachtungen zwischen gegenwärtiger Konfliktstruktur und alten Grundbeziehungen folgenden Reim darauf: Der Partner wird danach «ausgesucht», ob er von seinen Eigenarten her geeignet scheint, einen alten, nicht erledigten Kampf (zum Beispiel mit Vater, Mutter, Geschwistern) wieder aufleben zu lassen («Wiederholungszwang»), in der geheimen Hoffnung, ein heilsameres Ende herbeizuführen, als dies mit dem Ur-Kampfpartner möglich war. So sind die Herabsetzungen und Beschuldigungen, die einem der andere zukommen läßt, gleichsam der seelische «Stoff», auf den man nur gewartet hat und nach dem man nahezu ein wenig süchtig ist – um nun endlich damit selbstbehauptend fertigzuwerden und sich für vergangene Niederlagen oder vielleicht stumm erlittene Qualen zu entschädigen. Da der Partner mit einem ähnlichen «Arbeitsprogramm» die Bühne betritt, geraten beide schnell aneinander – und können voneinander nicht lassen. – Dies ist auch für neutrale Dritte wichtig zu wissen, die sich wahrscheinlich bemühen werden, bei den aufkommenden Streitigkeiten schlichtend einzugreifen und so wenig Erfolg und Dank dabei ernten, ja manchmal selbst noch etwas von jenen Spänen abbekommen, die dort fallen, wo gehobelt wird. Da das erwähnte «Arbeitsprogramm» meist mehr neue Wunden schlägt als alte heilt, gereicht es beiden letztlich nicht zum Heil. Wichtig ist, den geheimen Sinn eines solchen Teufelskreises zu durchschauen (und zu durchfühlen), bevor man nach Alternativen sucht.

4.3 Richtungen der Persönlichkeitsentwicklung

Konfrontation und Rehabilitierung der Du-Botschaft. Bevor wir nun die Kompaßnadel der Persönlichkeitsentwicklung einstellen, wollen wir zunächst wieder den Blick schärfen für das «kostbare Gut», das in dieser wie in jeder Strömung enthalten ist. Zweifellos liegt ihre Chance in der Konfliktbereitschaft und in der Fähigkeit zur direkten Konfrontation, überhaupt in dem wachen Auge für all das, was einem die Mitmenschen antun und zumuten, mit ihrer Gedankenlosigkeit und Dickfelligkeit, Borniertheit und Unanständigkeit! Empörung und Mißtrauen, verbunden mit der Fähigkeit, sich nicht alles bieten zu lassen und die «Zähne zu zeigen», sind hier zuweilen eher am Platze als die beim Selbst-losen so starke Neigung, alles gleich zu verstehen, zu verzeihen und damit auch zu verharmlosen. Kann nicht manchmal, eine tragfähige Beziehung vorausgesetzt, ein entrüstetes Donnerwetter, bei dem die Fetzen fliegen, heilsamer sein als ein zu frühes Einlenken, als eine konstruktive Sanftmut, um die wir uns vielleicht bemühen, obwohl wir eigentlich «geladen» sind? Müssen wir dann nicht für diese zu frühe Konstruktivität den Preis zahlen, daß sich der Konflikt wie eine verschleppte Krankheit in unseren Stimmungen verewigt? Und ist nicht überhaupt eine Prise Polemik die Würze jedes Dialoges, zumindest wenn es darum geht, Unterschiede und Gegensätze herauszuarbeiten?

Wir betreten hier schwieriges Gelände. Die Humanistische Kommunikationspsychologie hatte doch mit Recht gerade den aggressiv-entwertenden Stil aufs Korn genommen: Reinhard und Anne-Marie Tausch (1977), indem sie auf die chronische Geringschätzung hinwiesen, mit der Kinder, Schüler und Untergebene, Angeklagte vor Gericht und Soldaten in den Kasernen hierzulande behandelt werden; Thomas Gordon, indem er in seiner «Familienkonferenz» (1972) die «typischen Zwölf» darstellte (unter ihnen das Beschuldigen, Herabsetzen, Belehren von oben herab) und die nachteiligen seelischen Folgen beschrieb. Deswegen hatten wir doch empfohlen, den extrapunitiv * ausgestreckten Zeigefinger der Du-Botschaft auf uns selbst zu richten und – nach geleisteter Selbstklärungsarbeit – eine Ich-Botschaft vorzutragen, die statt der Beschuldigung des anderen eine ehrliche Selbstoffenbarung enthalten sollte. Indem es nun möglich war, auch aggressive und negative Mitteilungen ohne den verletzenden Stachel der Du-Botschaft loszuwerden, schien doch die Quadratur des Kreises gelungen, nämlich Ehrlichkeit und Annehmbarkeit miteinander zu verbinden.

Mehr noch: Kam nicht die mit der Ich-Botschaft untrennbar verbundene Grundhaltung der Selbsterforschung («Was hat das mit mir zu tun, was ist mein eigener Anteil an dem Geschehen?») endlich jenem Ideal der Menschlichkeit entgegen, das in der Bibel mit dem Bild des

* «extrapunitiv» = nach außen strafend. Das Gegenteil ist «intrapunitiv» = sich selbst bestrafend, die Schuld bei sich suchend.

Splitters im Auge des anderen und des Balkens im eigenen Auge veranschaulicht ist? Und zwar auf eine Weise, die dieses Humanitätsideal vom unerreichbaren Sockel des ethischen Gebotes herunterholt auf die handhabbare Ebene der erlernbaren Fähigkeit, sich hinter die eigenen Kulissen zu schauen?
Dies alles ist und bleibt gültig – und umfaßt offenbar doch nicht die ganze Wahrheit. Inzwischen sind viele Menschen mit der Humanistischen Kommunikationspsychologie in Berührung gekommen und haben sich um den hier noch einmal skizzierten Weg bemüht. In einem Forschungsprojekt haben wir ihre Erfahrungen ausgewertet. Neben vielen ermutigenden Erfahrungen gab es auch Mißerfolge, neue Fallstricke und entsprechende Vorbehalte. Die folgenden Erkenntnisse haben zu einer Art «Rehabilitierung der Du-Botschaft» geführt, jedenfalls für bestimmte personale und situative Kontexte:

Die erste Erkenntnis bestand darin, daß jede Ich-Botschaft voraussetzt, daß ich mir darüber im klaren bin, was in mir vorgeht. Aber gerade in emotional verzwickten Augenblicken ist vielen Menschen ihre Innenwelt nur sehr spärlich zugänglich. Die spontane Du-Botschaft, eingebettet in eine klärende Auseinandersetzung, kann geradezu ein Königsweg sein, um «dahinterzukommen», was sich innerlich abspielt. Eine dreißigjährige Studentin schreibt:

«Früher habe ich mich immer sehr über mich geärgert und mich als Versager empfunden, weil es mir nicht gelang, das, was ich über Kommunikation gelesen habe, im Alltag zu leben. Ab und an hab ich mir mal eine Ich-Botschaft ‹abgequält› und dann feststellen müssen, daß die erst recht nicht stimmig ist. Inzwischen habe ich für mich erfahren – daß ich ein ‹Ich› empfinden muß, damit ich ‹Ich› sagen kann – und daß gerade dieses ‹Ich› tief in mir vergraben war, so daß meine vielen Du-Botschaften sehr adäquat waren.»

Adäquat in dem Sinne, daß das Verhalten dem eigenen gegenwärtigen Bewußtseinsstand entsprach und nichts anderes vorgab. In unseren Trainingskursen sind wir daher schon lange davon abgekommen, das «Senden von Ich-Botschaften» verhaltensmäßig einzuüben. Vielmehr dienen unsere Übungen jetzt dazu, die oben vermißte «Ich-Empfindung» nach und nach zu ermöglichen und prägnanter zu machen. Die Erweiterung der inneren Voraussetzungen für den Dialog hat Vorrang vor der Verhaltensempfehlung, die klärende Aussprache setzt die Selbstklärung voraus (Thomann und Schulz von Thun, 1988, S. 54–97).

Die zweite Erkenntnis rückt von der alten Gleichsetzung
Ich-Botschaft = ehrlich = gutes Persönlichkeitsmarkenzeichen = adäquat
Du-Botschaft = Fassade = rückständige Persönlichkeit = inadäquat
ab, jedenfalls in dieser pauschalen Form. Es sind vor allem aggressive Inhalte, die sich in der Form der Du-Botschaft deutlicher und klarer vermitteln lassen. Das kommt in vielen Erfahrungsbericht zum Ausdruck, zum Beispiel:

«Manchmal frage ich mich, ob ich nicht zum Beispiel bei einem Streit die konfliktauslösenden Anteile zu stark bei mir suche. Manchmal lasse ich meine spontanen Reaktionen wie zum Beispiel Wut gar nicht zu und fange an zu psychologisieren.»

Ich habe die Erfahrung gemacht, daß es mir mitunter besser geht, wenn ich klare Du-Botschaften bekomme als noch so perfekte Ich-Botschaften. Ein Beispiel: Es ist ein schwacher Punkt bei mir, bei Verabredungen manchmal auf den letzten Drücker oder gar zu spät zu kommen.
– Eine Bekannte von mir läßt dann ihrem Ärger freien Lauf, meist auch in kräftigen Du-Botschaften, grad so wie's kommt – und mir geht es trotzdem ganz gut dabei. Ihr Ärger ist raus, ich kann ganz gut verstehen, daß sie sauer ist, und zwischen uns steht nichts mehr.
– Bei einer anderen Bekannten, einer psychologisch gut vorgebildeten Lehrerin, kommen astreine Ich-Botschaften, und mir geht es schlecht damit. Sie erzählt, wie es ihr geht mit meinem Zuspätkommen, was das mit ihr macht, daß das sicherlich auch ein Schattenaspekt von ihr ist usw. Es kommt da alles mögliche raus, nur nicht ihr Ärger. Und ich habe den Eindruck, ein ganz böser Mensch zu sein, der ihr das angetan hat. Der Ärger, der sich dann bei mir einstellt, ist ein Indiz, wie es bei ihr wohl wirklich aussieht.
Die Du-Botschaft ist bei Ärger greifbarer, direkter, und der Partner hat besser die Möglichkeit, darauf zu reagieren. Bei der Ich-Botschaft ist der Ärger verschleiert, es werden eher subtil Schuldgefühle gemacht, und der Partner kann sich schlecht wehren.

Vielleicht ist es kein Zufall, daß vor allem *Frauen* ihre Vorbehalte gegen die «aggressionsmildernde Orientierung am eigenen Anteil» anmelden. Eine Kursteilnehmerin:

«Die Humanistische Psychologie will das Innenohr der Menschen verstärken. Wie steht es da eigentlich mit den Frauen? Die doch sowieso sehr viel die Schuld bei sich suchen. Und viel zuwenig ihre (männliche) Umwelt in die Ursachenforschung miteinbeziehen. Sehr oft haben sie allerdings auch kein gutes Innenohr, finden schlecht heraus, was sie eigentlich fühlen, wollen ... *Vielen Frauen müßte man das Innenohr beibringen, aber ganz stark auch den Du-Stuhl**.»

Eine Studentin bringt es auf eine prägnante Formel:

«Das brave Mädchen in mir hat Fragen wie ‹Was hat das mit mir zu tun?› dazu benutzt, nicht wütend werden zu müssen.»

Und damit nämlich das Risiko von Zerwürfnissen, Disharmonie, Allein-Dastehen einzugehen.

Die Psychologen sind sich in dieser Frage nicht ganz einig. Während auf der einen Seite Bach und Wyden («Streiten verbindet!», 1969) zornigen Attacken eine fundamentale Bedeutung für seelische Gesundheit und reife Intimität zumessen, sehen andere (zum Beispiel Tausch und Tausch, 1983; Gordon, 1972) in den aggressiven Impulsen gegen andere Menschen ein Zeichen dafür, daß der Wüterich mit sich selbst noch nicht im reinen ist. Aus dieser Auffassung ergibt sich dann die im letzten Zitat erwähnte Empfehlung, aufkommende Aggressionen als Signal für eine Selbsterkundung zu nehmen: «Was ist es *in mir*, daß ich den anderen im Moment so schlecht ertragen kann?» – oder anders ausgedrückt: «Wenn dich am anderen etwas aufregt, dann schau (horch in dich hinein), was es mit dir selbst zu tun hat!»
Gordon ist in seiner «Familienkonferenz» (1972) der Auffassung, daß jede zornige Du-Botschaft eine «abgeleitete Empfindung» sei, hinter der eine unausgedrückte primäre Empfindung stehe. Beispiel:
Das Kind benimmt sich im Restaurant ungezogen. Die *primäre* Empfindung (der Eltern) ist Verlegenheit. Die *sekundäre* Empfindung Zorn: «Hör auf, dich wie ein Zweijähriger zu benehmen!» (S. 126)
Gordon hilft in seinen Kursen Eltern, den Unterschied zwischen primären und abgeleiteten Empfindungen zu verstehen, mit dem Ziel, auf die primären Empfindungen innerlich zu hören und diese als Ich-Botschaft auszudrücken:
«Bei der Auseinandersetzung mit unserer Ausbildung lernen die Eltern, daß sie, wenn sie sich häufig durch zornige Du-Botschaften Luft machen, besser daran täten, sich einen Spiegel vorzuhalten und zu fragen: ‹Was geht in mir vor?› – ‹Welche meiner Bedürfnisse sind durch das Verhalten des Kindes bedroht?› – ‹Worin bestehen meine eigenen primären Empfindungen?› (S. 127)

Sosehr ich es für einen Fortschritt und geradezu für eine «kopernikanische Wende» der Erziehungspsychologie halte, den Erziehern statt

* Gemeint ist der «Stuhl B» der Übung auf S. 150f.

einer Rezeptur für Kinderbehandlung eine Anleitung zur Selbsterforschung zu bieten, sosehr ich also dem ganzen Ansatz in seiner Grundtendenz zustimme, so möchte ich doch an dieser Stelle bezweifeln, ob Wut und Aggression immer «Gefühle zweiter Klasse» darstellen und ob es immer ein Zeichen der persönlichen Reife sei, wenn ich statt dessen die dahinterliegenden Gefühle erster Klasse zu entdecken und auszudrücken in der Lage bin. Sicher, es gibt immer einen inneren Anlaß für die Aggressionen – ich fühle mich verletzt, übergangen, eingeschränkt, mißbraucht oder sonstwie schlecht behandelt. Die Wut gegen den Auslöser dieses primären Schmerzes mag als unmittelbare Folgewirkung «sekundär» sein. Daraus aber abzuleiten, daß diese Impulse nun von sekundärer *Bedeutung* wären und ihr Ausdruck einer seelischen Verwechslung gleichkomme, halte ich für verfehlt. Natürlich kann ich mit der Zeit lernen, nicht gleich auf alles und jedes wütend zu werden, was meinen Vorstellungen von Sitte, Ordnung und gutem Geschmack widerspricht. Dies wäre wirklich ein Zeichen für persönliche Reife, den Toleranzspielraum für menschliche Andersartigkeit erweitert zu haben. In diesem Sinne kann ich vielleicht dahin kommen, daß meine Erwartungen an das richtige Benehmen eines Kindes im Restaurant flexibler werden und ich dann, wenn es durch die Beine der Gäste am Nachbartisch kriecht, vielleicht noch einen leichten Anflug der alten Verlegenheit spüre, aber nicht mehr zornig aufbrausen muß. Nun aber hat sich mein *Gefühl* verändert! Ob man diese durch einen inneren Prozeß erreichte Gefühlsveränderung durch ein konzeptgemäßes Verhalten (Ich-Botschaft von Verlegenheit statt zornige Du-Botschaft) vorwegnehmen kann, halte ich für fraglich und in Situationen, in denen zwei Menschen akut aneinandergeraten, auch nicht für wünschenswert: Wenn ich von «akutem Aneinandergeraten» spreche, habe ich dabei zwei Phasen der Auseinandersetzung vor Augen:

1. Die Phase des *akuten Ausbruches*, zum Zeitpunkt der unmittelbaren Betroffenheit, an dem sich die Gefühle ereignen.
2. Die Phase der *Nachbearbeitung*, zum späteren Zeitpunkt, wenn sich die ausgebrochenen Gefühle gesetzt haben, aber vielleicht noch etwas «nachgeblieben» ist – und sei es nur der Wunsch, «darüber noch einmal zu reden». Dieser spätere Zeitpunkt kann unmittelbar nach dem Ausbruch sein, oder auch Stunden, Tage oder Wochen später.

Beide Phasen haben ihren guten Sinn. Manche Paare tun sich schwer mit der Phase 2 («Wir haben hinterher nie mehr wieder darüber gesprochen!») und tragen u. U. das gefühlsmäßig nicht Abgeschlossene als ständiges Gepäck mit sich und belasten damit die Partnerschaft. Sie laufen auch Gefahr, nicht wirklich zu verstehen, was sich ereignet hat. Ein Gewitter kann reinigen, aber nicht immer auch klären. – Andere Paare wiederum neigen dazu, Phase 1 auszulassen und fangen gleich mit der «Bearbeitung» dessen an, was noch gar nicht richtig «ausgebrochen» ist. Dies sind oft solche Paare, die von der Psychologie etwas Wertvolles gelernt haben (darüber reden zu können), es aber an der falschen Stelle einsetzen: Die Sprache der Reflexivität gehört nicht an den Ort des Ausbruches, nicht in die Niederungen des Getümmels, sondern auf den Hügel, der etwas Abstand und Übersicht bietet:

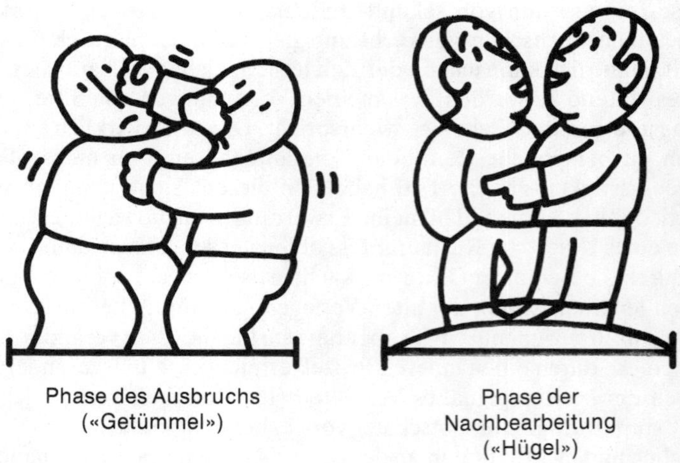

Abb. 27: Die zwei Phasen des Aneinandergeratens

So scheint mir die Empfehlung der Humanistischen Psychologie, anstelle der zornigen Du-Botschaft den «dahinterliegenden» Ich-Zustand auszudrücken, einem Schönheitsideal nachzuhängen, das der psychischen Reihenfolge nicht entspricht. Es trifft zu, daß der Mensch ein seelisches Schichtenwesen ist: «hinter» mancher Wut ist tiefer Schmerz, Traurigkeit und Sehnsucht nach Angenommensein; genauso ist, wie jeder Psychotherapeut weiß, «hinter» mancher Traurigkeit ein ordentliches Quantum an Wut verborgen. Und es ist wesentlicher Teil des therapeutischen Vorgangs, mit Einfühlung und viel Geduld Schicht um Schicht abzutragen und emotional durchzuarbeiten. Dies kann sich auch in tiefen Gesprächen spontan ergeben. Zum Beispiel erzürnt sich in einer Wohngemeinschaft jemand darüber, daß der andere den ganzen Schinken genommen hat. («Hauptsache, *du* hast genug, ja!?») Während der heftigen Auseinandersetzung wird dem Zornigen seine *Angst* bewußt, überall und immer zu kurz zu kommen (und entsprechend «auf der Lauer zu liegen»). Sodann kommen Tränen auf, verjährte *Traurigkeit* darüber, daß dies in Schlüsselsituationen seines Lebens tatsächlich so war. Die Gefühlsreihenfolge, die sich hier in der Auseinandersetzung ereignet hat (Wut – Angst – Trauer), hatte für diesen Menschen eine innere Logik, hätte nicht anders herum sein können. Das Spüren und Ausdrücken der Wut hat das folgende erst möglich gemacht. Eine «konstruktive» Anfangsreaktion hätte den latenten Konflikt nicht ausbrechen lassen oder nur oberflächlich berührt – und so den Zorn auf den «raffgierigen Egoisten» konserviert.

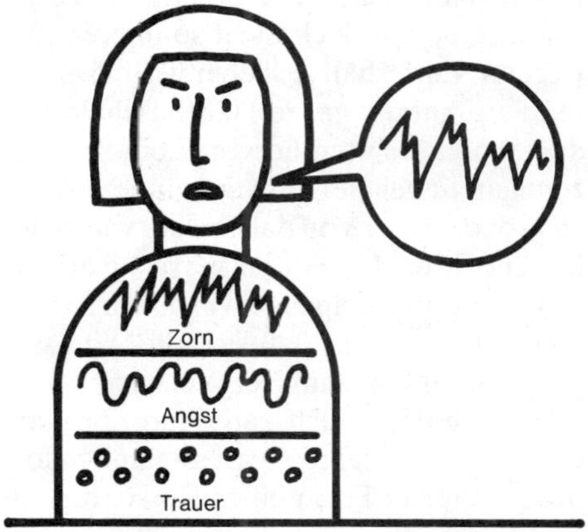

Abb. 28: Der Mensch als emotionales «Schichtenwesen»: In der «Sprechblase» kann (authentisch) nur jeweils die Gefühlsqualität zum Ausdruck kommen, die «zuoberst» liegt.

Dies alles ist nicht so zu verstehen, daß der Mensch in dem, was er von sich gibt, dem Diktat seiner Gefühle und deren Schichtung unterläge. Viele Situationen, besonders im beruflichen Kontext, verlangen eine eher *diplomatische Gesprächskunst*, die dem Fortgang der sachlichen Angelegenheiten und nicht primär der persönlichen Gefühlslage zu dienen hat. Und so erscheint es hier als erstrebenswerte *Souveränität*, von der eigenen Befindlichkeit auch einmal absehen zu können. Es kann überaus nützlich sein, einer spontanen Zornesaufwallung, etwa gegenüber einem Mitarbeiter, nicht ihren freien Lauf zu lassen, sondern durch die Form der Ich-Botschaft den sachlichen Inhalt zu transportieren, ohne dabei gleichzeitig den Beziehungs-Stachel auszufahren.

Beispiel: Ein Mitarbeiter hat die Vorlage für ein Rundschreiben an alle Abteilungsleiter geliefert. Der Chef ist wütend über die «Schlamperei» der Arbeit. *Die Version A:* «So können Sie vielleicht mit Ihren Laboranten reden, herrje nochmal! Muß man denn hier alles selbst machen?» enthält die immer wieder berichtete Gefahr, daß Mitarbeiter sich derart wertlos gemacht fühlen, daß sie nur noch mit rasendem Herzen, bebenden Knien und schweißnasser Faust in den Hosentaschen zum Chef gehen, hin- und herschwankend zwischen demütiger Selbsterniedrigung, buchstäblich mörderischen Aufwallungen und gespielter Gleichgültigkeit. Fast immer schlägt der Vorgesetzte, ohne es zu ahnen, in eine «alte Kerbe» hinein: frühere Erfahrungen von Kränkung und Minderwertigkeit, die bei solcher Gelegenheit wiederbelebt werden und die Wucht des empfangenen Schlages innerlich vervielfachen. Es ist für Vorgesetzte wichtig zu wissen, daß solche seelischen Vorgänge nicht durch gutgemeinte Ermahnungen wie «Nun seien Sie doch nicht so überempfindlich!» außer Kraft gesetzt werden. Es verhält sich eher wie bei einer Katzenhaar-Allergie: Während zu Anfang ganze Haarbüschel vielleicht einen leichten Reiz in den Schleimhäuten hervorrufen, so mag am Ende ein einziges Katzenhaar ausreichen, um entzündete Augen und asthmatische Anfälle zu provozieren. Von daher ist es wünschenswert, wenn Vorgesetzte es lernen, ihren Unmut zu versachlichen (nicht: zu verleugnen), zum Beispiel durch folgende *Version B*: «Bei einigen Ihrer Formulierungen befürchte ich, daß sich die Adressaten unnötig auf den Schlips getreten fühlen, zum Beispiel wenn Sie schreiben: ...»
Der Nachteil freilich kann darin bestehen, daß der Vorgesetzte bei dieser Version seine Aggression nicht loswird und sie gegenüber dem Mitarbeiter in Form eines Ressentiments aufbewahrt. Im günstigen Fall ist die Beziehungsarbeit schon so weit gediehen, daß die Beziehungsbasis es aushält, wenn hin und wieder ein Kragen platzt. Nach meiner Erfahrung sind es auch im beruflichen Bereich keineswegs immer die kultivierten, einfühlsam-dialogischen Gespräche im Sonntagsanzug, die etwas Konstruktives in Bewegung bringen; wenn im Augenblick des Aneinandergeratens (Phase 1) vorübergehend gegen alle Regeln der Gesprächsführung verstoßen wird, kann das durchaus heilsam sein – vorausgesetzt, daß beide so zueinander stehen, daß eine klärende Nachbesprechung selbstverständlich ist und im Geiste heilsamer Beziehungspflege und sachlicher Lösungssuche erfolgt.
Dies gilt noch mehr für die Kommunikation in der Partnerschaft, wo die Gefühle zueinander einen wichtigen Teil der Beziehungsgrund-

lage darstellen. Hier geht es nicht ohne gelegentliches «Du bist schuld!» und «Es ist wirklich furchtbar mit dir!» Eine Kommunikationspsychologie, die das Schimpfen und Klagen, Nörgeln und Jammern, Beschuldigen und Polemisieren ganz abschaffen wollte, würde ihren gelehrigen Musterschülern einen Sonntagsanzug verpassen, unter dem noch der alte Adam vernehmlich knurrt, und somit zu einer eigenartigen Schönheitskonkurrenz aufrufen.

Fassen wir zusammen: Die Humanistische Kommunikationspsychologie, die bei zwischenmenschlichen Schwierigkeiten und Feindseligkeiten eine intrazeptive (das heißt in sich selbst hineinhorchende) Einstellung nahelegt, neigt dazu, in ihren Verhaltensempfehlungen einseitig auf den Ausdruck der eigenen Innenwelt Wert zu legen. Indem sie dabei zuweilen aggressive Äußerungen als unreif verpönt, ist sie in Gefahr, einer «neuen Sittsamkeit» Vorschub zu leisten. Bevor die Partner noch richtig aneinandergeraten, legen sie einen kommunikativen Schongang ein, bei dem man zwar die psychologischen Glokken läuten hört, aber doch auch viel Ärger verschluckt und konserviert. Diese einseitige Ausrichtung ist besonders für solche Menschen nicht entwicklungsfördernd, die von Haus aus eher intrapunitiv, aggressionsgehemmt, depressiv und harmoniesüchtig (im Gegensatz zu streitsüchtig) sind; für sie ist die zornige Du-Botschaft eine wesentliche Bereicherung ihrer Verhaltensmöglichkeiten, sie müssen (wieder) lernen zu schimpfen.

Wir haben einen längeren Gedankengang zurückgelegt. Dieses schien mir nötig, um zu verdeutlichen, daß jene Stilelemente, die durch ihre kränkende Wirkung die Kommunikation häßlich machen, nicht samt und sonders auf den Müllhaufen der Pathologie gehören. Indem sie Gegensätze deutlich und aggressive Gefühle greifbar machen, enthalten sie wichtige «Vitamine» für die zwischenmenschliche Beziehung. Freilich gibt es Menschen, die sich ihre aggressiven Anteile nicht erst erschließen müssen, sondern bereits über des Guten zuviel verfügen und ihre Kontakte überwiegend mit anklagendem Tenor gestalten. Wir bestimmen ihre Entwicklungsrichtungen, indem wir das grundlegende Wertequadrat von *Akzeptierung* und *Konfrontation* (s. S. 47) noch etwas ausdifferenzieren:

Respekt und Selbstachtung. Den Pauker, der seine Schüler einschüchtert und lächerlich macht, der sie mit dem Rotstift verfolgt und kein gutes Haar an ihnen läßt – ihn gibt es nicht nur als belletristische

Karikatur. Ende der sechziger Jahre waren wir als antiautoritär eingestellte Erziehungspsychologen ausgezogen, um mit Lehrern ein neues Verhalten zu «trainieren»: Sie sollten lernen, ihre Schüler respektvoll, höflich und wertschätzend anzusprechen, auch und gerade in Konfliktsituationen. Was theoretisch gut gemeint war, führte in der Praxis des Klassenzimmers nicht selten zu einem Fiasko: die Schüler, den festen Griff und den derben Ton gewohnt, legten diese «Samtpfötchen-Pädagogik» dem Lehrer als schwächliche Anbiederei aus, gingen über Tische und Bänke, verhöhnten ihn und benahmen sich zum Teil wie die sprichwörtlichen erstmals losgebundenen Kettenhunde.

Hätten wir als «Trainer» damals die Struktur des Werte- und Entwicklungsquadrates schon im Kopf gehabt, wäre uns wahrscheinlich nicht entgangen, daß einige, besonders junge Lehrer(innen), neben der Fähigkeit, *Respekt zu erweisen*, zunächst einmal vordringlich die Fähigkeit, *sich selbst Respekt zu verschaffen*, gebraucht hätten! Die zur Aufrechterhaltung der nötigen Selbstachtung erforderliche Durchsetzungsfähigkeit wäre im ersten Schritt dringlicher zu trainieren gewesen als der verbale Ausdruck von Achtung gegenüber den Schülern:

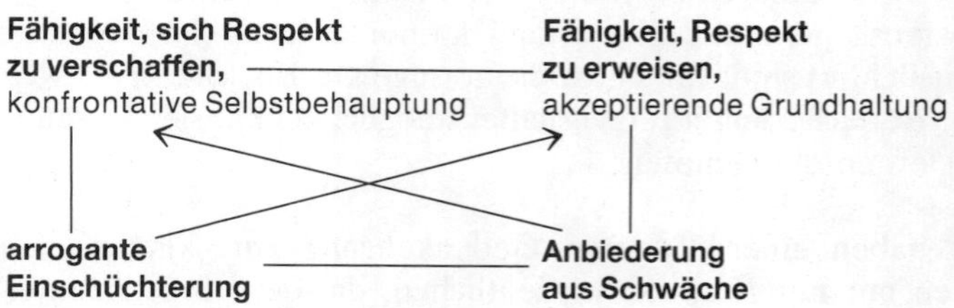

Ohne die Fähigkeit nämlich, sich Respekt zu verschaffen, kann ein wertschätzendes Beziehungsangebot nur als schwächliche Anbiederung aufgefaßt werden, jedenfalls in einem so antagonistischen Kontext wie der Schule. Nicht selten mögen sich die gebeutelten Lehrer veranlaßt gesehen haben, die «Notbremse» zu ziehen und – überkompensatorisch – von unten rechts nach unten links umzuschwenken. Die hinter der arroganten Einschüchterung regelmäßig anzutreffende Angst, in Unterlegenheit zu geraten (Grundangst der aggressiv-entwertenden Strömung, vgl. S. 118), verweist auf die Notwendigkeit, ein Training im «wertschätzenden» Verhalten mit einer Stärkung des Selbstwertgefühles und der eigenen Durchsetzungsfähigkeit zu verbinden.

Konfrontation und Anerkennung. Eine ähnliche Polarität: Unter dem Einfluß der aggressiv-entwertenden Strömung sind wir in Gefahr, dem anderen mit der «negativen Lupe» zu begegnen:

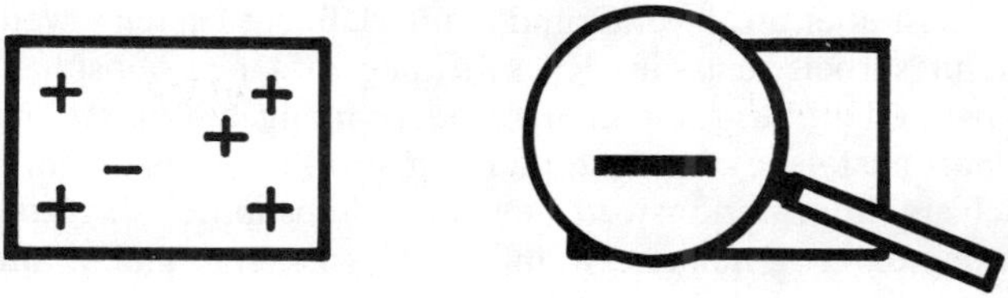

Abb. 29: Die Negativlupe: Tendenz, Nachteile und Fehler des anderen übermäßig wahrzunehmen

Die an sich positive Fähigkeit zur Kritik mißrät auf diese Weise zur notorischen Herabsetzung, Degradierung und Belehrung. Vorgesetzte, Eltern und Pädagogen kommen einem zuweilen vor wie jener Mensch, der einen Liebesbrief erhält und darin sogleich einen Kommafehler entdeckt. Wir sehen daraus, daß die entwertende Tendenz nicht erst im Verhalten wirksam wird, sondern bereits in den Augen «eingebaut» ist! Was hier fehlt, ist die Fähigkeit, Wert und Leistung auch bei solchen Personen zu sehen, zu empfinden und u. U. auszudrücken, die vielleicht schon in das Schubfach «Sorgenkind» oder «schwarzes Schaf» geraten sind. Ich habe Vorgesetzte erlebt, die nur noch kopfschüttelnd und mißbilligend vor ihren Mitarbeitern stehen, das Fehlende vermissend und ohne innere Möglichkeit, das Vorhandene überhaupt zu sehen, geschweige denn zu würdigen.

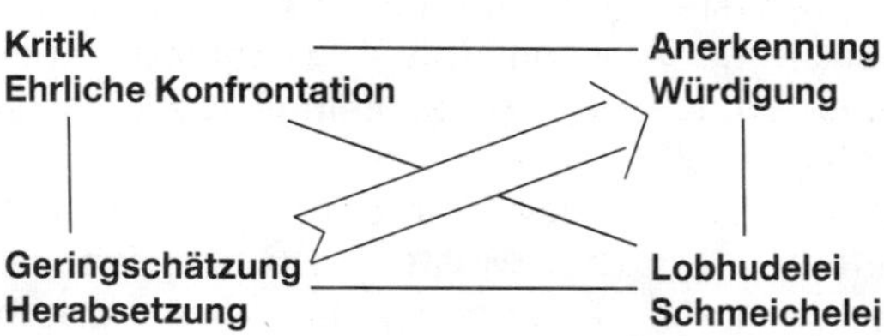

In solchen Fällen reicht es nicht, wenn in einer Fortbildungsveranstaltung die gutgemeinte Empfehlung gereicht wird «Spenden Sie Ihren Mitarbeitern hin und wieder ein Lob!». Dies kann so lange nur zu leeren Motivationsfloskeln und zur «Verabreichung von Streicheleinheiten» führen, wie der Vorgesetzte sich nicht wirklich mit den Stärken und positiven Haltungen eines Mitarbeiters auseinandergesetzt hat! Eine solche «Würdigungsarbeit» ist nicht leicht, besonders wenn einem nur die Negativlupe als geläufiges Werkzeug zur Verfügung steht. Sie ist aber aus zwei Gründen unerläßlich: Erstens, weil diese Würdigungsarbeit auch eine Rückwirkung auf einen selbst hat – und zweitens, weil die ausgesprochene Anerkennung nun *substantiell* statt *floskelhaft* ausfallen kann und dadurch sowohl an Glaubwürdigkeit als auch an Informationswert gewinnt. «Substantiell» ist eine Anerkennung dann zu nennen, wenn sie konkret (statt global) ausfällt, mit Beispielen verbunden ist und die Eigenart des Angesprochenen herausarbeitet, so daß er sich wirklich wahrgenommen und gemeint fühlt.

Übung:

Haben Sie eine(n) Mitarbeiter(in) Chef(in), Kind, Schüler(in), Partner(in), Kollegen/in..., von dem/der Sie den Eindruck gewonnen haben, daß er (sie) nicht viel taugt? Bitte nehmen Sie sich einmal Zeit, alle positiven Eigenschaften, Leistungen und Verdienste dieses Menschen aufzuschreiben – so als ob Sie sich auf eine «Laudatio» (Lobeshymne) vorbereiten würden. Sollte Ihnen dazu «nicht recht etwas einfallen», nehmen Sie dies probehalber als Zeichen Ihrer Einäugigkeit und begeben Sie sich in der nächsten Zeit auf eine kleine Entdeckungsreise!

Haben Sie Ihre Liste voll? Dann überprüfen Sie, welche Punkte Sie dem Betreffenden schon einmal gesagt (oder zu spüren gegeben) haben! Nur wenige? Gar keine? Vielleicht ergibt sich dazu die Gelegenheit?
Aber nicht zugleich mit der Anerkennung wieder eine Entwertung verbinden, nach dem Muster: «Du bist zwar faul wie die Sünde, aber dann und wann bequemst du dich dazu, wenigstens das Nötigste der Hausaufgaben zu machen!»

Die Kunst der positiven Umdeutung. Bis jetzt haben wir dem Aggressiv-Entwertenden anempfohlen, nicht nur negative Aspekte der Mitmenschen lupenrein zu sehen, sondern daneben auch die positiven Merkmale zu entdecken und «herauszuarbeiten». An dieser Stelle können wir noch einen Schritt weitergehen. Häufig läßt sich auch das Negative selbst «mit anderen Augen sehen», das heißt unter verändertem Bezugsrahmen als etwas Positives umdeuten. Diese «Zauberei» stammt aus den Werkstätten der Familientherapie (zum Beispiel Watzlawick, 1974), ist aber gelegentlich auch für den täglichen mitmenschlichen Umgang von Bedeutung und überaus tauglich, die eigene Engstirnigkeit zu erweitern und sich selbst als teilweisen Konstrukteur der Wirklichkeit, die einem widerfährt, in den Blick zu bekommen.

Wie sieht diese «Kunst der positiven Umdeutung» aus? Aus meiner Berufspraxis der Erwachsenenbildung kommen mir einige Beispiele in den Sinn. Für die meisten Trainer sind jene Teilnehmer ein rotes Tuch, die auf das Lehrangebot geringschätzig und besserwisserisch reagieren («In der Theorie gut und schön, aber in der Praxis sieht das doch ein wenig anders aus, junger Freund!»). Innerhalb eines bestimmten Vorstellungsrahmens ist dieses Verhalten für den Leiter eine Kränkung und eine ärgerliche Störung. Innerhalb des Vorstellungsrahmens nämlich: Ich (Leiter) biete dir (Teilnehmer) das Gelbe vom Ei, das Du voller Dankbarkeit und mit dem Gefühl der Bereicherung in dich aufnehmen solltest (und wenn es so kommt, war es ein schönes Seminar!)! Definiere ich die Situation (und damit auch die Beziehung) ein wenig anders, kann dasselbe «querulantische» Verhalten zu einem hochwillkommenen konstruktiven Beitrag werden. Begreife ich das Seminar als Ort der Begegnung von Theorie und Praxis, definiere mich selbst als Experten für Theorie (und für Prozeßgestaltung im Seminar) – die Teilnehmer hingegen als Experten ihrer Praxis; gehe ich weiter davon aus, daß durch den Dialog beider Expertentypen die Hoffnung besteht, etwas schlauer zu werden als jeder für sich allein wäre, dann kann der Satz «Die Praxis sieht anders aus!» die Einleitung für eine Praxis-Expertise werden – ich muß sie nur als solche willkommen heißen. (Und den «jungen Freund» lasse ich an dieser Stelle durchgehen; immerhin bin ich selbst in der Rolle des Oberlehrers in Gefahr gewesen, den Teilnehmer etwas in die Schulbank hineinzudrücken, aus welcher er sich jetzt mit einem symmetrischen Manöver wieder befreit.) Selbst wenn der Teilnehmer meine Einladung verweigert, läßt sich die dann zweifellos vorhandene Störung, anstatt sie als bloß lästig und peinlich zu empfinden, wiederum

positiv umdeuten: Ist eine solche Störung nicht vorzüglich geeignet, dem Thema des Seminars ein konkretes Erlebnisbeispiel zu geben (zum Beispiel wenn das Thema lautet «Mitarbeiterführung» oder «Kommunikation – Konflikt – Konsens»)? Können es nicht didaktische Sternstunden sein, wenn der Lehrplan und das Geschehen in der Lerngruppe sich plötzlich unplanbar berühren? Und braucht es nicht dafür gerade solche Teilnehmer, die nicht nur zustimmend und «pflegeleicht» sind?
Positive Umdeutung ist manchmal auch am Platze, wenn Teilnehmer sich angiften und aggressiv aufeinander losgehen. Ich persönlich habe dies überhaupt nicht gerne. Es hilft mir aber, aus meiner inneren Lähmung herauszukommen, wenn ich mir sage: «Was jetzt passiert, ist zwar nicht ‹schön›, aber doch gegenüber der höflich-oberflächlichen Art von gestern ein wichtiger Schritt in Richtung Beziehungswahrheit, und eine Chance, der ‹Fried-höflichkeit› zu entkommen. Offenbar ist das Vertrauen heute groß genug, um Gegensätze auszutragen und negativen Gefühlen Raum zu geben! Immerhin gibt es doch ein plausibles Gruppen-Entwicklungs-Modell (Tuckmann, nach Argyle, 1972, S. 215), wonach eine Gruppe, bevor sie wirklich arbeitsfähig ist, erst noch drei Stadien zu durchlaufen hat:
- Forming (Zueinanderfinden),
- Storming (Aneinandergeraten),
- Norming (sich auf Regeln einigen) – und erst dann:
- Performing (etwas gemeinsam zustandebringen).

Sei also froh, daß das «Storming» jetzt offenbar seine Stunde hat, und interveniere nicht allzu fried-höflich: Mit einem Wort: Was jetzt passiert, ist zwar nicht angenehm, aber gut!»

Dennoch ist hier auch eine Warnung nötig. Eine Einübung in die Kunst der positiven Umdeutung haben wir in diesem Kontext für Menschen empfohlen, die von Haus aus leicht in eine aggressiv-entwertende Strömung hineingeraten und die Negativ-Lupe zum bevorzugten Instrument der zwischenmenschlichen Kontaktgestaltung entwickelt haben. Für sie ist die positive Umdeutung eine Erweiterung und ein wichtiges Lernziel. Sie ist aber kein Allheilmittel für jedefrau und jedermann! Man kann sie auch benutzen, um sich selbst in die Tasche zu lügen, wenn man das Leid und Elend nicht sehen und spüren will, was einen umgibt oder was man in sich trägt. Die Wirklichkeit ist nicht beliebig konstruierbar, nicht aus jedem Dreck läßt sich Gold zaubern: So versuchte ein Vater, seinem kleinen Sohn die Scheidung der Eltern dadurch schmackhaft zu machen, daß er ihm den

«Gewinn» vorhielt: das sei doch das Schöne an der ganzen Sache, daß er nun über zwei Kinderzimmer verfüge, eines zu Hause bei Mutter und eines zu Besuch bei Vater – und er kommentierte mir gegenüber seine vom Geist des «positiven Denkens» geprägte Strategie: die Gefühle des Menschen folgten nicht den Ereignissen als solchen, sondern den Gedanken und Interpretationen, mit denen wir auf diese Ereignisse reagierten; indem wir auf diese bewußten Einfluß nähmen, bekämen wir auch jene in den Griff. – Dies ist übrigens auch der Grundgedanke einer bestimmten Therapierichtung: der «rational-emotiven Therapie» (Ellis, 1977), bei welcher der Klient dazu angehalten wird, bestimmte irrationale Glaubenssätze in Frage zu stellen, die ihn innerlich leiten – mit der beabsichtigten Folge, daß sich dann auch die hinderlichen Gefühlsreaktionen ändern. Zwar glaube ich, daß wir mit der Kraft unseres Geistes unsere Emotionen beeinflussen können, jedoch sind unsere Emotionen auch Erkenntnisorgane, die dem Geist Wahrheiten vermitteln können, die dieser nicht übergehen darf.

Direktheit und Takt. Ein weiteres Werte- und Entwicklungsquadrat, das im Zusammenhang mit dem aggressiv-entwertenden Stil von Belang ist, betrifft die Balance von Direktheit und Takt. «Sag's direkt!» lautete die therapeutische Parole der siebziger Jahre und formulierte damit Widerstand gegen die vornehme Art der «besseren Kreise», die als gespreizt und heuchlerisch entlarvt wurde. Diese besseren Kreise hielten sich auf ihren diplomatischen Stil etwas zugute: ermöglichte er es doch, auch bei krassen Gegensätzen den Takt zu wahren, miteinander weiter zu verkehren und sich so vom «Pöbel» abzugrenzen, der im Rufe stand, seine Konfrontationen zwar rauh, aber durchaus nicht immer herzlich auszutragen. – Wieder stehen zwei Werte gegeneinander und fordern uns die Kunst ab, sie situationsgerecht zu gewichten und wenn möglich miteinander zu vereinbaren:

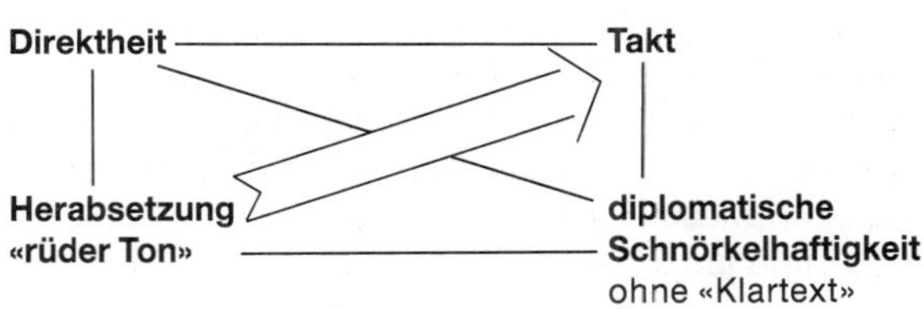

Die Kunst der *taktvollen Direktheit* entzieht sich jeder Rezeptur und ist nur am konkreten Beispiel zu entwickeln. In unseren Kommunikationsseminaren gehört dies zu den am häufigsten genannten Anliegen: Wie kann ich jemanden kritisieren (sagen, was mich an ihm stört), ohne ihn zu kränken (ohne die Beziehung zu gefährden etc.)? Nun kann man zwar niemandem den Pelz waschen, ohne ihn naß zu machen, aber zu seiner Reinigung ist es vielleicht nicht nötig, drei Kübel Wasser über den Kopf zu gießen.

Besonders im beruflichen Bereich gehört zur taktvollen Konfrontation, daß der Empfänger auf der Beziehungsseite keine Abwertung erfährt. Entscheidend ist, daß das zu kritisierende Verhalten (oder der zu kritisierende Standpunkt) mit Worten dargestellt wird, die nicht in sich schon eine Abwertung enthalten. Dies ist nach meiner Erfahrung ein nur sehr schwer zu erlernender Aspekt der Kommunikationsfähigkeit. Es scheint, als hätten wir zur Darstellung der Handlungen und Meinungen unserer Kontrahenten nur Pfeile im Köcher, sprich: nur Wörter und Formulierungen im Repertoire, die von vornherein eine Minderwertigkeit ausdrücken! Es ist ein Unterschied, ob ich zu einem Mitarbeiter sage: «Sie kommen aber auch bei jeder Kleinigkeit angerannt, um sich alles absegnen zu lassen!» oder ob ich das zu beanstandende Verhalten zunächst neutral (oder sogar aufwertend) beschreibe: «Sie vergewissern sich jeweils sehr systematisch, ob das, was Sie vorhaben, von der Geschäftsführung auch wirklich gebilligt wird.» Aber läßt die zweite Version nicht jede Direktheit vermissen? Nur wenn sie an dieser Stelle aufhören würde (nach dem Motto: «Man muß es ihm durch die Blume sagen!»)! Wenn sie hingegen eine Beanstandung oder Bitte einleitet, ist folgender Unterschied zur ersten Version gegeben: In dieser sind *Kränkungen* enthalten, durch Wendungen wie

– «bei jeder Kleinigkeit»,
– «angerannt»,
– «absegnen lassen».

Solche kränkenden Elemente – und seien es auch nur Spurenelemente – führen dazu, daß in dem Angesprochenen eine innere Energie erzeugt wird, die auf persönliche Rehabilitierung ausgerichtet ist. Eine solche Selbstverteidigungsenergie ist einer sachlichen und problemlösungsbezogenen Energie entgegengesetzt. Wer die «Rolladen herunterläßt» und innerlich «nachrüstet», ist, zumindest für den Augenblick, für die sachliche Kooperation verloren. – In der zweiten Version hingegen wird durch die Formulierung: «Sie vergewissern sich...» jene *Gewissenhaftigkeit* mit angesprochen, die prinzipiell zu würdigen ist. Nachdem auf diese Weise der Selbstwert des Angesprochenen nicht unnötig bedroht ist, kann er innerlich eher auf «sachliches Interesse» schalten und weiter zuhören, zum Beispiel wenn ich fortfahre: «Kleine Dinge können Sie aber durchaus in eigener Kompetenz entscheiden, das wünsche ich mir sogar! Unter kleinen Dingen verstehe ich zum Beispiel...»

Ebenso kommt es bei inhaltlichen Kontroversen darauf an, den Standpunkt des anderen mit liebevoller Gründlichkeit so zu studieren, daß ich ihn mit eigenen Worten wiedergeben kann, und zwar in einer Weise, daß der andere das Gefühl erhält: «Besser hätte ich es auch nicht ausdrücken können!» Ist das aber nicht zuviel verlangt? Woher soll ich diese «liebevolle Gründlichkeit» nehmen, wenn es nicht um eine akademische Diskussion geht, sondern um existentielle Fragen von unmittelbarer Betroffenheit; zum Beispiel, ob und wann man ungeborenes Leben abtreiben darf? Je nach eigenem Standpunkt wird die gegnerische Haltung als derart schlimm und menschenverachtend empfunden, daß sie statt liebevoller Gründlichkeit allen Haß und Schande verdient. So hört man dann, in der Hitze des Gefechtes, von der einen Seite: «Wenn es nach Ihnen ginge, dürfte jede Frau nach Herzenslust und auf Kosten der Krankenkasse ihr ungeborenes Kind einen Kopf kürzer machen, wenn es ihrer Selbstverwirklichung ein bißchen im Wege steht!» Eine solche Redeführung unterstellt dem Kontrahenten (oder der Kontrahentin) eine derart sorglose und niederträchtige Gesinnung, daß sie selbst zur Niederträchtigkeit gerät und dazu beiträgt, aus der Gegnerschaft eine Feindschaft zu machen. Aber noch einmal: ist es nicht zuviel verlangt, den Anlaß meiner Empörung mit liebevoller Gründlichkeit nachzuvollziehen? Offenbar ist es das, denn wie selten geschieht es, daß jemand etwa sagt: «Sie halten wie ich die vielen Abtreibungen für äußerst besorgniserregend. Jedoch sehen Sie die Verschärfung des Abtreibungsparagraphen als ein völlig ungeeignetes Mittel an, um ungeborenes Leben zu schützen – im Gegenteil sind Sie davon überzeugt, daß dadurch die ohnehin schlimme Notlage der Frau nur verschärft wird und sie in die Illegalität getrieben wird. – Hören Sie nun, warum ich trotzdem entschieden anderer Meinung bin als Sie...!»
Die Chance, daß das, was folgt, den anderen wirklich erreicht, ist nun sehr hoch – denn dieser fühlt sich in seinem Selbstverständnis angemessen wahrgenommen und kann jetzt zuhören und an sich herankommen lassen, statt seine Energie auf die Verarbeitung von Kränkungen und Richtigstellung der eigenen Position zu binden.

Wenn man Menschen in Auseinandersetzungen reden hört, dann scheint es, als ob sie an folgende «Theorie der Überzeugungskunst» glauben würden: *Je mehr man den Standpunkt des Gegners in schlechtem Licht erscheinen läßt, als völlig irrsinnig oder bösartig, und je mehr man dem Gegner selbst Irrsinn und Bösartigkeit unterstellt, um so eher wird er motiviert sein, einen derart schlechten Standpunkt zu verlassen und sich dem eigenen anzuschließen.*» Zwar glaube ich nicht, daß auch nur irgend jemand dieser Theorie wirklich anhängt – zu drastisch sind die empirischen Gegenbelege, tausendfach am eigenen Leibe erfahren. Und doch redet man so, als ob man an diese Theorie glauben würde. Des Rätsels Lösung? Vielleicht sind wir, erfaßt von der aggressiv-entwertenden Strömung, gar nicht in erster Linie darauf aus, zu *überzeugen*, sondern vielmehr von dem Wunsch beseelt, den anderen für seinen falschen Standpunkt zu *bestrafen*. Vor jeder wichtigen Auseinandersetzung ist uns daher zur Selbstklärung aufgegeben: Was ist mein Ziel in diesem Gespräch, und deckt sich mein «offizielles» mit meinem «klammheimlichen» Ziel? Und wenn nicht, welches von beiden ist mir wichtiger angesichts der Tatsache, daß man nicht in ein und demselben Gespräch beides kann: überzeugen *und* bestrafen?
Dieser Gedanke verweist auf die Notwendigkeit der Selbsterforschung. Sie ist für Menschen, die ihre Kontakte bevorzugt durch den aggressiv-entwertenden Stil gestalten, wohl die wichtigste Richtung der Persönlichkeitsentwicklung.

Konfrontation und Selbsterforschung. Wer im Umgang mit seinen Mitmenschen in starkem Maße dazu neigt, sie aufs Korn zu nehmen», das heißt sie zu

- diagnostizieren («So einer bist du!»),
- anzuklagen («Du bist schuld!»),
- analysieren («Und wenn du nicht mehr weiter weißt, wirst du unsachlich und versuchst abzulenken!»),
- kritisieren («Du hast in den entscheidenden Momenten einfach kein Rückgrat!»),
- interpretieren («Im Grunde wollen Sie sich nur drücken!»),
- mit Ratschlägen zu versorgen («Sie sollten viel mehr aus sich herausgehen und sich selbst besser verkaufen!»),

der hat, als gemeinsames Merkmal all dieser Varianten, den Blick auf sein Gegenüber gerichtet. Dieser Scheinwerfer nach außen bedarf zum Ausgleich einer «Taschenlampe nach innen».
Die Kunst, sich hinter die eigenen Kulissen zu schauen, ist unter dem Einfluß der aggressiv-entwertenden Strömung schwach entwickelt.

Das Leitmotiv der Persönlichkeitsentwicklung ist hier besonders angebracht:

> **«Willst du ein guter Partner sein,**
> **dann schau erst in dich selbst hinein!»**

und verweist auf die Erkundung der Innenwelt. Da der notorisch Feindselige zur Projektion neigt, also seine eigenen ungeliebten Seelenanteile im Mitmenschen entdeckt (und dort bekämpft), wird er dieser Selbsterkundung einigen Widerstand entgegensetzen. Dieser Widerstand kann sich zum Beispiel darin zeigen, daß die Taschenlampe einfach versagt: «Was in mir vorgeht? Gar nichts weiter – wieso?»

Dieser psychische Widerstand kommt nicht von ungefähr. Bei der Erkundung der eigenen Innenwelt könnten Gefühle hochkommen, die nicht in sein hartes Selbstkonzept passen: Traurigkeit, Anhänglichkeit, Sehnsucht nach Zärtlichkeit und Rührung, überhaupt all die «weichen» Regungen, die der harte Peitschenknaller sich nicht eingestehen mag (und die er deshalb als «weichlich» und – wenn er ein Mann ist – als «unmännlich» an den Pranger stellt).

Die konfrontative Haltung des nach außen gerichteten Scheinwerfers zeigt sich oft noch deutlicher in Berichten gegenüber Vertrauten: Da ist von all den Versagern und niederträchtigen Bösewichtern die Rede, von denen man umgeben sei («nicht, daß es mir etwas ausmachen würde!»). Bei wechselnden Strophen lautet die Grundbotschaft des wiederkehrenden Refrains: «Probleme habe ich keine, aber ich bin von Armleuchtern umgeben!»

Das diesem Gedankengang entsprechende Werte- und Entwicklungsquadrat läßt sich folgendermaßen konstruieren, wobei hier zunächst innere Grundeinstellungen gemeint sind und noch keine Verhaltensweisen. Die Begriffe «Ich- und Du-Botschaft» sind trotzdem mit aufgenommen, weil sie häufig als verhaltensmäßiges Korrelat der entsprechenden Haltung in Erscheinung treten (s. Abb. S. 150).

In diesem Wertequadrat kommt erneut zum Ausdruck, was schon in den früheren Ausführungen dieses Kapitels deutlich werden sollte: Konfrontation und Selbsterkundung stehen in einem ergänzenden Werteverhältnis zueinander, – also nicht, daß Selbsterforschung etwas «Schönes und Humanes» und extrapunitive Konfrontation etwas «Häßliches und Böses» wäre!

Das Entwicklungsziel besteht darin, beide Einstellungen innerlich zur Verfügung zu haben. Die zu dieser Einsicht passende therapeutische

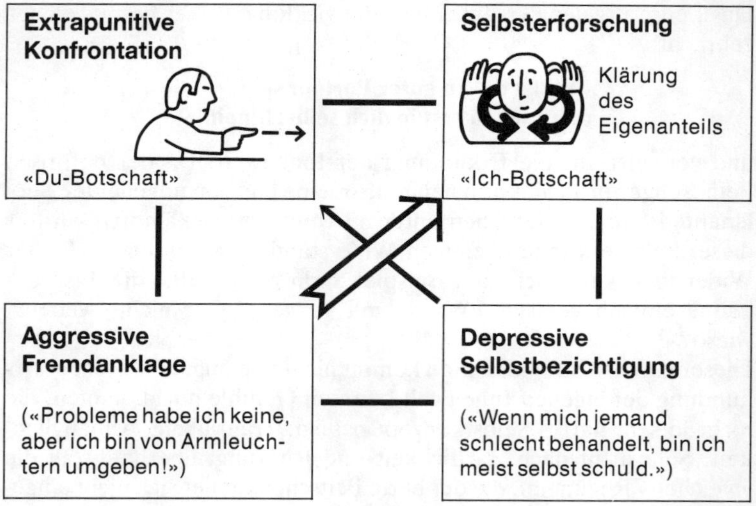

Haltung besteht darin, das schon Vorhandene zu würdigen und das Fehlende zu fördern. So reagierte die Familientherapeutin Virginia Satir auf einen wütenden Vater:

«Ich denke, es ist für alle Menschen sehr wichtig, das auszudrücken, was sie fühlen – auch Wut, wie jetzt bei Ihnen. Ich möchte Ihnen meine Anerkennung dafür aussprechen, und ich hoffe, daß alle anderen Mitglieder in dieser Familie es auch können. – Und sind Sie jetzt in diesem Moment auch bereit, mir etwas über die Einsamkeit und die Verletzungen zu erzählen, die hinter dieser Wut liegen?» (sinngemäß nach Bandler und Grinder, 1985)

Übung:

Ich habe eine kleine Übung erfunden, die der Balance von Konfrontation und Selbsterforschung dient. Wir benutzen sie häufig in unseren Kommunikationsseminaren als behutsamen Einstieg in die Selbsterfahrung. Die Übung heißt «Der schwierige Andere» und beginnt mit etwa folgender Instruktion:

«Bitte lassen Sie vor Ihrem geistigen Auge eine Person erscheinen, die in Ihrem Leben eine größere oder kleinere Rolle spielt. Die Beziehung zu ihr mag insgesamt gut oder schlecht sein, auf jeden Fall gibt es da auch schwierige Punkte – zum Beispiel Punkte, bei denen Sie immer wieder aneinandergeraten, oder schwierige Themen, über die Sie nicht oder nur schlecht sprechen können, oder Unerfreulichkeiten, unter denen Sie zu leiden haben; das können, aber müssen keine großen Konflikte sein, vielleicht sind es nur kleine schwierige Dinge. (Pause)
Diese Person mag eine wichtige Rolle in Ihrem Leben spielen (zum Beispiel Ehepartner, Kinder, Eltern, Vorgesetzter, Mitarbeiter) ... oder aber auch eine kleinere Rolle, (zum Beispiel Nachbarn, Bekannte, Schwägerin ...).»
Wenn alle soweit sind und ihre Person vor Augen haben, dann frage ich, wer als erster drankommen möchte, und bereite zwei Stühle vor:

Stuhl A: Fremdbeschreibung **Stuhl B: Selbsterforschung**

Wer dran ist, beginnt auf dem Stuhl A seinen schwierigen Anderen zu beschreiben (zum Beispiel «arrogante Art, läßt einen kaum zu Wort kommen, weiß alles besser, hat wahrscheinlich ein schwaches Selbstbewußtsein» usw.). Während die Gruppe von diesem Stuhl aus etwa zwei bis vier Minuten einiges über den «Anderen» erfährt, ist anschließend der Stuhl B dazu ausersehen, daß der Berichtende sich selbst erkundet: Wie *seine* Art ist, auf den schwierigen Anderen innerlich und äußerlich zu reagieren (zum Beispiel «Ich lasse mir das alles bieten, wage nicht zu unterbrechen, fühle mich z. T. wie ein verschüchtertes Schulkind, das seine Zensuren erhält» usw.).

Meistens fällt den Teilnehmern die Beschreibung auf dem Stuhl A leichter als die Innenschau auf dem Stuhl B. Dort helfe ich zuweilen ein wenig, indem ich hinter den Teilnehmer trete und als «Alter ego»-Formulierungen in der Sprache des Herzens anbiete und sogleich nachfrage, ob das von mir Eingefühlte für ihn zutreffe. Mit der Zeit beteiligen sich andere Gruppenteilnehmer gelegentlich an diesem «Doppeln» (vgl. Thomann und Schulz von Thun, 1988, S. 108–122). So kommt jeder einmal dran und durchlebt eine Mini-Selbsterfahrung, welche teilweise bereits intensiv und aufschlußreich ist. So beschreibt ein Hauptabteilungsleiter einen «mürrischen Mitarbeiter mit Scheuklappen an den Augen» – und es stellt sich auf dem Stuhl B heraus, daß er sehr allergisch auf diesen Mann reagiert, da ihm oft selber so zumute ist, er sich aber alle Mühe gibt, «extravertiert zu erscheinen». Dann und wann hebe ich das Erlebte auf die allgemeine Ebene: es sei normal und menschlich, daß einen am anderen das aufrege, was man an sich selbst nicht leiden könne. Nur meistens sei dieser Mechanismus nicht bewußt und es könne spannend sein, sich selbst auf die Spur zu kommen. –
Im Leben sind *beide* Stühle wichtig – sie entsprechen menschlichen Kontakt-Ein-Stellungen, und während im Idealfall beide psychisch zur Verfügung stehen und je nach Situationserfordernis wechseln können, scheinen wir im Normalfall eine Tendenz zu bevorzugen. Einige Menschen bleiben zeitlebens auf dem Stuhl A «kleben». Diese Strategie entlastet zumindest vorübergehend von Schuldgefühlen und Selbstzweifeln (die auf Stuhl B wahrscheinlich aufkämen). Dagegen bietet der Stuhl B die Chance, mit sich selbst mehr ins reine zu kommen und durch die Entdeckung der eigenen Anteile vom Opfer zum Mit-Urheber des eigenen Lebens zu werden. Umgekehrt bietet der Stuhl A jenen Menschen eine Chance, die Kampfgeist und Konfrontationsfähigkeit entwickeln wollen (vgl. S. 133f).

5. Der sich beweisende Stil

5.1 Erscheinungsbild, Grundbotschaft und seelischer Hintergrund

Auch bei dieser seelischen Strömung sind wir von der Sorge um den eigenen Wert erfaßt. Anders als der Aggressiv-Entwertende betreiben wir hier unsere Selbstwertsicherung nicht durch Herabsetzung der anderen, sondern durch eine besondere Anstrengung, uns selbst ins rechte Licht zu setzen, kompetent und gescheit zu erscheinen, um nur ja keinen schlechten Eindruck zu machen. Lautete die Grundbotschaft bei jenem «Du bist nicht in Ordnung!», so lautet sie hier beschwörend «Ich bin ohne Fehl und Tadel!» und wird um so eindringlicher vorgetragen, je quälender sich die eigenen Selbstzweifel in den musternden Augen der Umwelt projiziert finden:

Abb. 30: Grundpose des sich beweisenden Stils

In einer Welt von strengen Richtern und ehrgeizigen Rivalen darf man sich keine Blöße geben, keine Fehler oder sonstwie eine schlechte Figur machen – denn das Urteil wäre fürchterlich: «Ein Versager!»

Die Grundbotschaft, die von uns ausströmt, wenn wir uns in diesem Spannungsfeld von Ehrgeiz und Selbstzweifel befinden, lautet in ihrer quadratischen Struktur:

Abb. 31: Grundbotschaft des sich beweisenden Stils

Die Imponier- und Fassadentechniken, die im Dienste dieser Grundbotschaft stehen, sind im ersten Band ausführlich beschrieben worden (S. 106ff). In zahllosen Variationen hört der Empfänger immer wieder das «Sieh her!» im Ohre klingen: «Sieh her,
- wie ich doch gelehrsam reden kann,
- was ich alles geschafft habe, was ich alles mein eigen nenne,
- wo ich überall als wichtige Person gefragt bin,
- wen ich alles kenne (und mit wem ich mich sogar duze!),
- wo ich überall maßgeblich mitmische,
- worüber ich alles Bescheid weiß und kluge Ausführungen machen kann,
- was ich schon für Heldentaten begangen habe»!»

Solche narzißtischen Grundkundgebungen können durchaus dezent, nur auf dem «Kanal der Beiläufigkeit» vermittelt sein – jedenfalls fühlt der Angesprochene sich immer wieder aufgefordert, mit anerkennendem Erstaunen nicht zu sparen; vielleicht gerät er auch, besonders wenn er aus ähnlichem Holze geschnitzt ist, unter Druck «mitzuhalten». Beides kann die Beziehung schwierig machen, ich komme darauf im systemischen Teil zurück.

Der/die sich Beweisende steht unter permanentem Druck: Sich nach außen hin vollkommener zu geben, als einem innerlich zumute ist, kostet viel psychische Kraft, und so ist es wohl kein Zufall, daß Mock (1986) in ihren Tiefeninterviews mit Alkoholiker/innen immer wieder auf dieses Motiv der Selbstperfektionierung stieß (S. 111):

«Ich war nach meiner Einschätzung ein ganz Großer, ein ganz Starker...» (Facharbeiter, 50 J.)

«Vor allen Dingen war ich ja immer bestrebt, möglichst makellos zu sein, alles perfekt zu machen in jeder Beziehung. Ob das im Beruf war, mein Verhältnis zu meiner Umgebung... Ich wollte eben hundertprozentig mein Leben meistern.» (Industrie-Kauffrau, 52 J.)

Ein derartiger «hausgemachter» Stress wird verstehbar, wenn man ein seelisches Axiom unterstellt, das den Selbstwert von der hergezeigten Leistung abhängig macht:

> **«Ich selbst bin nicht (liebens)wert – nur in dem Maße, wie ich «gut» bin, verdiene ich Liebe und Anerkennung.»**

Ein Kind, das sich nicht um seiner selbst willen geliebt fühlt, muß frühzeitig auf Erfolg setzen und lebt unter dem Damoklesschwert der Niederlage. Die Spitze dieses Schwertes bekommt es nur allzu häufig in Form von Herabsetzungen und Entmutigungen zu spüren: «Was, das kannst du nicht? Sag mal, was kannst du überhaupt?!»
Solche Sätze, die von Eltern oder Lehrern gedankenlos oder vielleicht auch mit dem Ziel, das Kind «anzuspornen», ausgesprochen werden, können durchaus diesen Effekt haben – allerdings mit der «Nebenwirkung» einer Persönlichkeit, die sich ständig in Beweisnot wähnt. Zwischen Entmutigung und Ehrgeiz hin- und hergerissen entsteht der Wunsch, «es ihnen zu beweisen». Und nicht nur ihnen! Vielleicht sind sie längst tot oder außer Reichweite, aber die Beweisnot bleibt, und andere Menschen treten an ihre Stelle – genauer ausgedrückt: werden in den Versuch, es sich selbst zu beweisen, eingespannt. Typischerweise spüren wir die Selbstzweifel nicht in uns selbst, sondern projizieren sie auf andere Menschen, in deren «zweifelndem Blick» wir uns gespiegelt sehen. Um diesen in einen anerkennenden Blick zu verwandeln, bieten wir alles auf, was wir zu bieten haben – und möglichst etwas mehr.
Angenommen, die Rechnung geht auf und wir erhalten die ersehnte Anerkennung, vielleicht gar Bewunderung: Liegt darin nun eine heilsame Chance? Tragischerweise meistens nicht, denn diese Anerkennung gilt ja nur der vorgezeigten Schokoladenseite; die verborgene Rückseite meines Wesens erfährt keine Annahme, das seelische Axiom stabilisiert sich in einem internen Erfahrungskreislauf:

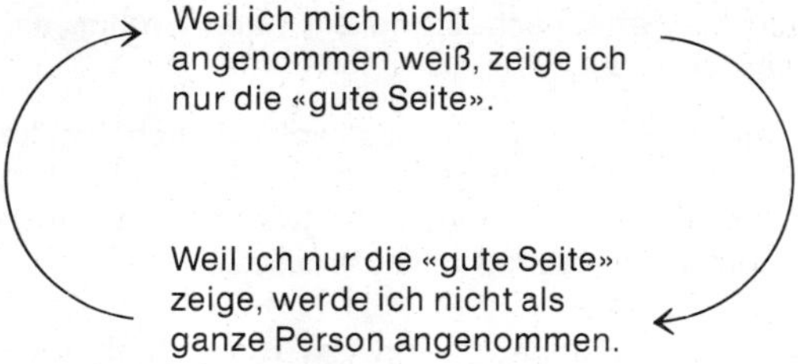

So hat der sich Beweisende noch im Augenblick des Beifalls ein Gefühl von «Wenn ihr mich kennen würdet, wie ich wirklich bin, dann wäre ich doch völlig unterdurch!» im Nacken. Überhaupt neigt er in seiner Selbsteinschätzung zu extremen Schwankungen: Da ist die jubilierende Euphorie, der oder die Größte zu sein – und nur wenig später der Katzenjammer einer gescheiterten Existenz. Auffällig ist, daß das Gefühl von Durchschnittlichkeit und Mittelmäßigkeit nicht vorkommt; als ob die Devise lauten würde: Wenn schon nicht der Größte, dann wenigstens der größte Versager!

«Wenn ich schon nicht gut sein kann, dann will ich wenigstens ganz schlecht sein, und wenn ich schon kein Heiliger bin, dann will ich ein guter Verbrecher werden.» (Büroangestellte, 39 Jahre, s. Mock, 1986)

Die charakteristische Spannung in der Selbsteinschätzung kann man sich bildlich so vorstellen: Da ist im seelischen Raume ein Gummiband gespannt, das den oberen Pol (der Großartigkeit) mit dem unteren Pol (der Minderwertigkeit) straff verbindet! Dann und wann kommt es vor, daß das Gummiband sich oben oder unten aus der Halterung löst: dann schnellt es nach ganz unten oder ganz oben. Nur im entspannten Zustand ist es nie, weil die Pole so weit auseinanderliegen.

Die Lebensweisen, die dieser inneren Spannung entsprechen, können im Einzelfall sehr unterschiedlich sein. Ein übervoller Terminkalender kann zum täglich sichtbaren Symbol der eigenen Wichtigkeit werden und einen *ruhelosen Aktionismus* begründen: immer auf Leistungsachse, unentbehrlich hier, dringend benötigt dort. Menschen, die von dieser Strömung erfaßt sind, kommen einem manchmal vor wie Artisten, die einen Teller nach dem anderen auf langen Stäben kreiseln lassen: Es werden mehr und mehr, bis sie schließlich, hin und her und her und hin, von diesem zu jenem Teller eilen, der jeweils gerade am ehesten herunterzufallen droht, um ihn schnell wieder in seine Kreiselbewegung zu versetzen, wobei sie schon im Moment des erneuten Ankurbelns ihren Blick auf die Tellerreihe wenden, um den nächstdringlichen Fall auszumachen. Hinter dieser betriebsamen Hektik steht auch die Angst, zur Ruhe zu kommen und dann, in der Abschirmung von grellen Außenreizen, den Impulsen der eigenen Innenwelt ausgesetzt zu sein. Wenn sie jemanden nicht ausstehen können, dann die, die «faul in der Sonne herumliegen», die Gammler und Tagediebe, die den ganzen Tag herumlungern und nichts zustande bringen. Haben sie doch selbst, um dieser «Nichtsnutzigkeit» zu entgehen, ihr Leben dem Effektivitätsdenken und der Leistung geweiht. Aber wo «Welten» dazwischen zu liegen scheinen, da handelt es sich doch um eine seelische Nachbarschaft! Als eine Studentin ihren berufstätigen, stets zweihundertprozentig im Einsatz befindlichen Partner fragte, ob er nicht des Guten ein wenig zuviel tue, antwortete er: «Nein, das muß ich haben, denn sonst bin ich im Grunde ein stinkfauler Sack!»

Nur allzu leicht können wir unter dem Einfluß der sich beweisenden Strömung zum «Versager» werden – dann nämlich, wenn die Angst vor der Durchschnittlichkeit und vor dem Unperfekten uns daran hindert, überhaupt noch etwas zustande zu bringen. Plötzlich sind es «unerklärliche» Arbeitsstörungen – vielleicht auch Krankheiten oder neurotische Symptome, die uns lahmlegen. Alfred Adler sah in solchen Neurosen und Krankheiten einen strategischen Winkelzug: Kann es doch auf diese Weise gelingen, denjenigen Lebensbereichen auszuweichen und sich vor solchen Aufgaben zu drücken, denen man sich nicht gewachsen fühlt – ohne aber vor sich selbst und vor anderen als Versager dazustehen! Die Selbsttäuschung «Was könnte ich nicht alles zustande bringen, wenn ich dieses lästige Symptom oder diese lästige Krankheit nicht hätte!» bleibt aufrechterhalten.

Nicht selten erlahmen die Kräfte in einem Maße, daß es äußerer Mittel bedarf, um weiter einen guten Eindruck zu machen und sich allen Herausforderungen gewachsen zu zeigen. Unter dem Einfluß von Alkohol und Medikamenten mag es noch eine Zeitlang gelingen, die Fassade von «alter Frische» aufrechtzuerhalten – während dahinter der Zerfall schon unaufhaltsam eingesetzt hat. Die Krankheit, der Zusammenbruch können dann fast wie eine Erlösung geeignet sein, eine Umkehr zu erzwingen (Mock, 1986).

5.2 Der systemische Blickwinkel

Auch der sich Beweisende ist in typische zwischenmenschliche Kreisläufe verstrickt, welche geeignet sind, seine Beweisnot immer neu zu entfachen.
Ein *symmetrischer* Teufelskreis entsteht, wenn in einer Gruppe Leute sind, die ebenfalls hohe Ansprüche an den eigenen Kompetenzerweis stellen und durch hochgescheite und «Maßstäbe setzende» Beiträge ein Klima von Konkurrenz und Beweisnot schaffen:

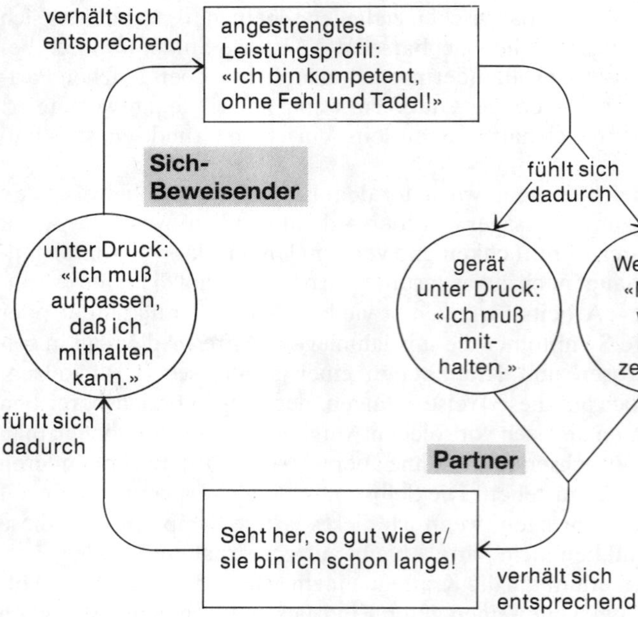

Eine solche Gesprächsatmosphäre wirkt entweder hektisch oder verkrampft und unlebendig. Keiner hört wirklich zu – es lohnt sich auch nicht, denn die «Selbstprofilierungen» der anderen bringen ja doch nichts Neues, enthalten doch nur Schaumschlägerei. Was tun? Wie kann man die Redezeit der anderen nutzen, um für das Eigenprofil zu arbeiten? Am besten, man lauert auf Stichworte, die sich für den eigenen Beitrag eignen: Dieser will jetzt auch gut geplant und vorformuliert werden, um zum gegebenen Zeitpunkt in rhetorischer Pracht zu glänzen – oder doch zumindest nicht zu verunglücken. Das Herz fängt an zu klopfen, der Auftritt steht bevor – gleichgültig, ob er etwas nützt, Hauptsache souverän, unangreifbar und das Niveau haltend!

Erich Kästner hat in einer Kurzgeschichte («Sebastian ohne Pointe», 1969, S. 239ff) mit heiterer Ironie einen Mann beschrieben, der «am Dialog litt», der «für ein Genie der Konversation gelten konnte – solange er allein war». Es war seine Gewohnheit, sich vor bedeutsamen gesellschaftlichen Anlässen geistreich formulierte Gesprächsbeiträge zurechtzulegen. Zu einem Abendessen bei seinem künftigen Arbeitgeber eingeladen, nahm er sich vor, die Dame des Hauses (mit der er schon telefoniert hatte) mit den Worten zu begrüßen: «Gnädige Frau sind mir bisher leider nur akustisch begegnet!» – Und an den Gastgeber wollte er, sobald dieser ihm das Brot reichte, die Worte richten: «Vielen Dank, verehrter Brotgeber!»
Alles ging schief. Den ersten Satz richtete er fälschlicherweise an das Dienstmädchen, der zweite blieb ihm im Halse stecken, als der Hausherr ihm das Brot mit den Worten reichte: «Lieber Herr Stock, darf ich mich, vorläufig auf diese Weise, als Brotgeber demonstrieren?» – Um seine «blindwütige Verlegenheit» zu bewältigen, versuchte er erneut den Satz mit der «akustischen Begegnung», diesmal an die richtige Adresse, jedoch erneut Irritation auslösend: Ja, sehr drollig, das Dienstmädchen habe schon erzählt . . .
Wir begleiten Sebastian Stock, der daraufhin in unsäglicher Peinlichkeit das Haus verließ, mit einer Mischung aus Schadenfreude und solidarischem Mitleid, wohl ahnend, daß wir uns selbst in ihm gespiegelt finden in dem Bemühen, vor wichtigen Leuten einen guten Eindruck zu machen, dabei aber versteifen und unnatürlich werden – bis hin zu jener Selbstentfremdung, bei der wir innerlich nicht mehr fragen, *was wir zu sagen haben,* sondern *was jetzt günstig und passend zu sagen wäre.*
Das alles ist gut eingeübt in einem System, das die leistungsstarke Selbstdarstellung prämiert und z. T. schon Elternhaus und Schule zu einer Brutstätte der Selbstoffenbarungsangst werden läßt. Die Frage «Was gebe ich von mir, um gute Noten zu erreichen?» ist bei Schulabgang gut verinnerlicht (mit Ausnahme der Entmutigten und Ausgegrenzten) und wird im Berufsleben sogleich wieder aufgefrischt. So ist der Teufelskreis von Konkurrenz und Selbstprofilierung, meist verbunden mit grobschlächtiger oder subtiler Entwertung der Gegner, in einer männlich dominierten und hierarchisch gegliederten Berufswelt strukturell vorgeprägt. Das heißt nicht, daß wir dagegen ohnmächtig

wären: jeder Vorgesetzte kann, indem er sich als Entwicklungshelfer seines Teams versteht, den Geist und den Kommunikationsstil seiner Abteilung nachhaltig beeinflussen – nicht zuletzt dadurch, daß er sich selbst auch einmal nachdenklich und zweifelnd zeigt, Fehler zugibt und eigene Schwächen einräumt. Das heißt aber, daß alle Mitarbeiter sowie er selbst in das eigenartige Dilemma hineingestellt sind, daß Kooperation und Konkurrenz nebeneinander bestehen müssen.
Auch Schulungsmaßnahmen, die das kooperative Miteinander fördern sollen, sind in dieses Dilemma verstrickt: Wollen wir doch unseren Kursteilnehmern das kleine ABC des offenen und fairen Dialogs beibringen – während diese zum Teil eher neues Rüstzeug aus der Waffenschmiede der Manipulationspsychologie erhoffen, um im Teufelskreis der Konkurrenz die Oberhand zu behalten (Schulz von Thun, 1984)! Wenn es auch theoretisch keinen Ausweg aus dem Dilemma gibt, scheint es in der konkreten praktischen Situation immer Wege zu geben, damit zu leben. Solche Wege sind am besten dadurch zu ebnen, daß alle Beteiligten eine klare Bewußtheit ihrer Situation entwickeln, da dieses am ehesten sowohl vor naiver Solidaritätsgläubigkeit als auch vor ruinöser Rivalitätsmentalität bewahrt. Es scheint, als ob das entsprechende Leitbild wieder dialektisch strukturiert sein sollte, um das Humanitätsideal nicht «auf verlorenem Posten» verkommen zu lassen:

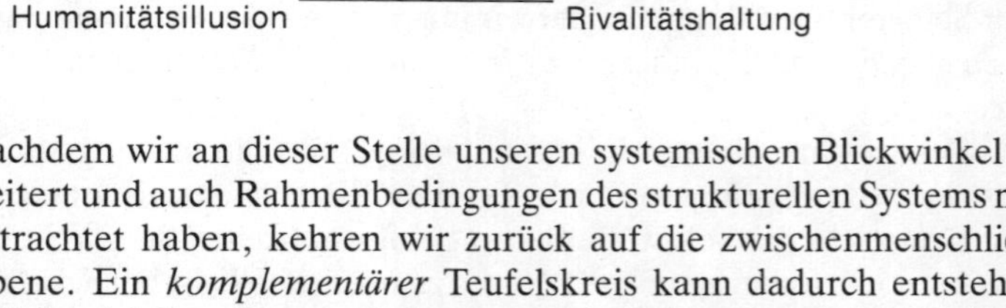

Nachdem wir an dieser Stelle unseren systemischen Blickwinkel erweitert und auch Rahmenbedingungen des strukturellen Systems mitbetrachtet haben, kehren wir zurück auf die zwischenmenschliche Ebene. Ein *komplementärer* Teufelskreis kann dadurch entstehen, daß der sich Beweisende, indem er wiederholt und nachdrücklich Anerkennung von seinen Mitmenschen fordert, die gegenteilige emotionale Wirkung erzeugt: eine unwirsche Verdrossenheit, wieder und wieder diese «Bestätigungsarbeit» leisten zu müssen. So mögen sie bald dazu neigen, ihren Reaktionen einen kritischen Unterton zu geben – etwa von der Art

- «So gut bist du ja nun auch nicht, sieh mal hier und dort deine Schwächen und Fehler!» oder
- «Ist ja gut! Du bist der Größte, wir wissen es ja nun!»

In das empfindlich gespitzte Beziehungsohr des sich Beweisenden gelangen damit genau jene Töne, die seine Selbstzweifel anrühren und dazu verleiten, «mehr desselben» (Watzlawick, 1974) zur Bewältigung dieses Notstandes zu produzieren: Rechtfertigungen, Erklärungen, erweiterte Selbstdarstellungen – welche ihrerseits die unwirsche Verdrossenheit der Umwelt nur noch mehr steigern, was wiederum ... usw.:

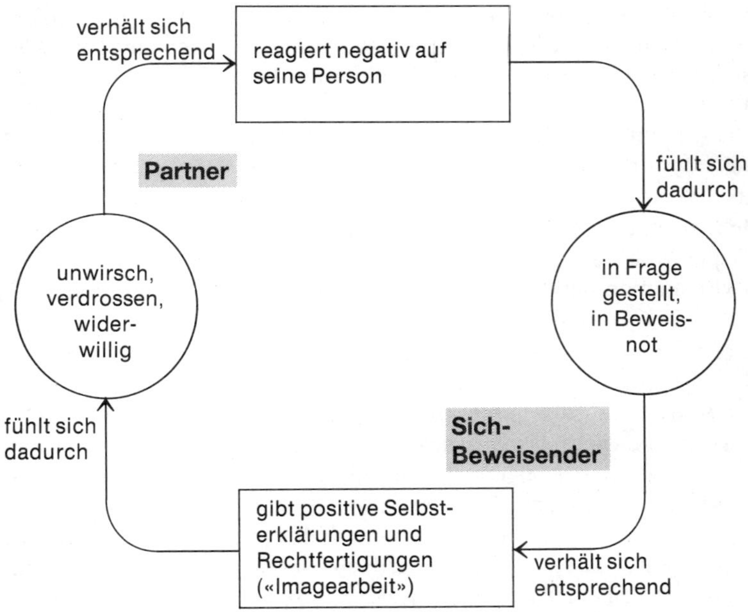

5.3 Richtungen der Persönlichkeitsentwicklung

«Wer immer strebend sich bemüht, den können wir erlösen» – und was uns beim «Streber» überbetont erscheint, hat doch auch jenes wertvolle Moment zur Grundlage, durch das der Mensch sich vervollkommnet und befähigt, die Welt im denkenden, fühlenden und täti-

gen Einsatz zu meistern. Im Kontakt mit anderen die erworbene Kompetenz nicht zu unterschlagen, sondern unbefangen dort zu zeigen, wo sie gefragt oder am Platze ist, gehört zu jenen Kommunikationsfähigkeiten, die andere erst noch erlernen müssen – solche nämlich, die nur dann wohlwollende Aufnahme zu finden glauben, wenn sie ihr Licht soweit unter den Scheffel stellen, daß keiner sich mehr bedroht fühlen kann.
Die diesem Stil eigene Gefahr besteht hingegen darin, daß das Streben nach Leistung, Kompetenz und Effektivität sich von jenem Sinnbezug ablöst, der diese Tugenden mit dem Wohl der Menschen verbinden sollte: egal wofür, Hauptsache gescheit und tüchtig! Die vorzeigbare Persönlichkeit ist zum Selbstzweck geworden, genauer gesagt: ihr Zweck ist nach innen gerichtet, dient der Linderung des seelischen Beweisnotstandes. In einer auf Wachstum ausgerichteten Gesellschaft mag diese am «Erfolg» orientierte psychische Infrastruktur willkommen sein, heilsam aber ist sie weder für das Individuum noch für die Gesellschaft.

Ich möchte bei der Angabe der Entwicklungsrichtungen zunächst Aspekte der allgemeinen Lebensführung ansprechen, um dann zur zwischenmenschlichen Kommunikation zurückzukommen.

Leistung und Be-Sinn-ung. Der oder die sich Beweisende lebt unter Leistungsdruck und in ständiger Anspannung. Anstrengung und Leistung bedürfen, um ihren konstruktiven Wert im menschlichen Dasein zu bewahren, als ausgleichendes Prinzip der be-sinn-lichen Muße sowie der geistigen und muskulären Ent-spannung. Der Beweisende muß lernen, zur Ruhe zu kommen, bloß dazusitzen, auf seinen Atem zu achten, zu meditieren – und alles, was aufkommt, einmal geschehen zu lassen (statt einzugreifen, zu erledigen, etwas zu produzieren und zu «machen»). In unseren Kursen beginnen wir manchmal eine Lerneinheit, indem wir die Teilnehmer zu folgender «Pferdekur» auffordern,

«einmal einige Zeit bloß dazusitzen und, wenn Sie mögen, die Augen zuschließen – und achten Sie auf Ihren Atem, und lassen Sie nacheinander die Muskeln entspannen ... und probieren Sie einmal, die innere Haltung einzunehmen:
‹Ich muß nichts tun, nichts produzieren, auch keine gute Figur machen – ich muß überhaupt nichts! Ich sitze einfach bloß da, achte auf meinen Atem, wie es ein- und ausatmet, und nehme mich so, wie ich im Augenblick bin – vielleicht unwillig oder aufgeregt, oder wohlig, oder voller

Ungeduld – einfach gerade so, wie es ist; ohne einzugreifen, ohne etwas zu ändern.
Und sollte sich eine Stimme in Ihnen melden, die ungeduldig sagt: ‹Mein Gott, wann geht es endlich weiter, was könnte man nicht alles schaffen und Nützliches tun in der Zeit!!› – dann nehmen Sie auch diese Stimme gelassen auf, etwa mit der Haltung: ‹Ach, da bist du ja, mein lieber alter Leistungsdruck, du alter Hetzjäger – ja, du gehörst auch zu mir, aber ich kann entscheiden, wann ich dir folgen will und wann nicht. – – Und nehmen Sie die nun folgende Stille als Gelegenheit, einmal nichts Nützliches zu tun ...»

Tatsächlich berichten zuweilen geschäftige Manager, daß sie bei derlei Übungen in eine «schreckliche Nervosität» geraten: das alte Betriebskarussell in ihnen dreht und dreht sich, seine Fangarme wollen etwas tun und greifen ins Leere, dadurch abermalige Beschleunigung im ungebremsten Leerlauf – dies sei fast schon ein Horrortrip, vergleichbar den Empfindungen in jenem Teil des Urlaubs, der nicht mit Aktivprogrammen strukturiert war: Angst, verrückt zu werden. Um dieser angstvollen Nervosität auszuweichen, geben die meisten ihrem inneren Betriebskarussell auch dann immer neuen Treibstoff, wenn sie längst darunter leiden, «nicht mehr richtig abschalten zu können». Wichtig zu wissen, daß dieser Horrortrip eine (vorübergehende) Entzugserscheinung darstellt, die dann eintritt, wenn der «Workaholic» auf sein Suchtmittel verzichtet. In modernen Seminaren zur «Menschenführung» gewinnt dieser Aspekt eine immer größere Bedeutung: Wie kann ich mich selbst führen, meine persönliche Substanz und seelische Gesundheit erhalten? Kann ich denn überhaupt meinen Mitarbeitern ein guter Vorgesetzter (oder eine gute Vorgesetzte) sein, solange ich mich gegen mich selbst versündige?
Leider reicht es nicht aus, in dem vollen Terminkalender noch zusätzlich einen Yoga-Kurs oder einmal die Woche autogenes Training einzuplanen. Erforderlich ist ein grundsätzliches Überdenken dessen, was dem eigenen (begrenzten) Leben Sinn gibt und daher Vorrang haben soll. Damit ist keiner «neuen Innerlichkeit» das Wort geredet, sondern einer Balance von Leistung und Besinnung, ganz wie es Dürckheim (1973) meint, wenn er sagt:
«Es steht der Mensch in einem doppelten Auftrag: die Welt zu gestalten * im *Werk*, und zu reifen auf dem inneren *Weg*.» (S. 26)
Wo immer für dieses *Und* ein *Entweder-Oder* steht, haben wir in unglückseliger Polarisierung auf der einen Seite «das allein von den For-

* und *zu bewahren* – wie wir heute hinzufügen müssen.

derungen der Welt ins Geschirr genommene Leistungstier, das nach außen hin funktioniert, in dessen Mitte aber, wo das richtende, ordnende und beseelende Zentrum sein sollte, eigentlich nur ein Hohlraum ist, in dem, umpanzert von einem ängstlichen und leicht verletzbaren Ich, das eigene Wesen ein Schattendasein führt! Aus der Atemnot seines vernachlässigten Wesens kommen dann jene Gefühle unbegreiflicher Angst, Schuld und Leere, die heute so mancher erlebt, der, äußerlich gesehen, auf dem Gipfel seiner Entfaltung zu stehen scheint – und doch am Leben scheitert, weil er sich selbst verfehlt hat.» (Zusammengefaßt nach Dürckheim, 1973, S. 40)
Auf der anderen Seite hat sich eine Gegenbewegung formiert, die «den Weg nach innen» einschlägt, fasziniert von immer neuen Tiefenschichten des eigenen Wesens und immer neuen Angeboten auf dem breit gewordenen Markt der psycho-spirituellen Branche. Sie läuft die genau entgegengesetzte Gefahr, die Erkundung und Vertiefung des eigenen Wesens zum heiligen Selbstzweck zu erklären und sich von Politik, Wirtschaft und alltäglichen Geschäften in ein «Ghetto der Innerlichkeit» (Richter, 1982) zurückzuziehen.
Wieder stehen wir uns als Repräsentanten jener «schwarzen Tugenden» gegenüber, die – im Keller des Wertequadrates – von der Unfähigkeit zur dialektischen Integration zeugen:

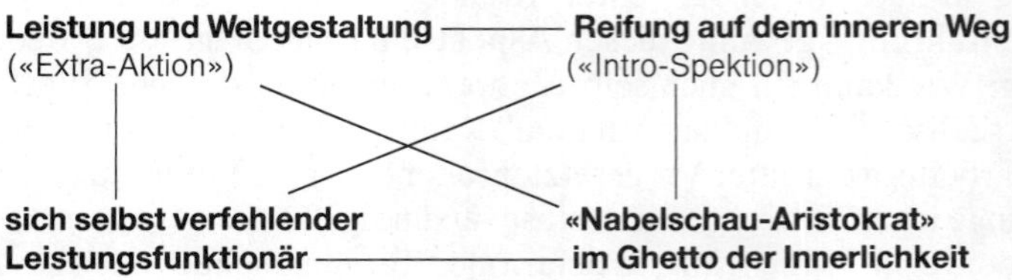

Kehren wir von der allgemeinen Lebensführung zurück zur *zwischenmenschlichen Kommunikation*. Der sich Beweisende muß lernen, von sich selbst auch solche Seiten zu zeigen, die nicht dem Ideal der «halben Portion» entsprechen – jener halben Plus-Portion nämlich, in der nur das Ansehnliche, Vorzeigbare, Souveräne aufgehoben ist:

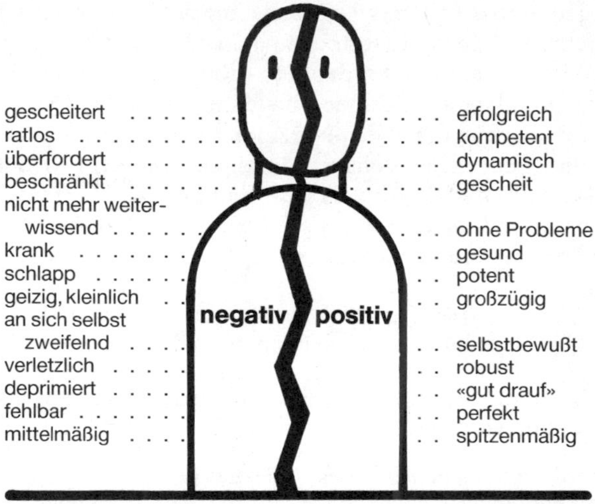

Abb. 32: Notwendiger Entwicklungsschritt vom Entweder-Oder zum Sowohl-Als auch

Die Weiterentwicklung des Sich-Beweisenden besteht darin, die Negativseite seiner Persönlichkeit wahrzunehmen und anzunehmen («Jawohl, so bin ich auch!») *und* aufzuhören, diese Seite mit dem Makel der Verächtlichkeit zu belegen («... und das darf sein, ist völlig in Ordnung so!»). Ein echtes Liebeserlebnis kann zu dieser heilsamen Integration entscheidend beitragen – denn die Liebe gilt dem ganzen Menschen und nicht seiner vorteilhaften Vorzeigehälfte. Hier beißt sich allerdings die Katze in den Schwanz, wenn er durch großtuerisches Gehabe regelmäßig «die Falsche» einfängt (oder sie den Falschen).

In Selbsterfahrungs- und Therapiegruppen ist die Kunst der positiven Selbstdarstellung verpönt – vielmehr besteht die Chance, auch einmal die andere Hälfte zuzulassen und die «sensationelle» Erfahrung zu machen, daß gar nicht das eintritt, was man sich heimlich immer ausgemalt hat – nämlich bei allen untendurch zu sein und nur noch verachtet oder mitleidig belächelt zu werden. Ganz im Gegenteil – die anderen Menschen reagieren mit Sympathie und Gefühl, und dieses Erlebnis kann eine seelische Basiskorrektur einleiten. Es gilt nur aufzupassen, daß hier nicht infolge einer sich herausbildenden Gruppennorm, jeder müsse sich klein machen und von der problematischen

Seite zeigen, um akzeptiert zu werden, eine neue Anpassungsleistung gefördert wird (nach dem Motto: «Aha, in der Blöße liegt die Größe – jetzt muß ich mir aber mal ordentlich Blößen geben, und zwar möglichst gravierendere als die anderen – dann bin ich hier Nr. 1!»). Der so entstehende neue «Problem-Narzißmus» hätte die alte Beweisnot, nur mit umgekehrten Vorzeichen, durch die Hintertür wieder eingeführt – die Spaltung von Abb. 32 verewigt. Demgegenüber zeugt von der Überwindung dieser Spaltung ein Satz, mit dem eine Studentin ihren inneren Prozeß verdichtet hat:

«Ich kann groß und klein –
vollkommen unvollkommen sein!»

Das dialektisch strukturierte Ziel der Persönlichkeitsentwicklung gestaltet sich nun wie folgt:

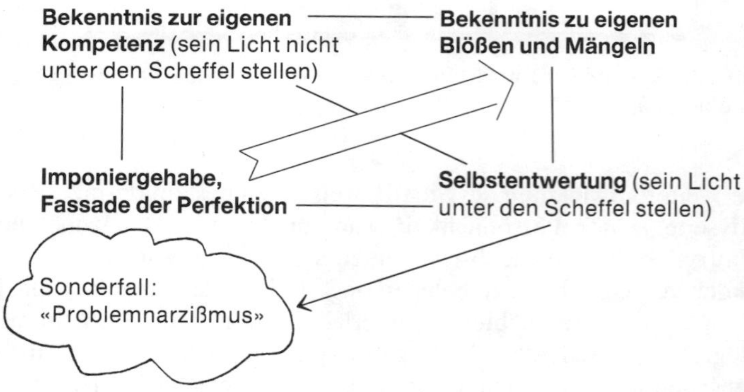

Wie schon mehrfach zu beobachten, so besteht auch bei diesem Entwicklungsquadrat eine traditionell bedingte Tendenz zur Polarisierung von Frauen und Männern. Vielen Frauen fällt es leicht, ihre nicht-grandiosen Seiten frank und frei zu bekennen (was im allgemeinen nicht nur entschuldigt, sondern wohlgelitten ist) – hingegen tun sie sich oft schwer, «ohne wenn und aber» zur eigenen Kompetenz zu stehen. So sagte eine Psychologie-Studentin in einer gestellten Bewerbungssituation:

«...Und dann hab ich auch noch so 'n bißchen Moderation gemacht, so mit Kärtchen und Filzstiften, aber mehr so nebenbei...»

Nachfragen ergaben, daß sie mit Fug und Recht genauso hätte sagen können:

«Ein Teil meiner praktischen Erfahrungen bezieht sich auf die Leitung von Konfliktgesprächen zwischen ganzen Schulklassen und ihrem Lehrer, und zwar mit Hilfe moderner Moderationstechniken, für die ich eine Zusatzausbildung angefangen habe.»

Das «klingt nach etwas», und wäre noch ehrlich dazu!

Zwar sind es nach meiner Erfahrung keineswegs nur Frauen, denen eine solche kompetenz-ausstrahlende Sprache fremd ist. Wenn es bei ihnen aber eher typisch ist, dann mag das auch mit den irritierten Reaktionen der Männer auf sachlich-kompetente Frauen zusammenhängen («Sie sind viel zu gescheit und tüchtig, Frau X, dabei könnten Sie so charmant sein!»). Sollten Priscilla Aldersons Erfahrungen (in England) zutreffen, daß Männer für Frauen im beruflich-sachlichen Kontext gleichsam vier Schubladen bereithalten («Muttertier, gestrenge Oberlehrerin, Blaustrumpf und blondes Dummchen», 1987), dann wäre daraus zu folgern: Männer «kippen» offenbar im Umgang mit Frauen von der *Sachebene* auf die *Beziehungsebene,* reagieren unsachlich. Auf dieser Beziehungsebene scheinen zwei Dimensionen die Hauptrolle zu spielen: Attraktivität/Unattraktivität und Überlegenheit/Unterlegenheit. Aus der Kombination dieser beiden Dimensionen ergeben sich die obengenannten vier Typen:

	positive Attraktion	negative Distraktion
unterlegen	«nährende Mutter»	«strenge Oberlehrerin»
überlegen	«blondes Dummchen»	«verklemmter Blaustrumpf»

Abb. 33: Dimensionen des Erlebens von Frauen durch Männer in beruflich-sachlich geprägten Situationen (Typclogie in Anlehnung an Alderson, 1987)

Eine solche unsachliche Reaktionsstruktur bringt die Frau, besonders zugespitzt in der Berufswelt, in ein schwieriges Dilemma. Mitten in ihrem Bemühen, als sachliche und mitdenkende Kooperationspartnerin ernstgenommen zu werden, sieht (und fühlt) sie sich auf die Beziehungsebene abgedrängt, auf die ewig nährende Mutter oder das ewig lockende Weib reduziert. Kommt sie diesem Beziehungsangebot entgegen (und flirtet zum Beispiel ein wenig zurück), dann läuft sie Gefahr, den Männern genau jenes Wahrnehmungsfutter zu liefern, das ihre Reaktionen bestätigt. Weist sie es ab, wirkt sie «verbiestert» und wird vielleicht anerkannt (wenn sie sehr kompetent ist), aber nicht «gemocht».

Übungen

1. Der sich Beweisende kann mit kleinen Übungen anfangen. Ein junger Informatiker berichtete, er habe nach einem Kommunikationskurs im beruflichen Umgang mit Kollegen, Vorgesetzten und Mitarbeitern immer wieder einmal Äußerungen getan, die er sich vorher nie gestattet hätte, zum Beispiel
«Das weiß ich im Moment nicht!»
«Da bin ich auch ratlos.»
«Ich gebe zu, das habe ich falsch eingeschätzt!»
«Tut mir leid, ich bin jetzt nicht mehr konzentriert genug!»

Es sei befreiend und geradezu herrlich gewesen, solche Sätze zu sagen – und die Kollegen hätten darauf überwiegend positiv reagiert, teilweise sogar mit spontaner Herzlichkeit.
Wir sind darauf gekommen, daß manche Sätze, die ein sich Beweisender wohl in seinem ganzen Leben noch nie gesagt hat, am Anfang wie Vokabeln einer Fremdsprache «auswendig gelernt» werden sollten, zum Beispiel
«Das wäre wohl vernünftig, aber ich trau mich nicht.»
«Ich bin sprachlos.»
«Dazu kann ich im Augenblick gar nichts sagen!»
«Ich mag jetzt nicht.»
«Ich bin deprimiert und weiß selbst nicht warum.»
Dies sind einige Schlüsselsätze, um der Beweisnot zu entkommen. Finden Sie heraus, welche Sätze für Sie in entsprechenden Situationen zutreffend sind – oder gewesen wären.

2. Eine andere Übung geht etwas tiefer und ist nicht für den Alltag, sondern für die Therapie- und Selbsterfahrungsgruppe gedacht – oder auch als Experiment für Paare. Jeweils eine Person ist dran und berichtet so ehrlich wie möglich über sich und ihr Leben – und zwar nacheinander in zweifacher Weise:

Beim ersten Mal unter dem Vorzeichen
«Mit mir ist nicht viel los – mein Leben:
eine gescheiterte Existenz!»
Indem die Person mit dieser Brille auf ihr Leben schaut, spricht sie alles aus, was ihr in den Sinn kommt – etwa fünf bis zehn Minuten lang, zum Beispiel
«Nun bin ich fünfunddreißig und immer noch nicht zu Potte gekommen – keine feste Stellung, keine Familie, keine Kinder, kein Nichts. Ich bin völlig unfähig, mich für eine Sache einmal wirklich zu entscheiden...» usw. usw.
Die berichteten Inhalte sollen alle wahr sein, aber in ihrer Auswahl und Betrachtungsweise unter dem Diktat des Minderwertigkeitsgefühles stehen. Es kann übrigens sehr entlastend sein, auf diesem Stuhl einmal erlaubterweise negativ «vom Leder zu ziehen».

Beim zweiten Mal kommt derselbe Bericht unter dem Vorzeichen
«Mit mir ist ordentlich was los –
mein Leben ohne Fehl und Tadel!»
wiederum ganz ehrlich und ohne große Übertreibungen alles aussprechen, was einem mit dieser Brille spontan in den Sinn kommt, zum Beispiel
«Nun bin ich fünfunddreißig und habe schon einiges erlebt und gelernt, was andere nicht haben, zum Beispiel... – und gottlob habe ich mich noch nicht so festgelegt in meinem Leben, mir stehen viele Türen offen, und ich muß nichts überstürzen – und was ich offenbar sehr gut kann, das ist...» usw. usw.

Anschließend soll eine Auswertung und Aussprache erfolgen: Wie ist es dem Protagonisten auf den beiden Stühlen ergangen – wie hat es sich angefühlt, in dieser Weise über sich selbst zu sprechen? Welche Version war schwerer, welche leichter? Und wie hat der Partner bzw. wie haben die anderen Gruppenteilnehmer innerlich reagiert? Hat/haben sie auf dem ersten oder zweiten Stuhl etwas Wichtiges vermißt, aus ihrer Kenntnis der Person heraus?
Sinn und Ziel dieser Übung besteht darin, beide Seiten unerschrocken anzusehen und das, was vielleicht zunächst als eine Art Kippbild den Eindruck von Entweder-Oder macht, als zusammengehörig, als Sowohl-Als auch zu erleben.

6. Der bestimmende-kontrollierende Stil

6.1 Erscheinungsbild, Grundbotschaft und seelischer Hintergrund

Unter dem Einfluß dieser Strömung trachten wir danach, die Dinge so zu lenken und zu korrigieren, daß sie unter unserer Kontrolle bleiben und dadurch ihren rechten Fortgang nehmen – die «Dinge», und ebenso die Mitmenschen! «Wenn nicht alles immer nach deiner Mütze geht, dann bist du nicht gesund!» mag sich jemand gegen seinen Partner empören, der mit Nachdruck und Eifer seine Vorstellungen durchzusetzen sucht. Und tatsächlich, wenn diesem die Fäden entgleiten und die Dinge (oder Menschen) sich ohne oder gar entgegen seinem lenkenden Zugriff entwickeln, dann wird er von einer verdrossenen Nervosität erfaßt, die sich innerlich zur Angst und äußerlich zu grimmigem Zorn steigern kann. Angst wovor und Zorn worüber? Angst vor Überraschungen, spontanen Veränderungen, Chaos – vor *Kontrollverlust.* Zorn über all jene, die ihm mit ihrer Unberechenbarkeit immer wieder einen Strich durch die Rechnung machen und ihm seine Ohnmacht dreist vor Augen führen – «ihm» oder «ihr» –, Männer und Frauen können von dieser Strömung gleichermaßen erfaßt werden.

Die Angst vor Chaos und Kontrollverlust, vor »bösen» Überraschungen und überhaupt vor den Wechselfällen des Lebens führt im Extrem zu einer «zwanghaften» Lebensführung, in der pedantische Regelmäßigkeiten und Rituale, starre Normen und Prinzipien, ausgefeilte Planung und Organisation eine große Rolle spielen – mithin alles, was ein wenig Sicherheit und Berechenbarkeit in dieses gefährlich-wirre Leben bringt. Wo «alles fließt», können nur starke Gerüste Halt bieten. Riemann (1969) hat die zugrunde liegende Charakterstruktur trefflich beschrieben, und Thomann hat sie für den Zweck der Gesprächshilfe in einen beziehungsdynamischen Kontext gesetzt (Thomann und Schulz von Thun, 1988). Ich möchte an dieser Stelle vor allem wieder den Kommunikationsstil herausarbeiten, der sich mit dieser Strömung verbinden kann.

Abb. 34: Grundpose des bestimmenden-kontrollierenden Stils

Die von ihm (oder ihr) ausströmende Grundbotschaft enthält als unerschütterliche *Selbstkundgabe* «Ich weiß, was richtig ist!» Diese Gewißheit erstreckt sich von den alltäglichen Verrichtungen wie der Handhabung einer Zahnpastatube (von hinten aufrollen!) bis hin zu grundlegenden Fragen der Lebensmoral. Wenn sich alle mit Bedacht und Disziplin an die Regeln halten würden, dann könnte man dem Leben mit Ruhe und Zuversicht entgegensehen. Aber entsetzlich! Es gibt immer wieder Leute, die ihren eigenen Kopf haben, sich um nichts scheren und mit ihrem Flattersinn alles durcheinanderbringen, was mit Ordnung und Verstand so gut geregelt sein könnte. Diese Leute finden sich oft ausgerechnet in der allernächsten Umgebung – Partner, Kinder, Verwandte, Wohngenossen, Mitarbeiter und Berufskollegen: alle müssen erst noch auf den richtigen Weg gebracht werden – eine Sisyphusarbeit, weil die Menschen dazu neigen, mit Eigensinn auf ihren Irrungen und Wirrungen, auf ihren Vergeßlichkeiten und Nachlässigkeiten zu bestehen.
«Wo willst du jetzt wieder hin?» fragt nervös der Ehemann seine Frau, die «plötzlich und ohne ersichtlichen Grund» vom Kaffeetisch aufsteht. «Es steht doch alles da – Kaffee, Kuchen, Milch, Zucker, Bestecke –, alles vollständig und wie es sich gehört. Gott sei Dank. Also, was muß sie jetzt wieder aufstehen? Zur Toilette vielleicht? Geht man doch morgens! Wenigstens könnte sie doch ein Wörtchen sagen, wo sie jetzt hin will – wenn man Bescheid weiß, ist alles halb so schlimm! Aber sie hat ja immer ihren eigenen Kopf! Neulich kam sie doch eine

geschlagene dreiviertel Stunde zu spät nach Hause, ohne auch nur einen Zettel hinterlassen zu haben! Und als sie endlich kam, brachte sie ‹als Überraschung› ihren Bruder aus Holland mit heim! Wie ich solche Überraschungen hasse! Man muß sich doch ein wenig einstellen können auf das, was auf einen zukommt. Die ersten eineinhalb Tage ist man überhaupt nicht ansprechbar! Dann hat dieser Herr Bruder seine ganzen Sachen auf die Wohnung verstreut, ist vor dem Frühstück spazierengegangen (hat natürlich den Haustürschlüssel nicht mitgenommen!), kam dann zum Frühstück, wo Kaffee wie immer in einer Porzellan- und einer Thermoskanne bereitstand. Ohne zu zögern nahm er sich Kaffee: aus der *Thermoskanne*!! Das darf doch wohl nicht wahr sein! Und dann war er auch noch beleidigt, als ich ihn entschieden bat, sich doch bitte zweckmäßigerweise zunächst aus der Porzellankanne zu bedienen! – Na ja, wenn so ein Gast wieder abreist, macht man natürlich drei Kreuze und räumt erst einmal gründlich auf.»

Die *Beziehungsbotschaft*, die vom Bestimmenden ausgeht, lautet: «Du kannst es nicht richtig, du weißt es nicht recht – wenn man dich dir selbst überlassen würde, dann kann es nicht gut ausgehen!» – Zwar ist daran auch etwas Entwertendes (und wird zum Teil so empfunden), aber im Gegensatz zur aggressiv-entwertenden Strömung besteht das Hauptziel hier nicht in der Herabsetzung des anderen, sondern darin, ihn zu ändern, zu formen, zu kontrollieren.

Die Einschätzung des Mitmenschen als jemand, der von sich aus nicht richtig handeln würde, macht es in seiner subjektiven Logik nötig, ihn mit *Appellen* auf den Weg zur Tugend, der Vernunft, der Ordnung und Zweckmäßigkeit zu führen. Die diesem Stil innewohnende Gefahr besteht darin, fremdes «Hoheitsgebiet» unbefugt zu betreten – immer muß mit der abwehrenden Reaktion gerechnet werden: «Was geht dich das an, was hast du mir da hineinzureden? Laß mich das doch machen, wie ich das will!» Typischerweise werden daher die Appelle nicht als persönliche Wünsche ausgesprochen und aus eigenen Bedürfnissen abgeleitet, sondern normativ, als Regel, im Namen eines höheren Gesetzes. Also

nicht	sondern
«Mir zieht es, würden Sie das Fenster schließen?»	«Während der Fahrt gehören die Fenster geschlossen.»

nicht	sondern
«Wartest du noch mal, Herbert? Ich hatte mir die Sitzordnung anders gedacht!»	«Aber Herbert, du kannst dich doch nicht einfach hinsetzen. Man wartet ab, bis einem der Platz zugewiesen wird!»
«Es stört mich, wenn du jetzt rauchst!»	«Beim Essen wird nicht geraucht!»

Abb. 35: Grundbotschaft des bestimmenden-kontrollierenden Stils

Es ist allein schon die Vielfalt der Appelle und Verhaltenskorrekturen, durch die sich der bestimmende Stil offenbart. Als Reinhard und Anne-Marie Tausch vor zwanzig Jahren in Klassenzimmern und Elternhäusern das verbale Verhalten der Erzieher beobachteten, stellten sie fest, daß das Ausmaß an *Dirigierung* (Lenkung, Bevormundung, Gängelung) enorm hoch war und den Kindern und Jugendlichen wenig Freiraum ließ, eigenständig und initiativ (statt abhängig und reaktiv) ihren Willen und ihre Gedanken zum Ausdruck zu bringen. Ein erdichtetes (und verdichtetes) Beispiel:

Vater (zu seiner sechzehnjährigen Tochter): Wie oft habe ich dir gesagt, du sollst die Haare nicht so wüst nach oben bürsten, Anna, wie sieht das denn aus!
Tochter: Ach, ist doch nur ein bißchen – bei den anderen...
Vater: Wir sind doch nicht die anderen, Anna! Und paß auf, daß du dich

warm anziehst – so kannst du meinetwegen in den geheizten Räumen herumlaufen, aber doch nicht draußen!
Tochter: Ja, Papa.
Vater: Und vergiß nicht, Herrn und Frau Eberling wenigstens guten Tag sagen – richte einen Gruß aus und sprich in ganzen Sätzen, nicht in deinem üblichen Telegrammstil...
Tochter: Ja, wenn ich dazu Lust habe!
Vater: Ach, Anna, das geht doch nicht nach Lust und Laune bei solchen Dingen. Wie oft habe ich dir schon gesagt...
Tochter: Etwa zweihundertmal bestimmt!
Vater: Ja eben, weil du dich immer wieder so schnoddrig aufführst – du mußt auch mal ein bißchen daran denken, wie das auf andere wirkt! Also reiß dich ein bißchen zusammen, und vergiß nicht, das Licht in deinem Zimmer auszumachen, wenn du weggehst. Gestern habe ich wieder zwei Lampen und das Radio in deinem Zimmer ausgemacht!
Tochter: Da war ich nur mal eben auf Klo gewesen...
Vater: ...wo du den Wasserhahn wieder hast tropfen lassen – den mußt du ganz fest zudrehen, hörst du? – Und danach hast du noch über vierzig Minuten mit diesem Roberto Soundso telefoniert, als ob du nichts Besseres zu tun hättest und als ob ich dir nicht ohnehin erklärt hätte, daß dies nun auch nicht der allerbeste Umgang für dich ist. Sag mal, was wollte der eigentlich wieder von dir?
Tochter: Ach, nur so!
Vater: Ja, ja – und ‹nur so› geht es dann munter im Acht-Minuten-Takt und auf meine Kosten den ganzen Nachmittag hindurch. Du kannst dich doch sonntags mit deiner Freundin treffen und dann könnt ihr meinetwegen stundenlang über Gott und die Welt palavern – da hat doch niemand etwas dagegen. Aber ein für allemal will ich nicht, daß dieser Roberto dich von deiner Schularbeit abhält und uns das Telefon blokkiert. Und unter uns gesagt: Man sucht sich die Menschen doch ein bißchen aus, mit denen man Umgang pflegt! Wenn das so weitergeht, sehe ich dich schon irgendwo in der Gosse landen!
Tochter: Also, ich gehe jetzt!
Vater: Und vergiß den Schlüssel nicht wieder, und sei pünktlich zurück, ja?
Tochter: Wiedersehen!

Der bestimmende Stil kombiniert sich gern, wie in diesem Beispiel, mit dem aggressiv-entwertenden Stil und ergibt dann jenes «autoritäre Verhalten», das auch heute noch weit verbreitet ist; oder er kombiniert sich mit dem helfenden Stil zu einem aufdringlichen, zuweilen etwas geschwätzigen Beratungsverhalten, bei dem missionarische Predigten den Partner zu seinem Glück verhelfen sollen. Psychotherapeuten lernen in ihrer Ausbildung, ein rotes Alarmlämpchen auf-

leuchten zu sehen, sobald sie anfangen, mit Engelszungen ihren Klienten bestimmte «Einsichten» nahezulegen. Die Faustregel lautet: Was du anderen predigst, predigst du dir selbst! Paß auf, daß du nicht unbewußt deine eigenen Angelegenheiten beim Klienten verfolgst; paß auf, daß du ihn nicht dazu benutzt, dir selbst etwas einzureden, wogegen du offenbar erheblichen psychischen Widerstand aufbringst.
Wahrscheinlich liegt in der Übertragung innerseelischer Anliegen auf zwischenmenschliche Zielsetzungen einer der Schlüssel für jene direktive Einstellung, die den Mitmenschen als einen Risikopatienten ansieht, den man dringend heilen, formen, «in den Griff kriegen» muß. Vielleicht hat der Bestimmende Anlaß, *sich selbst mit aller Macht in den Griff kriegen zu müssen?* All seine Prinzipien und Reglementierungen, all seine Anstandsregeln und Dogmatismen mögen ein gewaltiges Bollwerk sein, errichtet gegen jene unberechenbaren Größen seiner Innenwelt, die – tief in die Unterwelt verstoßen – nur darauf warten, ein Schlupfloch im Bollwerk zu finden, um ihr sündiges, gieriges, maßloses, bestialisches, chaotisches Wesen mit unberechenbarer Wucht zu entfalten und die Oberwelt damit zu überfluten ... – Das seelische Axiom könnte so lauten:

«Ich bin voll von chaotischen, sündhaften, unvernünftigen Impulsen – nur wenn ich mich an strenge Regeln halte, kann ich mich in der Gewalt haben und ein anständiger Mensch bleiben.»

Menschen, die von diesem inneren Glaubenssatz durchströmt sind, müssen in ihrer Kindheit etwas im Übermaß durchgemacht haben, was – wenn auch nicht «naturgemäß», so doch aber «kulturgemäß» in jeder Sozialisation vonstatten geht: die zunehmende Kontrolle über sich selbst, angefangen bei der Ausscheidung bis hin zu allen Impulsen, die zunächst ungefiltert aus dem «Es» (wie Freud diesen Urquell der Seele nannte) emporkommen, wie z. B. Lärm machen, draufhauen, etwas kaputtbrechen, treten, spucken, im Matsch suhlen, onanieren, beißen, gierig und ohne Manieren essen usw. – Durch Vorbilder, Belohnung und Strafe sowie durch viele Erklärungen, was man wann tut und was sich nicht gehört, wird (mehr oder minder) erreicht, daß die vitale und wildwüchsige Vielfalt möglicher Verhaltensweisen eingeschränkt und in geordnete Bahnen gelenkt wird. Das Ergebnis ist der zivilisierte Mensch, der im Gegensatz zum «ungehobelten Flegel» sauber, sittsam und diszipliniert sich an all jene Regeln hält, die das Zusammenleben erleichtern (sollen). Übrigens sind die Vorstel-

lungen darüber, was als sittsam und anständig zu gelten hat, einem starken historischen Wandel unterworfen. So fand im Mittelalter niemand etwas dabei, wenn bei Tisch laut gerülpst und gespuckt, das Essen mit (ungewaschenen) Händen aus dem gemeinsamen Gefäß genommen und in Tischnähe uriniert wurde (Elias, 1976). Man tat sich also, aus unserer heutigen Sicht, «keinen Zwang an».
Dieser zunehmende Zwang ist Kennzeichen unserer Zivilisiertheit. Es läßt sich damit leben, manche Sitten haben sich wieder gelockert, und kein Kind wird neurotisch, wenn es anständige Tischmanieren lernt und einen Teil seiner wildwüchsigen Impulse kontrolliert.
Wenn dieser ganze Vorgang aber mit zu frühen Forderungen und Vorschriften, Strenge oder sehr starren engen Vorstellungen darüber betrieben wird, was als sittsam und anständig anzusehen ist, und wenn jedwede verbotene Regung schwer geahndet und mit dem vernichtenden Brandmal der Sündigkeit und Bösartigkeit verfolgt wird, und wenn Anflüge von trotzigem Aufbegehren mit doppelt harter Strafe belegt und schließlich «ausgemerzt» wurden – dann bleibt dem Kind nur, diesen Zwang von außen zu verinnerlichen und mit Unerbittlichkeit gegen seine vitalen Impulse, gegen sich selbst einzusetzen. Das «liebe, brave Kind» wächst zum «anständigen Menschen» heran, in dessen Seelenleben ein Polizeistaat herrscht. Ein ewiger Kampf steht bevor, bei dem die Waffen der «Selbstdisziplin» und «Selbstbeherrschung» immer wieder «nachgerüstet» werden müssen, denn der unterdrückte Feind hat sich zu einer starken Untergrundbewegung formiert.

Da es eine menschliche Eigenart zu sein scheint, innere Kriegsschauplätze nach außen zu verlagern, werden nun auch die Mitmenschen als leibhaftige Träger verbotener Regungen erspäht, die strenge Kontrolle der eigenen Unterwelt auf die Kontrolle der fehlgeleiteten Mitwelt verlängert. Politisch zeigt sich diese Tendenz im konservativen Urbedürfnis, den Bürger an die Kandare zu nehmen, «law and order» zum obersten Leitprinzip zu wählen, jeden Regelverstoß gleich als «Terror» zu empfinden, sowie in der schnellen Bereitschaft, die Gesellschaft von jenen «Elementen» zu «säubern», die sich als «Chaoten» gebärden oder sonstwelche Züge aufweisen, die sie als «Unkraut» im wohlgepflegten Schrebergarten erscheinen lassen. Im zwischenmenschlichen Nahkontakt zeigt sich diese Tendenz darin, daß der Kontrollierende uneingestandene Eigenimpulse «vorsorglich» seinem Gegenüber unterstellt und den missionarischen Kreuzzug startet.

Betrachten wir noch einmal unseren Beispiel-Vater aus dem Muster-Dialog. Die «wüsten» Haare und die sparsame Bekleidung seiner Tochter wären vielleicht geeignet, jene Lüsternheit in ihm selbst wachzurufen, die er sich streng versagt. Um so nervöser sein Argwohn, daß andere Männer darauf ansprechen werden – und von da ist es nur noch ein kleiner Schritt bis zur Gosse, in der die Tochter unweigerlich landen wird, wenn er nicht eingreift. Selbstverständlich ist jeder Mann, der ihr nahekommt, («dahergelaufen kommt») «der falsche Umgang» – erstens will er ohnehin nur das eine, und zweitens droht er die Tochter der väterlichen Einflußsphäre zu entziehen. Dieser Macht- und Kontrollverlust macht ihn eifersüchtig, ohne daß er sich dies eingestehen würde. Vielmehr äußert er sich auf der «sachlichen» Ebene: die ungelöschten Lampen, der Wasserhahn, die Telefonrechnung, die Pünktlichkeit. Und daß die Tochter «sich ein bißchen zusammenreißen» möchte – diese Mahnung kann als jene allgemeine Lebensempfehlung angesehen werden, die einzuhalten er selbst sich doch immer so bemüht hat, wenn auch auf Kosten von Lebensfreude, Spontaneität und Gefühlsintensität.
Folgendes mag hinzukommen oder sogar ausschlaggebend sein: Wenn der Kontrollierende sich nach Kontakt sehnt, sein Partner aber (wie im Beispiel die Tochter) sich von ihm innerlich entfernt, dann kann er angesichts der empfundenen Kränkung seinen Kontaktwunsch nur durch sein «Hausmittel» zur Geltung bringen – und das ist nun einmal das Reglementieren und Bevormunden. Tragischerweise ist dadurch die Botschaft «ich möchte mehr Kontakt zu dir» bis zur Unkenntlichkeit verdeckt. Der/die andere soll es auch gar nicht hören, denn das hieße ja, die eigene Bedürftigkeit spüren zu müssen und so einen kleinen Teil an Selbstkontrolle aufzugeben. Damit geriete aber das ganze System ins Wanken.

6.2 Der systemische Blickwinkel

In den Partnern eines Menschen, in dem die bestimmende Strömung dominiert, entsteht typischerweise ein zwiespältiges Gefühl von Erleichterung und Empörung. Je nachdem, welcher Anteil dieser Ambivalenz die Oberhand gewinnt, entstehen zwei verschiedene Kreisläufe, die wir uns nun der Reihe nach anschauen wollen. Dabei ist allerdings im Blick zu behalten, daß beide Kreisläufe in Form offener und verdeckter Teile gleichzeitig existieren können.

Großmeister und Musterschüler. Auf der einen Seite bietet der Bestimmende seinen Mitmenschen durch seine Bestimmtheit und Verläßlichkeit einen gewissen Halt. Wer im Land der Grautöne wandelt, ist manchmal dankbar, wenn jemand klare Vorstellungen von schwarz und weiß hat. Kinder und Jugendliche bedürfen einer solchen Führung als leitende Orientierung ebenso wie um sich daran zu reiben und abzugrenzen. Und auch für den Erwachsenen kann es herrlich entlastend sein, wenn jemand ihm oder ihr sagt, was zu tun ist! Besonders unter dem Einfluß der bedürftig-abhängigen (Kap. III, 1) und der selbst-losen Strömung (III, 3) sprechen wir gerne «Einladungen» an unsere Partner aus, die bestimmende Haltung einzunehmen:
- «Wie soll ich denn das jetzt machen?» (bedürftig-abhängiger Stil),
- «Sag, wie du mich haben willst!» (selbst-loser Stil).

Der *anti*-antiautoritäre Witz aus dem Schulbereich verweist auf diesen menschlichen Zug, indem er die Schüler fragen läßt:
«Dürfen wir heute tun, was wir sollen – oder müssen wir wieder tun, was wir wollen?»
Ebenso Erwachsene:
«Bei den meisten Gruppen habe ich bemerkt, daß sie zu Beginn ihrer Arbeit nach einem ‹Vater› suchen: man hält Ausschau nach *der* Person, der man Kompetenz und Führungsqualitäten zuschreibt und die deshalb Sicherheit und Geborgenheit bieten kann. Zu diesem Zweck wird einfach eine Person in der Gruppe ‹ausgeguckt›, von der man einige dieser Qualitäten erwartet. Die Schüler hoffen, daß der Lehrer sagt, was getan werden soll; die Bürgergruppe erwartet vom Sozialarbeiter konkrete Handlungsanweisungen; in der Volkshochschule starren alle auf den Dozenten in der Erwartung, daß er endlich anfängt und sagt, ‹wo es langgeht›, und in der Hochschule ist jedes Seminar zunächst auf die Person des Lehrenden zentriert.» (Hinte, 1986, S. 131).
Dieser bedürftig-abhängige Wind, der dem Leiter, (Hochschul-)Lehrer, Trainer entgegenschlägt, enthält für ihn eine große Versuchung: Das Machtgefühl zu genießen, wenn alle «nach der eigenen Pfeife tanzen». Macht er sich dies nicht bewußt, wird er die Situation wieder und wieder so gestalten, daß er seine Allmacht feiern und die Abhängigkeit der Teilnehmer verewigen kann. In Verbindung mit der sichbeweisenden Strömung beginnt hier eine kleine Guru-Karriere. Und Achtung! Drogen machen abhängig, und die Dosis muß gesteigert werden, um noch dieselbe Wirkung zu erzielen. Unbewußt wird er bedürftig-abhängige Regungen seiner Teilnehmer mit wohlwollender

Zuwendung verstärken, wird ihnen ein Lächeln schenken, wenn sie in gläubigem Staunen seine «Sätze von bleibendem Wert» mitschreiben. Dieser zwischenmenschliche Kreislauf ist einer emanzipatorischen (Erwachsenen-)Pädagogik entgegengesetzt, er erzeugt eine Polarisierung in Großmeister und Musterschüler:

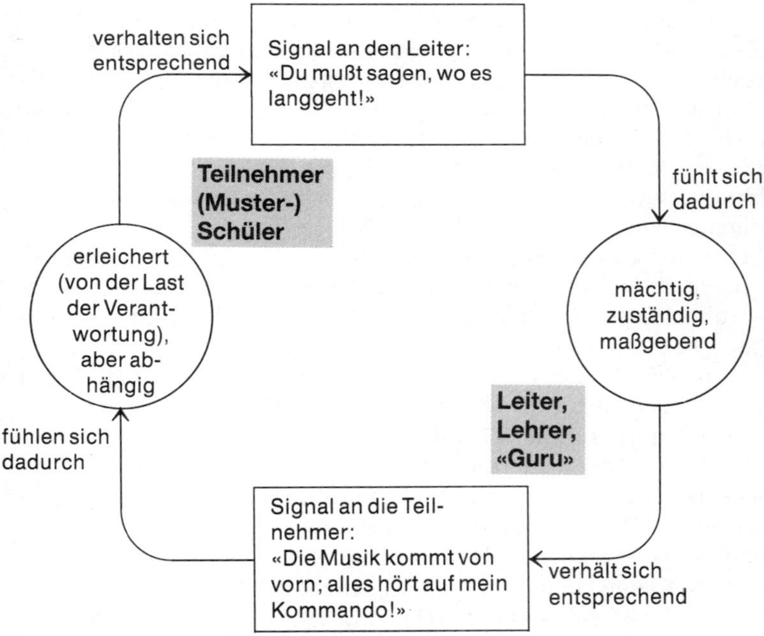

Strenge Eltern und chaotisch-rebellierende Jugend. Die andere Hälfte der Ambivalenz (Empörung) gewinnt beim Partner in dem Maße die Oberhand, wie er den Wunsch nach Freiheit und Entfaltung in sich zu spüren und die Marionettenfäden als Fessel zu empfinden beginnt. Der entstehende Teufelskreis läßt sich am eindrücklichsten an der Beziehung zwischen «strengen» Eltern und ihren heranwachsenden Kindern demonstrieren. Die Beziehungsbotschaft des Dauer-Appells «Mach mir keine Dummheiten!» wird als ehrenrührig empfunden und bewirkt genau das Gegenteil: Jede «Dummheit» ist nun gut genug, um zu demonstrieren, daß man ein Leben nach der eigenen

Richtschnur begründen will. Hätte der ununterbrochene Redefluß aus Vorhaltungen und Ermahnungen die Tochter nicht längst zum Verstummen gebracht, hielte sie ihrem Vater (vgl. S. 173ff) vielleicht entgegen:
«Du hast mir nun mein Leben lang mit Rat und Tat zur Seite gestanden – ich danke dir dafür, und es wird vielleicht Momente geben, wo ich darauf wieder zurückgreifen werde. Jetzt kommt für mich die Zeit, wo ich mehr und mehr ausprobieren möchte, nach eigener Richtschnur zu leben und meinen Weg zu finden, der anders sein wird, als deiner war. Manches wird dir nicht gefallen, was ich tue. Und manches wird mir vielleicht selbst nicht gefallen, aber Irrtümer und Fehler sind Meilensteine auf dem Weg zur eigenen Urteilsfähigkeit – bitte versuche nicht mit Zwang, mir diese Steine aus dem Weg zu räumen. Und bitte, sei nicht gleich eingeschnappt, wenn ich deine Lebensweise zum Teil spießig, eng und eingefahren finde – das heißt ja nicht, daß ich dich nicht gern habe. Aber dieses «Gernhaben» kann ich dir in diesen Zeiten nicht so deutlich zeigen – das mußt du verstehen: Wer sich losmachen und Abstand gewinnen will, kann solche lieben Gefühle dazu nicht gut gebrauchen; mit ein wenig Verachtung geht das leichter. Und außerdem: In dem Maße, wie du mir deine Vorstellungen aufdrücken willst, damit ich nicht, wie du dich ausdrückst, «in der Gosse lande» (vielen Dank für das Kompliment, du scheinst deiner Tochter wenig Widerstandskraft gegen die Anfechtungen der Welt zuzutrauen!), in dem Maße bleibt einem das ‹Gernhaben› auch wirklich im Halse stecken – und das gilt auch für deine tausend Kleinigkeiten und Kleinlichkeiten, mit denen du mich pedantisch verfolgst: Wasserhahn, Lampen, Zahnpastatube, Radio, Telefon –als ob es darum wirklich ginge!»

Statt dessen kommt diese Botschaft eher in Form einer «genervten» Gereiztheit herüber, verbunden mit taktierenden Kunstgriffen im Umgang mit der elterlichen Macht. Es entsteht der typische Teufelskreis, daß die Eltern sich angesichts der zunehmenden Mißachtung ihrer Anweisungen genötigt sehen, die Kontrolle grimmig zu verschärfen, um wenigstens dem Schlimmsten «einen Riegel vorzuschieben». – Die Kinder reagieren, indem sie ihre Ausbruchsenergie steigern und dabei pfiffiger vorgehen; sie geraten in eine feindselige Stimmung gegen die «Wächter» und sind immer weniger bereit, sie noch in irgendeiner Weise an ihrem Leben teilhaben zu lassen:

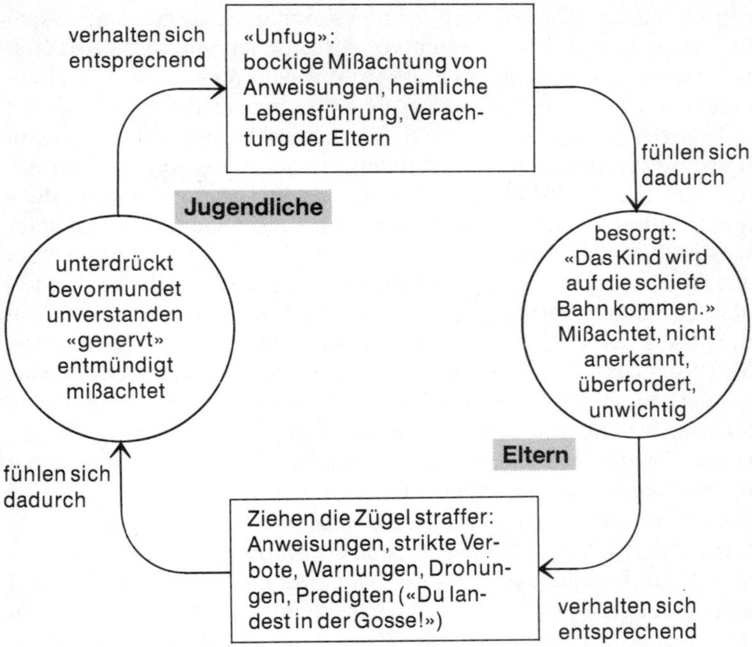

Die «dicke Luft», die dieser Teufelskreis produziert, hat zwar den Vorteil, daß sie es beiden Parteien erleichtert, die anstehende Loslösung emotional zu vollziehen (und darin liegt vielleicht der heimliche Sinn); gleichwohl kann auch hier, wie so oft, die «Lösung» in ihren seelischen Folgekosten schlimmer werden, als es das «Problem» je gewesen ist.

6.3 Richtungen der Persönlichkeitsentwicklung

In vielen beruflichen Bereichen ist der bestimmende-kontrollierende Stil gefragt, besonders auf der Führungsebene. Um das komplexe Miteinander in Systemen und Institutionen aller Art koordinierend zu gestalten, bedarf es gewisser «Führungsqualitäten»: Mit Übersicht und Planung müssen ordnungsstiftende Strukturen gesetzt und durchgesetzt werden; klare Weisungen müssen erteilt und ihre Durchfüh-

rung kontrolliert werden. Die Ausgestaltung dieser Führungsaufgaben unterliegt in Abhängigkeit von historischen und sachstrukturellen Gegebenheiten einem starken Wandel. So ist der autoritäre Haudegen heute weniger gefragt als der partnerschaftliche Moderator – die Erfahrungen von Machtmißbrauch und Unmündigkeit haben teilweise zu einem neuen Verständnis von der Beziehung von Führern und Geführten beigetragen. Diese Erfahrungen waren es auch, die – insbesondere in Deutschland – bei der jüngeren Generation zu einer verständlichen, teilweise aber übertriebenen Scheu geführt haben, auch einmal zu lenken und zu leiten, um ja nicht autoritär zu erscheinen, den anderen einzuengen und zu unterdrücken. So sehr diese Haltung als Sensibilität zu begrüßen ist, so kann es doch in bestimmten Situationen zur Diffusität des Miteinanders führen, wenn jemand vermeidet, zu seiner Leitungsrolle zu stehen und sie auszufüllen. Die meisten zwischenmenschlichen Situationen, besonders im beruflichen Bereich, verlangen nach einer «ordnenden Hand». Und es kann ein wahrer Segen sein, wenn jemand da ist, der über sie verfügt und sie auch einzusetzen wagt – sensibel die verschiedenen Interessen koordinierend und den Prozeß entsprechend der Aufgabenstruktur steuernd. Die Rolle eines gut ausgebildeten Moderators wird erst allmählich in ihrer Bedeutung erkannt. Tagtäglich könnten Tausende von zähen Sitzungen, sterbenslangweiligen Konferenzen und chaotischen Versammlungen vitaler, effektiver und erfreulicher verlaufen.
Mit dem Bestimmen, Leiten, Einflußnehmen, Kontrollieren, Korrigieren und Intervenieren ist die eine Seite einer Wertepolarität angesprochen, die als besonders «westlich»gilt und auf der Gegenseite ein ausgleichendes Prinzip herausfordert, das im Geschehen– und Gewährenlassen besteht und eher als «östliche» Tugend angesehen wird. Verfolgen wir einige Varianten dieser grundlegenden Polarität in verschiedenen Lebensbereichen und halten wir dabei nach den Entwicklungsrichtungen Ausschau, die für den «Bestimmenden-Kontrollierenden» zur Integration der Gegensätze führen können. Ich bespreche zunächst Aspekte des zwischenmenschlichen Umgangs, später dann auch Aspekte des Umgangs mit sich selbst.

Nondirektive Gesprächsführung. Eine heilsame Kur für den Bestimmenden ist das Erlernen der nicht-direktiven Gesprächsführung nach Carl Rogers, die zur Grundausbildung des Psychologen gehört. Hier kommt es ausschließlich darauf an, dem Gesprächspartner auf *seinen* Spuren zu folgen, um ihm bei der Ausrichtung *seines* Kompasses behilflich zu sein und bei der Suche nach Lösungen zu unterstützen, die *ihm* entsprechen und wesensgemäß sind; eigene Ratschläge, ja sogar Strukturierungshilfen für die Weiterführung des Gespräches (etwa Fragen wie: «Hast du auch schon einmal daran... gedacht?») sind streng verpönt. Wer sich zum ersten Mal in dieser Art von Gesprächsführung versucht, merkt rasch, wie schwer es fällt, sich all jenes zu «verkneifen», was doch geeignet scheint, das Gespräch und die Problemlösung in die «richtige Bahn» zu lenken. Daß man seine Kinder, Ehepartner, Kollegen und Untergebene darin unterstützen kann, den ihnen gemäßen Weg zu finden und daß dadurch keine Katastrophen passieren – dies kann zu einer aufregenden Entdeckung und zu einer Wendemarke im eigenen Leben werden, wenn der Kontrollierende diese Gesprächsweise nicht nur als vorübergehend anzuwendende Technik, sondern als mögliche Qualität eines echten Kontaktes begreift. Und wie wäre es, wenn er sich auch selbst einmal so behandeln würde? Sich von den selbstgesetzten strengen Richtlinien lösen und stattdessen dem inneren Strom spontaner Impulse und Gedanken aussetzen würde?

Direktivität und Nondirektivität in Pädagogik, Therapie und Erwachsenenbildung. Die Polarität von Direktivität und Nondirektivität hat nicht nur für die Gesprächsführung, sondern allgemein für den Umgang mit Menschen eine große Bedeutung. Sehr deutlich zeigt sich dies in der *Pädagogik*. Bis in unsere jüngste Vergangenheit hinein und noch heute war und ist die Erziehung eine Domäne der bestimmenden Strömung, die sich hier in, wie wir jetzt ermessen können, unheilvoller Weise geradezu austobt. Die häufig gebrauchte Metapher vom Bildhauer, der aus Rohgestein eine Gestalt nach eigenen Vorstellungen formt, reicht nicht aus, um die Mentalität jener «schwarzen Pädagogik» zu kennzeichnen, wie sie zum Beispiel von Alice Miller (1980) nachgezeichnet wurde. Denn während das Rohmaterial des Bildhauers bloß ungeformt und gleichsam im Zustand der Unschuld erscheint, ist die schwarze Pädagogik eine entschlossene Kriegserklärung an die kindliche Seele, welche in ihrer kraftvollen Vitalität, ihrem Eigensinn und ihrer Gefühlsintensität als geradezu «teuflisch» empfunden wird, da sie den Erzieher in seinem zwanghaften Gleichgewicht bedroht. Es muß dann nicht bloß «geformt», sondern der kindliche Wille «gebrochen», seine Fehler «ausgemerzt» und seine Lebendigkeit mit «Zucht und Ordnung» diszipliniert werden.

Die so mißhandelten Kinder sind die Peiniger von morgen. Da sie gezwungen waren, ihr inneres Wesen als böse zu empfinden und den strengen Gefängniswächter, der die zu «lebenslänglich» verurteilten

Impulse in Schach hält, zu verinnerlichen, werden auch sie als Erwachsene diesen Verfolger und Wächter gegen ihre eigenen Kinder einsetzen. Wenn das, was man bei sich selbst nur mit Mühe und Verkrampfung zum Verstummen gebracht hat, im anderen laut wird – oder auch nur leise anklingt –, so ist das ein schmerzhafter, ruhestörender Lärm, mehr noch: eine dreiste Fahne der Provokation, die den gerechten Zorn und den Fanatismus des Tugendwächters herausfordert, der prompt antritt, all dies erneut zum Verstummen zu bringen. Dieser Mechanismus der Projektion läßt die eigenartige Tendenz der Menschen verstehen, ihre eigene Verbogenheit zum Ideal zu erheben und andere daran zu messen, zu beurteilen und zu «behandeln». Indem das Kind mit diesen Maßstäben konfrontiert wird, beginnt es jene unselige Differenz zwischen «So bin ich» und «So sollte ich sein» zu spüren, die wiederum den Grundstein für Schuld- und Minderwertigkeitsgefühle, den Grundstein für die eigene Verbogenheit legt.
Soweit wir von der bestimmenden Strömung regelhaft durchdrungen sind, stellen uns nun die Vertreter der pädagogischen Gegenbewegung aufregende Lektionen bereit:
«Unsere Aufgabe als Erzieher ist es nicht, unsere Kinder zu formen, sondern ihnen die Möglichkeit zu geben, sich zu offenbaren» (Maria Montessori). Während meines Studiums war ich sehr beeindruckt, wie mein Professor Reinhard Tausch eine nicht-direktive Pädagogik in seiner Praxis als Lehrer und Hochschullehrer umsetzte. So gab er einer Schulklasse von Zwölfjährigen Unterrichtsstunden über Italien oder über Picasso. Nachdem er sich als Ersatzlehrer vorgestellt und ein Bild von Picasso in den Raum gestellt hatte, «begnügte» er sich damit, die spontanen Eindrücke der Kinder nachzuvollziehen und zurückzuspiegeln, nach meiner Erinnerung etwa in der Art:

Mädchen: Man kann gar nichts erkennen!
Lehrer: Du bist erstaunt, daß du auf dem Bild gar nicht erkennen kannst, was es darstellen soll.
Mädchen: Höchstens Salat. (Lacht)
Lehrer: Tja, als ob alles durcheinanderginge.
Junge: Doch, da unten könnte man einen Hahn drin sehen.
Lehrer: Jetzt erkennst du etwas, einen Hahn – aber du zweifelst, ob er da gezeichnet ist oder ob du ihn nur hineinsiehst?»
Junge: Ja, so wie bei Wolken. – usw.

Die Lehrer, denen wir solche Video-Bänder vorspielten, waren sehr erstaunt: Was wurde den Schülern denn hier «beigebracht»? Wurde nicht alles über den Haufen geworfen, was in ihrer Ausbildung eine Rolle gespielt hatte: Die Art des Vorgehens in didaktischer und methodischer Hinsicht vom Lehrziel her zu bestimmen, die Schüler durch zielorientiertes Lehrgespräch zu bestimmten neuen Erkenntnissen hinzuleiten? Das selbstverständliche

«Ich bringe euch dorthin, wo ihr aufgrund meines (und der Lehrplangestalter) pädagogischen Weitblicks hin sollt!»

war hier grundlegend in Frage gestellt und ersetzt durch eine Haltung des

«Ich folge euch dorthin, wo ihr seid – mit euren Gedanken, Empfindungen, Gefühlen und persönlichen Werturteilen –, indem ich euch ernst nehme und zurückspiegele, was ich von euch verstanden habe, ermutige ich euch, weiterzudenken und euren Empfindungen zu trauen.»

Eine solche Haltung hat nur Sinn im Zusammenhang mit der anthropologischen Überzeugung, daß bedeutsame Entwicklungsschritte sich «von selbst» vollziehen und nicht von außen «gemacht» werden können – förderliche zwischenmenschliche Bedingungen vorausgesetzt. Der Vorstellung vom «Bildhauer» wird hier völlig widersprochen, eher eignet sich das Bild von einem «Gärtner», der, anstatt an der Pflanze kräftig zu ziehen, nur die äußeren Bedingungen (Licht, Boden, Wasser) günstig gestaltet und sich ansonsten davor hütet, etwas zu stören, was nur aus sich heraus wachsen kann. Es war das Lebenswerk des 1987 verstorbenen Carl Rogers, die für die persönliche Entwicklung eines Menschen förderlichen zwischenmenschlichen Bedingungen erforscht und in Psychotherapie und Pädagogik vorgelebt zu haben. Ich will hier nur den wichtigsten Kerngedanken herausstellen, der für die nondirektive (klienten-, personenzentrierte) Gesprächspsychotherapie kennzeichnend ist: Ein Mensch verändert sich grundlegend nicht dadurch, daß ein «Profi» ihn nach den Regeln der Kunst diagnostiziert und «behandelt», sondern dadurch, daß ein anteilnehmender Mitmensch eine Beziehung zu ihm eingeht, die durch Echtheit, Akzeptierung und Empathie (Einfühlung) gekennzeichnet ist. Gemäß dem *paradoxen Gesetz der Veränderung,* wonach Entwicklung und Veränderung sich dann ereignen, wenn ich mich so akzeptiere, wie ich bin, enthält sich der Therapeut jeglicher Ratschläge, Belehrungen und sanfter Ermahnungen, so daß der Klient – ohne seine Energien übermäßig in Abwehr zu binden – sich selbst tiefer und tiefer erforschen und nach und nach auch jene Seiten akzeptieren kann, die er vorher als beschämend oder bedrohlich empfunden hat.

Daß es diese Art von therapeutischer *Beziehung* ist und nicht eine veränderungsorientierte *Behandlung*, die als Grundlage der heilsamen Entwicklung zutage getreten ist, dies will gerade dem zwanghaften Menschen schwer in den Kopf. In der Rolle des Beraters wird ihm zunehmend unwohl und «kribbelig», wenn er seinem Gesprächspartner nicht bald eine Lösung oder wenigstens einen bedeutsamen Fingerzeig bieten kann. Daß er diesem mit seinem Zuhören geholfen hätte, und zwar nicht *trotz,* sondern gerade *wegen* seines fehlenden «Eingreifens» – das scheint ihm die Gesetze der Welt auf den Kopf zu stellen. – Und tatsächlich läuft er mit dem nondirektiven Ansatz ein Risiko, etwa im Umgang mit seinen Kindern: diese könnten sich in eine andere Richtung entwickeln, als er dies vorgesehen hat! Daß es nicht nur einen, sondern viele Wege nach Rom gibt, ja daß manche vielleicht gar nicht nach Rom wollen – diese Erkenntnis ist ihm eine «Kröte», die er erst noch schlucken und vor allem verdauen muß.

Für uns Studenten und junge Psychologen war dieser «nondirektive Ansatz» damals (Ende der sechziger Jahre) eine große Offenbarung, und wir zögerten nicht, ihn in Lehrer- und Elternkursen 110%ig weiterzugeben. Dabei haben wir ein wenig das Kind mit dem Bade ausgeschüttet: Indem wir die Pädagogik und zwischenmenschlichen Beziehungen überhaupt um alles Direktive bereinigen wollten, trugen wir auch zu ihrer Verarmung bei. Weil wir uns selbst zum «Spiegel-Roboter» reduzierten, leisteten wir einer neuen Kontaktlosigkeit Vorschub und ließen das nondirektive Verhalten zu einer Masche verkommen. Zudem machten wir den Fehler, dieses Verhalten auch solchen, meist jungen Lehrern nahezubringen, die zur Linderung ihres Praxisschocks zunächst einmal etwas ganz anderes hätten lernen müssen, nämlich *sich durchzusetzen* und eine Klasse zu führen (vgl. S. 140). Ich habe noch jene trostlosen Rollenspiele vor Augen, in denen ein verzweifelter Lehrer, derweil seine «Schüler» mit Gejohle über Tische und Bänke gingen, seinen nondirektiven Ansatz nun wenigstens bei einem einzigen Schüler im Nahkontakt versuchte. Das Rollenspiel entsprach der Wirklichkeit, und die Verzweiflung des Lehrers und sein Gefühl von permanenter Niederlage wurde nur notdürftig durch das (von uns Trainern unterstützte) Gruppengefühl wettgemacht, zur progressiven Avantgarde zu gehören, die –im Gegensatz zu «manch anderen Kollegen» – autoritäre Mittel ablehnte. So halfen wir dabei, eine Schwäche zu kultivieren und ideologisch zu vergolden.
Aus all diesen Gedanken konstruiert sich das pädagogische Werte- und Entwicklungsquadrat in der folgenden Struktur:

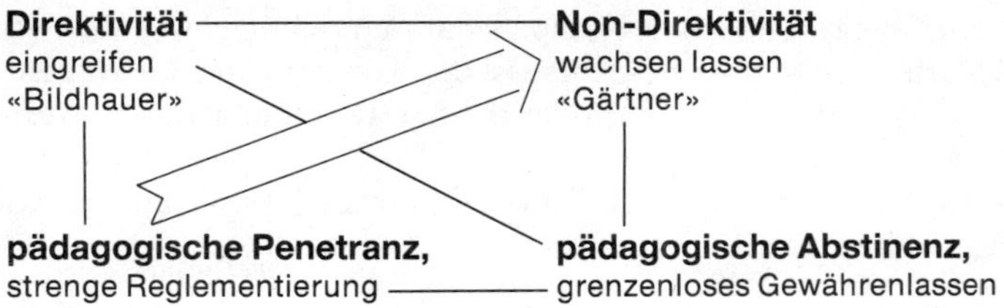

In ihrer «Themenzentrierten Interaktionellen Methode» (TZI) hat Ruth Cohn (1975) das Gleichgewicht von

Struktur und Prozeß
Planung und Improvisation
Intervention und Geschehen lassen
Verhaltensregeln und Ermutigung zur persönlichen Eigenart

glänzend gelöst. Bei ihr lernte ich sowohl die strukturierende Planung einer Sitzung (Themenformulierung, Verlaufsplanung – welche Übung in welcher Zusammensetzung, Wechsel von Großgruppe und Kleingruppe etc.) als auch die Ermöglichung eines spontanen Prozesses, wobei es darauf ankam, dem Raum zu geben, was im Raume war – dabei auszuhalten, daß das unplanbare Geschehen manchmal alle Planung durchkreuzte – und trotzdem (oder gerade dadurch) zu etwas führte, was die Gruppe sowohl thematisch als auch in Hinblick auf die zwischenmenschlichen Beziehungen weiterbrachte. «*Zulassen statt machen*!» notierte ich mir wiederholt in mein Gruppenleiter-Rezeptbuch – und «*Ich darf direktiv sein*!» – denn erstens bekenne ich mich durch klare, strukturierende Anweisungen zu meiner Leiterrolle und laufe so nicht Gefahr, die Wahrheit der Situation zu vernebeln; und zweitens gilt als Meta-Regel «*Sei deine eigene Chairperson*!», das heißt, entscheide du, Teilnehmer, in jedem Augenblick für dich selbst, ob du einer Instruktion folgen willst oder nicht! – Unter diesem Vorzeichen werden klare Anweisungen keinen Untertanengeist züchten, sondern – im Gegenteil – den Mut, sich einer Autorität zu widersetzen, erst ermöglichen.
TZI hat mit seinen Strukturen und Regeln jenes Kind gerettet, das wir auf der Suche nach einer empanzipatorischen Pädagogik zunächst mit dem autoritären Bade ausgeschüttet hatten. Die Aufgabe für den Gruppenleiter und Pädagogen wurde damit nicht einfacher, sondern eher schwieriger – die Rolle des «partizipierenden Leiters› erforderte eine Integration von Handwerkzeug und persönlicher Substanz auf

hohem Niveau – aber der Kompaß war nun richtig eingestellt, denn, wie Ruth Cohn sagt: «Die Utopie ist der Kompaß, und der Weg ist das Ziel! – und ein Millimeter in die richtige Richtung ist mehr wert als drei Meter in die falsche!»
Halten wir das in diesen Gedanken implizierte Wert- und Entwicklungsquadrat fest:

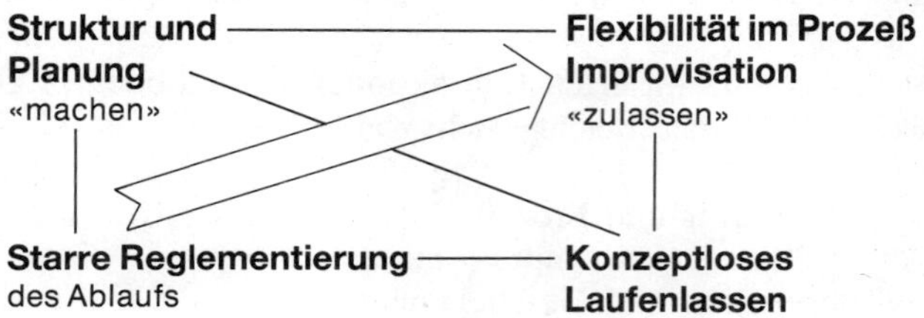

Selbstkontrolle und Sich-Zulassen. Die Behandlung, die ich anderen Menschen zuteil werden lasse, steht in engem Zusammenhang mit der Art, wie ich mit mir selbst umgehe; eine tiefgreifende Persönlichkeitsentwicklung wird beide psychischen Aktivitäten gleichzeitig umfassen. Wenn ich dazu neige, meine Mitmenschen zu kontrollieren und zu lenken, zu erziehen und zu schulmeistern, sie unter Druck zu setzen, bloß alles richtig zu machen – dann wird auch in mir selbst ein Kontrollwächter sein, der mich kritisch beäugt, an die Kandare nimmt und mir so leicht nichts durchgehen läßt.
Mit Sätzen wie
– «Man muß immer... (gerecht, pünktlich, zuverlässig...) sein!»,
– «Du solltest jetzt aber...»,
– «Du kannst doch nicht einfach...»,
– «Reiß dich zusammen, Haltung bewahren!»
hat er mich fest im Griff – Selbstdisziplin und Selbstkontrolle lauten die überwertig gelebten Tugenden dieser Daseinsform, sich ständig und vollständig «in der Gewalt» zu haben, gilt als Persönlichkeitsideal. Um die starke Kontrolle etwas lockern zu können, müßte der Bestimmende mit der gewaltigen Angst fertig werden, die dann frei würde und die sich in frühkindlicher Prägung an die vitalen Impulse geheftet hat: «Wehe, wenn sie losgelassen...!» Es ist die Angst, «sich zu vergessen», Ausbrüchen von unkontrollierbarer Wucht ausgesetzt zu sein – wer weiß, was aus der Schlangengrube alles hochzüngelt und zischt: Aggressionen von mörderischer Gewalt vielleicht, unbezähmbare sexuelle Gier oder andere sündige Urgewalten? Vielleicht auch

nur starke Gefühle überhaupt, die einen überschwemmen und denen man dann ausgeliefert ist? Die *Angst vor Kontrollverlust* kann wohl am ehesten überwunden werden, wenn der zwanghafte Mensch im Begleitschutz eines Sicherheit ausstrahlenden Therapeuten die Kontrolle schrittweise, punktuell und vorübergehend abgibt und dann immer mehr von dem *zulassen* kann, was in seiner inneren Welt aufkommt.
Die «zunehmende Offenheit gegenüber der (inneren) Erfahrung» ist nach Carl Rogers (1979) das wichtigste Prozeßmerkmal einer erfolgreichen Therapie. Während der überkontrollierte Mensch vorher viel Energie einsetzte, alle Gefühle und Impulse abzuwehren, die seinem starren Selbstkonzept widersprachen, lernt er nun, auch und gerade diese «nicht-linientreuen Gefühle» zuzulassen und mit der Zeit auch willkommen zu heißen:
«Das Bewußtsein ist nicht länger der Wächter über einen gefährlichen und undurchschaubaren Haufen von Impulsen, die nur im Ausnahmefall das Tageslicht erblicken dürfen, sondern wird zum geruhsamen Mitbewohner einer Gesellschaft von Impulsen, Gefühlen und Gedanken, die sich, wie man feststellt, sehr wohl selbst regulieren können, wenn sie nicht ängstlich behütet werden.» (Rogers 1979, S. 125)
In einem solchen therapeutischen Prozeß wird ein Teil der Affektkontrolle, die den «zivilisierten Menschen» ausmacht, wieder rückgängig gemacht – und zwar jener Teil, der über das Ziel hinausschießt, indem er nicht nur die menschlichen Handlungen, sondern auch die Gefühle und Bedürfnisse durch «innere Anstandsregeln» reglementiert. Die Dressur scheint perfekt, aber der in dieser Weise sozialisierte, durch und durch anständige, korrekte, prinzipien- und gesetzestreue Mensch sitzt auf einem seelischen Pulverfaß: da er dem Unanständigen und Aggressiven, dem Kindlich-Bedürftigen und dem Angstvollen in sich keinen Raum hat geben können, bleibt es unentdeckt, unentwickelt, unintegriert – und plötzlich gilt tatsächlich: Wehe, wenn es losgelassen...
Das folgende Wertequadrat bringt die Tugend der Selbstkontrolle in jenen dialektischen Zusammenhang, den diese therapeutischen Erkenntnisse nahelegen:

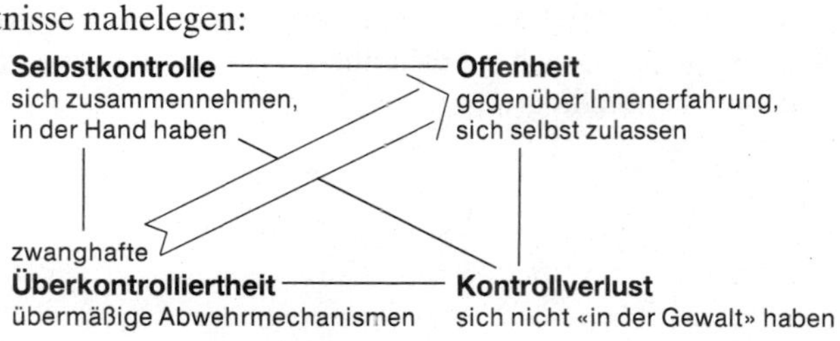

Zunehmende Offenheit gegenüber der Innen-Erfahrung ist gleichzeitig die seelische Voraussetzung für einen *veränderten Kommunikationsstil.* Ich spreche hier von einer Entwicklungsrichtung, die von der normativen zur Ebene der persönlichen Wünsche wechselt und für das Miteinander besonders im privaten Bereich eine fast «kopernikanische Wende» bedeuten kann. Statt

– «Man sollte nicht...» nun zu sagen: «Ich möchte nicht, daß du... weil ich»,

oder statt

– «Das macht man soundso» nun «Mir liegt daran, daß du es soundso machst, weil ich...»

das ist weit mehr als ein Unterschied in der Formulierung. In innerbetrieblichen Konfliktgesprächen lautet einer der häufigsten Satzanfänge «Sie sollten...» (und man weiß dann schon, daß das Gespräch nicht gut verlaufen wird). Statt dessen jedesmal zu sagen «Ich habe eine Bitte an Sie, und zwar...» würde für den Bestimmenden eine große Überwindung bedeuten, denn so kann er seine Ansprüche nicht mehr im Namen einer höheren Macht, im Namen der Vernunft oder der allgemeinen Moral anmelden, sondern muß *im eigenen Namen sprechen.* Das bedeutet vom hohen Roß des Normenverkünders herabzusteigen und sich zu eigenen Bedürfnissen zu bekennen – mit dem Risiko, Widerspruch oder Ablehnung zu erfahren, sich einer Auseinandersetzung stellen zu müssen; gleichzeitig bietet es aber die Chance, eine ganz andere Art von Kontakt zu erleben als den, den man durch Bevormundung und Belehrung herzustellen gewohnt ist. Auch der Streit gewinnt eine neue Qualität: plötzlich ist es nicht mehr die Frage *wer recht hat* (zum Beispiel ob die Tür auf oder zu «gehört», ob diese oder jene Musik «passender» ist, ob das Geld «besser» für einen Urlaub oder für eine Ausbildung verwandt wird – usw.) – sondern die Frage: *Was liegt mir und was liegt dir soviel daran,* daß die Sache so und so gemacht wird – in dem Bewußtsein, daß *Bedürfnisse* sich jeder Klassifikation in mehr oder weniger wertvoll, in angemessen und abwegig entziehen. Das bedeutet nicht, daß jedes Bedürfnis in einer gegebenen Situation das gleiche Gewicht hätte – die Gewichtigkeit ist im Gespräch zu erkunden («Ich möchte mal sagen, warum mir soviel daran liegt...»).

7. Der sich distanzierende Stil

7.1 Erscheinungsbild, Grundbotschaft und seelischer Hintergrund

Wenn wir von der distanzierenden Strömung erfaßt sind, dürfen uns die Mitmenschen nicht zu nahe kommen. Die Grenzen des eigenen Hoheitsgebietes sind vorverlegt, eine unsichtbare Wand sorgt dafür, daß der gebührende Abstand erhalten bleibt. Dies ist zunächst schon rein räumlich und körperlich gemeint: Eine Scheu, wenn nicht Abscheu, vor Berührung sorgt für den gewünschten «Sicherheitsabstand», den zum Beispiel Schreib- und Konferenztische, sperrige Vorzimmer und die Bevorzugung des Schriftverkehrs gewährleisten. Dasselbe gilt auch seelisch: Im direkten Kontakt ist es Aufgabe des Kommunikationsstils, Distanz herzustellen. Die förmliche und unpersönliche Art des sich Distanzierenden «schafft um ihn herum eine Luftschicht und Ausstrahlung von Kühle, in welcher, beinahe zu seinem Bedauern, treuherzige Anträge der Freundschaft und Cameraderie, sie wissen nicht wie, sich verfangen und steckenbleiben», wie es bei Thomas Mann im «Felix Krull» (1954, S. 262) heißt. Leicht werden die sich Distanzierenden als arrogant und abweisend wahrgenommen, beim Gegenüber entsteht der Eindruck, «man kommt schwer heran an sie» oder «man wird nicht recht warm mit ihnen». Selbst Menschen ohne empfindliches Beziehungsohr geben sie das Gefühl, nicht recht gemocht zu werden – was keineswegs zutreffen muß, denn die sich distanzierende Strömung kann sich gerade bei aufkommender Sympathie noch verstärken.

Die Sprechweise des Distanzierten steht also im Dienste des Abstandhaltens; überwiegend spricht er aus dem «Erwachsenen-Ich» und ähnelt in der Typologie V. Satirs dem «Rationalisierer», der nichts an sich herankommen läßt und alles mit Verstand und Vernünftelei zu bewältigen sucht:

Abb. 36 Grundpose des sich distanzierenden Stils

Die Grundbotschaft hat eine starke Ausprägung auf der Sach-Seite und eine schwache auf der Beziehungsseite (es sei denn, jemand rückt ihm zu nahe «auf die Pelle» – dann kann er sehr ungemütlich, «muffig» oder aggressiv werden und seinem Gegenüber vermitteln, wie lästig seine «klebrige Anhänglichkeit» sei). Die Selbstkundgabe ist ebenfalls schwach ausgeprägt, er gibt sich verschlossen. Deutlich hingegen der allwährende Appell «Komm mir nicht zu nahe!» – s. Abb. 37, S. 194.

Die ausgeprägte Orientierung auf die sachlichen Aspekte des Gespräches sei an folgendem Beispiel demonstriert:
Der (distanzierte) Ehemann kommt nach Hause, seine Frau berichtet ihm voller Sorgen:

Frau: Stell dir vor, Rüdiger hat wieder eine Fünf geschrieben!
Mann: In welchem Fach?
Frau: In Englisch – und dabei hatte er so geübt! Vorhin saß er auf seinem Bett und heulte und …
Mann: Wie ist die Arbeit insgesamt ausgefallen?
Frau: Du, das weiß ich nicht! Auf jeden Fall ist er völlig verzweifelt.
Mann: Nun ja – handelt es sich denn um ein wiederholtes Versagen oder ist es ein erstmaliger Ausrutscher?

Frau: Eine Fünf hatte er bisher, soviel ich weiß, noch nicht, aber Sorgen mache ich mir schon.
Mann: Zunächst einmal muß überprüft werden, ob überhaupt Anlaß für Verzweiflung und Sorgen bestehen. Und dazu ist es nötig, einmal die genaue Sachlage zu ermitteln.
Frau: Für dich zählen aber immer nur die Fakten! Willst du nicht mal hochgehen, ihn zu trösten?
Mann: Äh, man läßt ihn jetzt besser allein. Nachher kann man dann in aller Ruhe eine geeignete Problemlösung...
Frau: In aller Ruhe!! Ich bin aufgebracht, hörst du?!
Mann: Eben, und so kommen wir ja nicht weiter. (Zieht sich zurück)

Während der Mann insgeheim die «mangelnde Sachlichkeit» seiner Frau «mit Bedauern registriert» (wie er sich vielleicht ausdrücken würde), beklagt die Frau sein geringes Einfühlungsvermögen und den Mangel an gefühlsmäßigem Austausch («Du bist hier nicht mehr in deiner Bank!»). Tatsächlich wahrt die distanzierte Sprache nicht nur den Sicherheitsabstand zu seinen Mitmenschen, sondern auch zu sich selbst. Genauer gesagt: Zu jenen Bezirken seiner Seele, in denen er seine Gefühle gleichsam hinter Schloß und Riegel hält. Die auf Gefühlsersparnis abzielende Sprache ist gekennzeichnet durch Substantivierungen, Generalisierungen und Abstraktionen sowie durch Vermeidung des Wortes «Ich»:
Nicht: «Ich werde ganz ratlos, wenn ich sehe, wie Rüdiger sich abquält»,
sondern eher: «Es ist auch für Eltern nicht immer ganz einfach, wenn Kinder in der Schule mit Problemen konfrontiert sind.»
Nicht: «Ich war enttäuscht»,
sondern allenfalls: «Da war sicher ein gewisses Bedauern auf meiner Seite vorhanden.»
Insgesamt sind die Formulierungen so gewählt, die eigene Betroffenheit herunterzuspielen:
Nicht: «Es kränkt mich, wenn ich sehe, daß der Chef alles mit Müller bespricht und mich links liegenläßt»,
sondern: «Man wundert sich manchmal ein bißchen, nach welchen Gesichtspunkten der Chef sich seine Gesprächspartner aussucht.»

Zwar macht der Distanzierte nach außen hin den Eindruck, als ob er wenig berührbar wäre, keine Gefühle hätte – ein Mensch mit großem Kopf und einem Herzen aus Stein. Da wir aber inzwischen darin geübt sind, die Außenseite des Verhaltens immer auch als kompensatorisch, das heißt als Maßnahme zur Bewältigung innerer Angelegenheiten zu

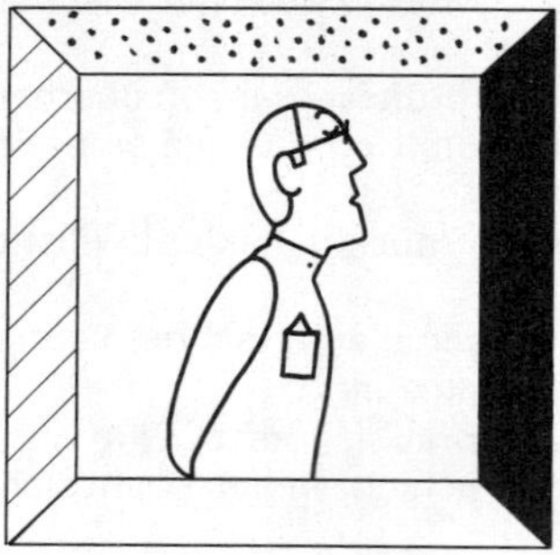

Abb. 37: Grundbotschaft des sich distanzierenden Stils

verstehen, können wir vermuten, daß der Distanzierte «im Grunde seiner Seele» eine reiche, aber auch allzu verletzbare und daher schutzbedürftige Gefühlswelt in sich trägt. Wenn die distanzierende Strömung in einem Menschen so vorherrschend geworden ist, daß er sich – auch wenn er möchte – nicht mehr anders geben kann, sind vermutlich prägende Erfahrungen mit zwischenmenschlicher Nähe die Ursache hierfür.

Was mag da passiert sein?
Zunächst einmal fällt auf, daß dieses Kontaktmuster in unserer Gesellschaft eher für *Männer* typisch ist. Dies ist ja auch ganz im Einklang mit der traditionellen und noch vorherrschenden Arbeitsteilung der Geschlechter: Die Berufswelt des Mannes verlangt im zwischenmenschlichen Umgangsstil in der Regel rollenmäßige Distanz – man hat einander nicht ausgesucht, muß aber miteinander auskommen, man vertritt sich nicht selbst, sondern seinen Auftraggeber; übergeordnete Interessen und aufgabenbezogene Kontakte lassen es dienlich erscheinen, wenn das Persönlich-Allzu-Persönliche «draußen vor» bleibt, und Gefühle kann man sich, wie viele versichern, in der harten Geschäftswelt schon gar nicht leisten. Auf der anderen Seite steht und fällt die Familienwelt der Frau mit der Intaktheit der zwischenmenschlichen Beziehungen und der Gefühle zueinander, die Betreuung der Kinder vollzieht sich im liebenden Nahkontakt, Nähe und Bindung herzustellen und aufrechtzuerhalten, das ist der «Auftrag» der Frau in dieser ihrer Domäne. – Diese unterschiedliche Berufsprägung vermag schon viel von dem zu erklären, was Mann und Frau bevorsteht, wenn «die Welten dann aufeinanderprallen».

Trotzdem drängt sich der Eindruck auf, daß die Unterschiede tendentiell schon vorher bestanden haben, von der beruflichen Arbeitsteilung «nur» verfestigt und weiter ausgebaut werden. Auch das scheint schnell erklärlich – ist es doch hinreichend nachgewiesen, daß Jungen und Mädchen unterschiedlich und mit Zielrichtung auf das vorherrschende Rollenbild und ihre spätere «Auftragslage» erzogen und beeinflußt werden. Auf vielen subtilen Kanälen mag der Junge eher zur Eigenständigkeit und Sachlichkeit, das Mädchen eher zu Bindung und Umgang mit Menschen ermutigt werden. Sicher hat auch dies Folgen für die Art, zwischenmenschliche Kontakte und Beziehungen zu gestalten. – Und doch gibt es Hinweise aus der psychotherapeutischen Arbeit, daß die hier besprochenen Unterschiede darüber hinaus noch eine tiefere Wurzel haben.
Um dies zu verstehen, müssen wir uns die Tatsache vor Augen halten, daß Männer und Frauen in ihrer ersten und wichtigsten Bindung, nämlich zur Mutter, ein grundlegend unterschiedliches Schicksal haben: kleine Mädchen eine gleichgeschlechtliche, kleine Jungen eine gegengeschlechtliche Beziehung. Nach Olivier (1987) ist dieser Unterschied folgenschwer, kann er es zumindest werden. Er bedeutet nämlich für den kleinen Jungen, sich mit der Zeit aus dieser wonnigen, All-Geborgenheit spendenden Liebesbeziehung loslösen zu müssen. Denn er kann darin nichts werden, die Mutter hat im Vater ihren wirklichen Liebespartner. Hoffentlich, denn wenn der Vater nicht vorhanden, schwach oder (wie so oft) überwiegend abwesend ist, wird der notwendige Loslösungsprozeß verschleppt: In der «vaterlosen Gesellschaft» (Mitscherlich) werden Mutter und Sohn an ihrer innigen Verbindung festhalten. Der Junge kommt nun aber in Not: Mangels väterlicher Identifikationsmöglichkeit kann er nicht richtig zum Mann werden, und zurückgeworfen auf die Symbiose mit der Mutter kann er nicht richtig «er selbst» sein. Je stärker die Mutter (mangels Partner) eigene Bedürfnisse an ihren Sohn richtet, um so weniger kann sie ihn *lassen* (im doppelten Sinne: sein lassen, wie er ist, und los-lassen). So wird er mit der Zeit den liebenden Nahkontakt in einer hochbrisanten Ambivalenz als beseligend und erstickend zugleich erleben – als etwas, wovor man Angst haben muß, obwohl man sich so stark danach sehnt. Gewaltige seelische Energie wird jetzt nötig, um Abstand zu gewinnen – *gegen* die Mutter und *gegen* die eigenen Kräfte, die an der Verschmelzung festhalten wollen. Da hilft nur, «die Luke dicht zu machen», sich sowohl von ihr als auch von einem Großteil der eigenen Gefühlswelt abzuschotten. Solange der erwachsene Mann mit seiner Mutter «noch nicht fertig» ist, solange er sich

noch gefühlsmäßig ihr Lasso vom Halse halten muß, überträgt sich seine seelische Abgrenzungsenergie auf andere Frauen, geht er (wenn überhaupt) Beziehungen unter dem Leitprinzip des Nie-wieder-so-nahe-an-sich-herankommen-Lassens ein, weil er (unbewußt) weiß, wie anfällig er dafür ist, sein Selbst im Nahkontakt verschmelzend zu verlieren, und weil er (bewußt) zu wissen meint, wie verschlingend und vereinnahmend «die Frauen» sind. Das seelische Axiom lautet dann:

> **Wenn ich mich öffne und jemand ganz an mich heranlasse, begebe ich mich in große Gefahr: Ich könnte in eine solche Abhängigkeit geraten, daß ich jeder Verletzung preisgegeben bin und mich selbst in der Gefangenschaft der Verschmelzung verliere.**

Genau derselbe Glaubenssatz wird seelisch wirksam, wenn der kleine Säugling vernachlässigt, vergessen, unerwünscht oder gehaßt – in irgendeiner Form «mutterseelenallein» auf sich selbst zurückgeworfen war – oder wenn ganz im Gegenteil eine übermäßige Kontaktüberschwemmung eine «Nähe ohne Ausatmen» geschaffen hat – oder wenn beide Extreme ein Wechselbad ergaben (z. B. zuerst zuwenig, später zuviel). In all diesen Fällen wird der Schutz vor zwischenmenschlicher Nähe zum vorherrschenden Charaktermerkmal.
Dies kann im Störfall auch weibliches Schicksal sein. Im Regelfall ist der distanzierende Persönlichkeitsanteil für Männer typischer, weil die Frau ein anderes gruppendynamisches Frühschicksal hat: Da die erste Bindung an die Mutter der gegengeschlechtlichen Brisanz entbehrt, ist die Loslösung von ihr nicht so schmerzhaft und nicht so dringlich – sie kann sich «in aller Ruhe» vollziehen. Viel dringlicher und brisanter ist die Hinwendung zum Vater. Um von ihm, dem «großen Fernen» geliebt zu werden, muß das kleine Mädchen ihn für sich interessieren – und das heißt: den gegebenen Abstand (zunächst einmal) überwinden. Sicherlich wird die Loslösung von ihm auch noch zu einem wichtigen inneren Thema werden. Aber dies ist von späterer Bedeutung und auch angesichts der weiterhin sicheren Bindung an die Mutter viel weniger existenzbedrohlich erlebt als beim Jungen die Loslösung von der Mutter. Erstrangig bleibt im Seelenleben des Mädchens die Überwindung des Abstandes, das Schaffen von Nähe. Tatsächlich sind die Kommunikationsstile, die als typisch weiblich gelten, darauf aus,

- auf sich aufmerksam zu machen (mitteilungsfreudig-dramatisierend, Kap. 8)
- Nähe und Abhängigkeit zu fördern (bedürftig-abhängig, Kap. 1 bzw. selbst-los, Kap. 3).

Die Unterschiede zwischen den Geschlechtern sind also, so läßt sich zusammenfassend folgern, in vielfacher Weise determiniert und werden durch einen sich selbst stabilisierenden Kreislauf im Sinne zunehmender Polarisierung verschärft:

1. Unterschiedlich strukturiertes Frühschicksal in bezug auf Abstand und Bindung
2. Daraus sich ergebende unterschiedliche Tendenzen bei Jungen und Mädchen werden durch eine am Geschlechtsrollen-Klischee orientierte Erziehung verstärkt und verfestigt
3. Abermalige Verfestigung durch gesellschaftlich geprägte Aufteilung der Lebenswelten. Je starrer diese Aufteilung ist, um so verschärfter gilt der Punkt
1. (siehe oben) – wenn der Vater wenig präsent und die Bedeutung der Mutter übermächtig wird.

Damit hat sich der Kreislauf geschlossen. – Aber hier ist derzeit viel in Bewegung (vgl. S. 245f), und mit etwas Optimismus gilt hier wie bei allen Persönlichkeitsstrukturen der Satz von Sartre: «Jeder kann jederzeit aus dem etwas machen, was aus einem gemacht wurde» (sinngemäß, zit. nach Hinte, 1980).
Kommen wir nach diesem Exkurs zurück zu den Eigenarten des distanzierten Menschen.

Seine große *Angst vor Abhängigkeit,* die ihn so unnahbar erscheinen läßt, befähigt ihn aber auch, für sich allein zu sorgen, niemandem etwas schuldig zu bleiben oder zu Dank verpflichtet zu sein. Sein bedürftig-abhängiges Flußbett ist gleichsam ausgetrocknet, da starke Dämme diese Strömung aufhalten. Da sich hier etwas staut, kommt die Angst vor einem Dammbruch und vor den gewaltigen Fluten hinzu, die dann über ihn hereinbrechen würden – Grund genug, die Dämme katastrophensicher auszubauen. Angst und Sehnsucht sind siamesische Zwillinge: Der Wunsch nach Nähe und Geborgenheit, nach Innigkeit und liebevollem Miteinander ist stark, aber die Angst davor noch stärker, so daß in der zwischenmenschlichen Begegnung die Sperre erhalten bleibt. Ungeübt im Nahkontakt, wirkt der Distanzierte oft gehemmt und unbeholfen, gleicht dabei einer Schnecke, die ihre sensiblen Kontaktfühler bei leisester Berührung sogleich einzieht

und sich dem Kontakt durch «Rückzug in das Schneckenhaus» entzieht.
Im Hotel oder Krankenhaus bewirbt er sich um die wenigen Einzelzimmer, Einladungen schlägt er gerne aus – und wenn er in der Ferne einen Bekannten sichtet, wechselt er schon mal vorsorglich die Straßenseite, um sich die unerfreuliche Anstrengung zu ersparen, die ihm jeder Kontakt abverlangt. Die seelische Erholung liegt für ihn im ungestörten Alleinsein: erst wenn er hier ausreichend Zeit zum «Auftanken» hat, kann eine gewisse Kontaktfreudigkeit aufkommen, kann er sich auch einmal auf jemanden freuen, den er lange entbehren mußte. Die Erfüllung aber kann letztlich mit der Sehnsucht nicht mithalten.
Und wenn auch über lange Strecken ein durchaus freundlicher Zeitgenosse, so kann er doch auch widerborstig, «muffig», abweisend und verletzend werden, wenn man ihm zu nahe auf den Pelz rückt. Wenn der Partner oder die Partnerin ihm mit zu großer Anhänglichkeit begegnet, reagiert er entweder schroff: «Nun laß mich doch erst einmal zur Ruhe kommen! Du wirst dich doch wohl noch eine Weile selbst sinnvoll beschäftigen können!» Oder aber, wenn er seine mangelnde Kontaktbereitschaft nicht oder zu spät spürt (oder meint, er «sollte» jetzt auch einmal für den anderen da sein), dann läßt er sich zwar auf das Gespräch ein, bleibt dabei aber teilnahmslos, mechanisch und innerlich abwesend. Auf diese Weise erreicht er es, *im Kontakt* die für ihn nötige Distanz herzustellen. Sollte sein Gesprächspartner, indem er dies bemerkt, auf die Idee kommen, der Sache auf den Grund zu gehen («Was ist mit dir? Wo bist du? Woran denkst du gerade?»), so wird der Distanzierte im milden Fall mürrisch und hilflos, im Normalfall gereizt und aggressiv reagieren: Was nützt es denn, derart in einem «herumzubohren»? Weiß er doch selbst nicht, was in ihm vorgeht – und wenn er es wüßte: Es geht schließlich niemanden etwas an. Die Aggression, zu der der Distanzierte durchaus fähig ist, dient in erster Linie dem Grenzschutz – «Wenn man meine Distanz durchbricht, kommt Haß auf!» brachte ein Patient von Riemann (1969, S. 33) diesen Aspekt auf den Punkt.
Zuweilen jedoch kann die Aggression, worauf ebenfalls Riemann hinweist, auch ein Kontaktmittel, ein Annäherungsversuch sein. Wenn ich jemanden gern habe oder zumindest an ihm interessiert bin, aber zu scheu und zu verletzlich, um mich mit diesem Wunsch zu zeigen und das Risiko einer Ablehnung zu tragen, dann kann ich auf die Strategie verfallen, den Kontakt herzustellen und durch eine ruppige Art den damit verbundenen Wunsch zu tarnen. Zwar provo-

ziere ich damit Ablehnung, aber sie kann mich nicht (so stark) treffen, da ich es ja selbst darauf angelegt habe und an meiner weichen, berührbaren Stelle gut gewappnet bleibe. – Und ist eine boshafte Aggression nicht der «beste» Test, das wirkliche Wohlwollen des anderen auf die Probe zu stellen? Wie viele «Unflätigkeiten» von Kindern mögen ein heimliches, schüchternes Liebeswerben sein? Wievielmal werden wir als Pädagogen – befangen in unserer eigenen Empfindlichkeit – es versäumen, die «ganze Botschaft» zu hören? – Halten wir fest, daß der sich Distanzierende auch dann, wenn er auf jemanden zugeht, einen Sicherheitspuffer «einzubauen» sucht, so daß der Angesprochene den Kontaktfühler leicht übersehen kann.

7.2 Der systemische Blickwinkel

Mit den letzten Überlegungen haben wir uns schon den zwischenmenschlichen Verwicklungen genähert, in die der Distanzierende leicht gerät, genauer: an deren Entstehen er durch seine Art der Kontaktgestaltung beteiligt ist. Zwei typische Kreisläufe sind zu unterscheiden – der eine, der ihn teufelskreisartig von den Menschen immer mehr abrücken läßt, und der andere, der eine oft dramatische Beziehungsdynamik von Nähe und Distanz in Gang setzt.

Bei der verbalen Beschreibung von Kreisläufen ist man gezwungen, an irgendeiner Stelle *anzufangen* und damit genau gegen das Denkmodell zu verstoßen, das man gerade im Sinne hat: Setzt die reservierte und leicht abweisende Art des Distanzierten den Kreislauf in Gang, von dem nun zu berichten ist? Oder ist diese Art bereits eine Reaktion auf die mitmenschliche Behandlung, die ihm zuteil wird – vielleicht da er ein wenig «anders» ist als die meisten? Dieses «Anderssein» gehört zu seinen Bedürfnissen und Fähigkeiten: Zu sich selbst zu stehen, ohne die persönlichen Eigenarten etwa um der Harmonie und Zugehörigkeit willen einzuebnen. Wie dem auch sei, jedenfalls fühlen sich viele von ihm arrogant behandelt und verprellt, wenn er sie so auf Abstand hält und zum Teil auf verletzende Weise abweist, ihnen demonstriert, daß er auf sie nicht angewiesen ist und mit sich allein gut klarkommt. Nicht selten reicht es schon, wenn sie von ihm die abgrenzende Botschaft vernehmen: «Ich bin nicht so wie du/ihr!», um sich ein wenig beleidigt zu fühlen; denn die Einsicht, daß menschliche Unterschiede im Denken, Fühlen und Handeln neben-

einander Bestand haben, ist in so manches Herz noch längst nicht gedrungen. An dieser Stelle scheiden sich jedenfalls die Geister, und entsprechend werden zwei Kreisläufe zu unterscheiden sein. Während die einen «jetzt gerade!» ihren Liebesmotor anspringen fühlen und auf Eroberungskurs gehen (darüber dann später), stellen die anderen Mitmenschen ihre Quittung aus: «Wenn das so ist – bitte schön! So muß ich mich nicht behandeln lassen!» – und wenden sich äußerlich ab, während sie sich innerlich noch mit ihm beschäftigen: «Was mag das für ein Mensch sein, der so wenig von sich zeigt – was mag in ihm vorgehen? Wahrscheinlich ein Sonderling, der ...» – und nun füllen tausend Projektionen die leere Leinwand, die seine spärliche Selbstoffenbarung hinterlassen hat. Und wenn man ihm auch nicht mit offener Feindseligkeit begegnet (was auch vorkommen kann), so doch ein wenig böse und mit einer vorsichtigen Zurückhaltung, die verrät, daß man nicht allzuviel mit ihm zu tun haben möchte; zumindest würde man nie auf die Idee kommen, sich ihm anzuvertrauen.
Das alles zusammen oder Teile davon machen genau die Atmosphäre aus, die der Distanzierte nur allzu gut kennt und die ihm das Gefühl gibt, nicht ganz willkommen zu sein. Entsprechend unwohl fühlt er

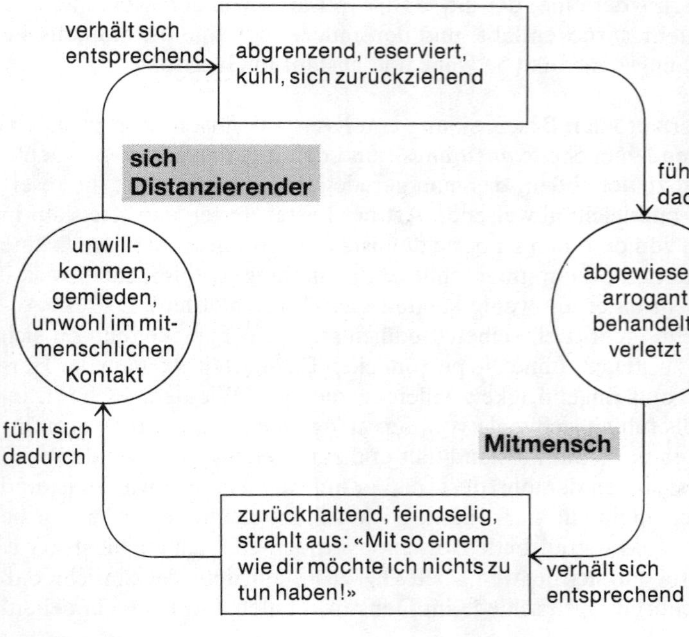

sich im Kontakt, kapselt sich mißtrauisch ab, sucht und findet seine Geborgenheit im Schneckenhaus – eine seelische Karriere zum Eigenbrötler nimmt ihren Lauf.

Teufelskreis von Nähe und Distanz. Kommen wir nun zu jenem «klassischen» Kreislauf, den wohl mancher schon erlebt und durchlitten hat, der sich einmal auf eine enge Beziehung eingelassen hat: den höchst dynamischen und manchmal dramatischen Teufelskreis von *Nähe* und *Distanz*.

Beide Bedürfnisse sind im Menschen vorhanden: im komplexen dynamischen Wechselspiel dieser Bedürfnispolarität entfaltet sich die zwischenmenschliche Beziehung – und nicht selten geht sie im Strudel dieser Gegensätzlichkeit zugrunde. Die Phase der Verliebtheit, der anfänglichen Faszination füreinander, ist geprägt vom Bedürfnis nach Nähe, der Distanzwunsch scheint zurückgedrängt. Dann aber meldet er sich, meist wird es einem der beiden Partner nach einer Weile «zu eng»: er (sie) möchte nun gern einmal «für sich» sein, mit anderen Leuten Kontakt haben, einmal wieder im eigenen Bett schlafen, eine Weile den anderen nicht um sich haben – das ständige oder häufige «Aufeinanderhocken» macht nun ganz «kribbelig». Vielleicht drückt er das direkt aus, vielleicht behält er solche «ketzerischen» Gefühle noch eine Weile für sich, sei es, um den anderen nicht zu enttäuschen, sei es, um sich selbst die damit verbundene Ernüchterung nicht einzugestehen – jedenfalls merkt der Partner, daß der andere äußerlich oder innerlich «auf Distanz geht». Vielleicht wäre es bei ihm eine Sekunde später auch soweit gewesen, aber nun ist der andere zuvorgekommen und löst zumindest in Spurenelementen jene *Angst vor dem Verlassenwerden* aus, die bei einem «Nähemenschen» (mit starken Anteilen der bedürftig-abhängigen, der helfenden oder selbst-losen Strömung) ohnehin eingespurt ist.

«Zitat einer Frau (aus der Nähe-Position)*:«... Wir waren beide unheimlich verliebt und wollten beide sehr viel Nähe... Das ging dann zwei, drei Monate, dann kommt irgendwann ein Punkt, wo man anfängt, sich wieder für andere Sachen zu interessieren. Meistens fängt einer als erstes an, und das war in diesem Fall Ronald... Er hat sich zurückgezogen, aber ohne mir das mitzuteilen, ... ich habe es nur gespürt. Er wendet sich ab von mir, ich weiß gar nicht warum. Hilfe!»

* Dieses sowie alle folgenden Zitate sind entnommen aus den Interviews von Scheller, Diplomarbeit 1986.

Bei diesem Partner bleibt der Wunsch nach Nähe erhalten und verstärkt sich sogar, denn sein (prinzipiell ebenfalls vorhandenes) Distanzbedürfnis «springt nicht an» – für Distanz hat der andere bereits gesorgt (befriedigte Bedürfnisse werden ja nicht gespürt, permanent befriedigte Bedürfnisse in ihrer Existenz nicht einmal erkannt). Seiner Angst und seinen Nähe-Wünschen entsprechend wird er sich nun um den anderen bemühen – und so kann ein Teufelskreis in Gang kommen. Der Distanzierte fühlt sich verfolgt und verschlungen, seine eingespurte *Angst vor Abhängigkeit und Selbstverlust* wird geweckt, läßt ihn flüchten und größeren Abstand nehmen. Nicht, daß er kein Bedürfnis nach Nähe hätte: solange dies jedoch so intensiv von seinem Partner gelebt wird, wird er seine eigene Anhänglichkeit nicht spüren. Dies ändert sich schlagartig, wenn der Nähe-Partner, abgekämpft, zermürbt und in seinen Gefühlen erkaltet, seine «Nachstellungen» aufgibt und sich abwendet: Nun kann der Distanzierte seinen Gegenpol wieder spüren, und zwar übermächtig – und es geht in die nächste Runde, aber plötzlich mit vertauschten Rollen.
Halten wir fest: Was von außen den Eindruck macht, als hätten ein «Distanzierter» und ein «Anhänglicher» sich zusammengefunden, erweist sich bei näherem Hinsehen als Polarisierung einer gespaltenen Ambivalenz. Mit «gespaltener Ambivalenz» ist gemeint: Jeder hat beides in sich (Ambivalenz), anstatt aber die Gegensätze in sich zu vereinen, wird nur jeweils die eine Seite gelebt, die andere dem Partner überlassen: so polarisieren sich die Gegensätze, in der Beziehung entsteht eine Art komplementärer seelischer Arbeitsteilung. Die «Mechanik» dieses Zusammenspiels sei (in Anlehnung an Scheller, 1986) an folgendem Schaubild veranschaulicht (s. rechts).

Beide Partner N und D verfügen über ein «Bindeseil» und einen abstandsichernden «Puffer» – angenommen aber, das Band und der Puffer von D wären nur um weniges länger. Was passiert?
Das straff gespannte Seil von N läßt ihn seine «Bindung» fühlen; sein Abstandspuffer schlägt gegenüber (noch) nicht an, deshalb spürt er keinen Distanzbedarf. Dafür berührt ihn um so mehr das Weggeschobenwerden an der eigenen Brust. Ganz anders, nämlich gegenteilig, die Gefühlskonstellation bei D: An seinem Haken spürt er, wie der andere an ihm zieht. Gleichzeitig schlägt gegenüber sein Puffer an und signalisiert «Abstand halten!» – Eine eigene Bindung fühlt er nicht, denn sein Seil ist (noch) schlaff. Und ganz offenbar hat sein Partner überhaupt keine Distanzwünsche, jedenfalls ist kein Puffer zu spüren!

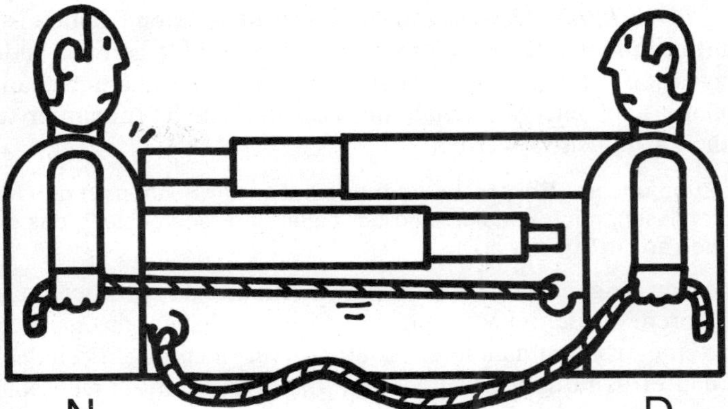

Abb. 38 Mechanisches Vorstellungsmodell von Anziehung und Abstoßung bei einem Nähepartner N und einem Distanzpartner D, s. Text

Das Gesamtbild ändert sich schlagartig, wenn das Band von N gerissen ist und N sich entfernt: Plötzlich schlägt das Seil von D an, und sein Puffer fährt ins Leere. In den Befragungen, die Scheller (1986) durchführte, war die Nähe-Distanz-Position eines Menschen häufig instabil und wechselnd, sowohl innerhalb ein- und derselben Beziehung als auch in verschiedenen Beziehungen. Die jeweilige Position des einzelnen ist somit auch das Ergebnis einer Beziehungsdynamik und keineswegs nur persönlichkeitsabhängig.

Schauen wir uns noch etwas genauer das dynamische Ineinandergreifen von Gefühlen und Verhaltensweisen an, das den Nähe-Distanz-Teufelskreis konstituiert und in Schwung hält. Bei den folgenden Zitaten ist sofort erkennbar, ob der Nähe- oder Distanz-Partner spricht; meist auch, ob es sich um eine Frau oder einen Mann handelt (wo nicht, füge ich den Hinweis bei). Übrigens gab es in dieser Stichprobe (Männer und Frauen zwischen 25 und 35 Jahren) in nur schwachem Maße den erwarteten Zusammenhang zwischem dem Geschlecht und der Nähe-Distanz-Position (vgl. S. 194f). Angesichts des häufigen «Rollenwechsels» in ein und derselben Beziehung wäre das auch kaum möglich gewesen.

Typischerweise fühlt sich der Distanzierende bedrängt und in seinem freien Selbstsein bedroht: der andere will viel zuviel von ihm. *Wie verhält er sich, um Abstand zu gewinnen*? Im direkten Kontakt ist er «muffig» und wortkarg, innerlich abwesend oder gereizt, zudem «schwerhörig» für alles, was der andere an Gefühlen und Beziehungsthematik anbietet. Wenn man ihn nicht in Ruhe läßt, kann er sehr kaltherzig und «fies» werden:

«Im Zuge unserer Gespräche über uns hat er mir Sachen an den Kopf geschmissen, mich kritisiert und dermaßen in Frage gestellt, das ging wirklich an die Substanz.»

Insgesamt neigt er dazu, Kontakte von sich aus abzubrechen und zu reduzieren, «leider im Moment wenig Zeit» zu haben, da er sich verstärkt mit Arbeit und anderen Kontakt-«Verpflichtungen» eindeckt, «so daß er dann unheimlich viel um die Ohren hatte». Den Nähe-Wünschen des Partners setzt er ein «Ja, aber» entgegen: nicht so oft, nicht so lange, nicht so intensiv. Nach dem Rückzug kommt es oft zur Wiederannäherung:

«Dann haben wir uns langsam wieder angenähert, waren wieder ein, zwei Tage heiß und innig zusammen, und dann war wieder Ende.»

Dieser Abbruch («und dann war wieder Ende») kann auch mitten im Kontakt erfolgen, in Momenten von Vertrautheit und Innigkeit, wenn es gerade wirklich «schön zu werden droht»: Sehr plötzlich und abrupt, für den Nähe-Partner ganz aus heiterem Himmel, sorgt der Distanzierende, als ob er eine Notbremse ziehen müßte, für ein Umkippen der Stimmung – zum Beispiel durch eine verletzende Bemerkung oder durch einen ironischen oder sarkastischen Kommentar.

«Manchmal waren wir ganz eins – und dann, ganz plötzlich, Schranke zu.» (weibl.)

Der Nähe-Partner bleibt nicht nur in seinen Bedürfnissen unbefriedigt, fast immer hört er die «Botschaft» auch mit dem Beziehungsohr und fühlt sich «alles was mit ‹*abge*› ... anfängt», wie eine Klientin sich ausdrückte: *abge*stellt, *abge*wiesen, *abge*lehnt. Zusammen mit dem Selbstwertgefühl geht das gesamte Lebensgefühl «den Bach herunter»:

«Na ja, das war doch unheimlich verletzend, diese Erfahrung, ich will was von dem anderen, und er stößt mich zurück. Das war ja an tausend Punkten, und das war eigentlich jedesmal so die Erfahrung, jedesmal das Gefühl, ich werde nicht gemocht, ich werde nicht geliebt. Und ich habe dann immer die Gründe bei mir selber gesucht. Es ging mir noch nie so beschissen wie in dieser Zeit: Ich hatte dann Depressionen, Selbstmordgedanken und wußte überhaupt nicht mehr, was ich mit mir anfangen sollte.»

Oder in einem anderen Zitat:

«Ich war wie eine Klette, hing nur noch an ihm. Wenn er aufstand und Brötchen holte und wenn es länger als drei Minuten dauerte, dann hatte ich in Gedanken schon wieder die perfekte Trennung durchgespielt, saß also schweißgebadet im Bett. Das war ganz schrecklich, ich habe ihm nicht mehr bis zur Tür getraut.»

Die Depressionen und Selbstzweifel haben in der Regel eine verborgene Kehrseite: Aggressionen auf den sich distanzierenden Partner, von dem man so viele Kränkungen hat einstecken müssen:

«Ich habe mir auch das erste Mal eingestanden, daß ich eine Riesenwut auf diesen Scheißtypen habe!!! Weil ich mich auch so oft alleingelassen gefühlt habe!»

Wie nicht weiter verwunderlich, beschreiben die Nähe-Partner ihren inneren Zustand in seiner Mischung aus Verzweiflung-Sehnsucht-Verletztheit-Wut-Aufgewühltheit überwiegend als die reine Hölle. Was bewegt sie meistens dennoch, so lange durchzuhalten und mitzumachen? Drei Gründe können eine Rolle spielen: Zum einen die Hoffnung, den Partner irgendwann doch noch zu wahrer Liebe bekehren zu können. Zum zweiten ist der Nähe-Partner mit der Zeit außerordentlich zermürbt, im Selbstwertgefühl beschädigt und depressiv. Dann bringt er oft einfach die Kraft nicht auf, sich zu trennen; die Angst vor dem Alleinsein, ausgerechnet in einem derart zerzausten Zustand, wird übermächtig. – Letztlich spielt in manchen Fällen auch folgendes mit: Angenommen, der Nähe-Partner wäre «von Haus aus» eher ein distanzierter Mensch, der nun aber auf ein Gegenüber gestoßen ist, das den Abstand noch mehr betont – dann könnte er endlich einmal «ohne angezogene Handbremse» jene Seite in sich spüren und ausleben, die auf Nähe aus ist. Die Sehnsucht bekommt Flügel, das leidenschaftliche Begehren darf sich entfalten, der ganze Mensch blüht auf – paradoxerweise nicht *obwohl* der andere sich teilweise oder ganz verweigert, sondern *weil* er dies tut. Durch die Einhaltung des Sicherheitsabstandes ermöglicht er dem Entfesselten das auch im Leiden noch lustvolle Erlebnis von intensiver Leidenschaft und Begehrlichkeit.

«Es war das erste Mal, daß ich jemanden traf, der ein so starkes Bedürfnis nach Freiheit hatte, das erste Mal, daß ich mich so stark unbefriedigt fühlte in dem, was ich wollte und auch ganz stark meine Liebe gespürt habe, wie ich sie vorher noch nie gespürt hatte.» (weibl.)

Wie verhält sich nun der Nähe-Partner? Natürlich sind, seiner Bedürfnislage entsprechend, alle Antennen auf den Partner ausgerichtet – und die Enttäuschung steht ihm im Gesicht geschrieben. Er wird den Abweisenden mit seinen Wünschen konfrontieren, seien es flehentliche Bitten oder massive Forderungen. Er wird ihm schwer zusetzen mit Vorwürfen über sein Fehlverhalten, über seine Beziehungsunfähigkeit. Und er wird versuchen, in ihn zu dringen, ihn auszuforschen: Was mag zutiefst in ihm vorgehen? Mag er mich nicht? Hat er einfach Angst? Oder «ist» er einfach so?
Wenn der Nähe-Partner merkt, daß all sein Insistieren den anderen nur noch mehr in die Defensive und in den Rückzug treibt, ist er oft hin- und hergerissen zwischen «Ehrlichkeit» und «Taktik» (vgl. S. 45), wird ängstlich in seinem Verhalten und in hohem Maße wirkungsbedacht: Wie muß ich sein, wie muß ich mich geben, um den anderen näher an mich heranzubringen?

«Andere haben mich darauf aufmerksam gemacht, daß ich total verändert bin, wenn sie dabei ist: daß ich mein Verhalten total auf sie ausrichte und sehr, sehr ängstlich bin, mit dem, was ich sage, tue, mache. Mein Vater meinte, daß ich immer nur ängstlich ‹rüberschiele›.» (sinngemäß)

«Wie muß ich jetzt sein, um aus der Situation zu kommen und ihn wieder hierher zu kriegen? Das ist immer dieser Teufelskreis, den ich ganz übel finde und der mich auf Dauer eigentlich von mir selber abbringt, so daß ich nur noch auf ihn fixiert bin, wenn er da ist, und nicht mehr mich selbst, meine eigenen Gedanken und meinen eigenen Weg vor Augen habe.»

«Da er dann kommt, wenn ich Abwehr zeige, zwinge ich mich manchmal richtig dazu, möglichst abweisend zu sein. Ich finde das ein ganz übles Spiel, aber wenn ich es ihm zeige, daß ich mit ihm zusammen sein will, kriege ich es ja nicht.»

«Ich überlegte immer, wie ich sein muß, um das zu kriegen, was ich will. Immer mit der Vernunft dazwischen, nicht so, wie das Gefühl gerade ist. Ich glaube, das macht zum Teil die ganze Ehrlichkeit zunichte...»

Sei es nun durch bewußte Taktik (die kurzfristig durchaus «funktionieren» kann), sei es durch ängstliches und halbbewußtes Sich-nach-dem-Partner-Ausrichten – in beiden Fällen verliert der Nähe-Partner sich selbst, macht sich zum Trabanten.
In dem Maße aber, wie er sich abhängig macht und auf den Distanz-Partner fixiert, verstärkt er bei diesem Unbehagen und Abwehr, die ohnehin schon auf der Lauer liegen:

«Nach zwei Jahren habe ich dann gemerkt, daß mir diese ganze Anhänglichkeit, die er hatte, auf den Keks ging.»

Der Distanz-Partner fühlt sich bedrängt, verfolgt, ausgesaugt, belagert und angebunden. Seine innere Abwehr geht gleichsam in die Augen hinein; wie man sagt, daß «Schönheit im Auge des Betrachters liege», so trifft auch das Gegenteil zu: Der Partner wird nun als unattraktiv wahrgenommen. Oft sind es kleine Un- oder Eigenarten (zum Beispiel wie er ißt, seine Hände hält, manche Sätze unvollständig läßt, wie er sich kleidet oder schminkt, wie er riecht oder was er für Ansichten hat), die als «Grund» für die Distanz nicht nur angeführt, sondern tatsächlich empfunden werden. Diese Allergien bilden zusätzlich Treibsatz für den Teufelskreis. Nachdem der Distanz-Partner seinem Nähe-Partner dessen Fehler «an den Kopf geknallt» hat, versucht dieser, es ihm recht zu machen – und löst damit prompt eine neue und nun wirklich profunde Allergie aus: «Daß du dich so nach mir richtest und mir alles recht machen willst!!» – Oft geraten die Partner an dieser Stelle in eine Falle, in die *«Sei selbständig-Paradoxie»*. Der Distanz-Partner legt dem anderen nahe, doch einmal etwas für sich auf die Beine zu stellen, sich unabhängig zu machen von den eigenen Direktiven und Wünschen. Nun ist der Nähe-Partner in der paradoxen Falle gefangen: Probiert er, diesem Ratschlag zu folgen, fehlt diesen Unabhängigkeitsstrebungen doch der eigene Impuls, geschehen sie im Grunde doch «ihm/ihr zuliebe»! Setzt er sich hingegen zur Wehr und zeigt darin seine Eigenständigkeit, bleibt er abhängig.
Aber auch ohne diese Falle ist die Anhänglichkeit des Nähe-Partners allein schon ausreichend, ihn in den Augen des anderen immer unattraktiver werden zu lassen:

«Auch ihre Schwäche in dem Augenblick ist mir wahnsinnig auf den Geist gegangen, gegen meine Stärke gegangen. Ich hatte streckenweise wirklich Phantasien, daß sie sich wirklich sehr an mich klammert und immer nur die Kleine und Hilflose ist und ich immer nur der Große... Ich kann es jetzt nicht so genau sagen, aber ich habe jetzt so den Gedanken, sie konnte mir in diesen Augenblicken nichts bieten, sie war nichts, so ohne Reiz und Glanz. Bildhaft übertrieben, eben so ein verheultes, uninteressantes, kleines Wesen.»

Was den Distanz-Partner zusätzlich «nervt», ist der vom Nähe-Partner immer wieder betriebene Versuch, «darüber zu reden»:

«Immer, wenn ich über das, was zwischen uns lief, reden wollte, war er völlig entnervt.»

«Ich kenne das ganz gut auch aus anderen Beziehungen, wenn jemand mit soo einem Gesicht durch die Gegend rennt, weil in der Beziehung was nicht in Ordnung ist: er will das nun geklärt haben, und ich weiß überhaupt nicht, was er da nun großartig klären will.» (weibl.)

«Auch Mitleid und umbringen, er fing an zu trinken, rief mich immer wieder an, schickte Telegramme und Blumen. Das wollte ich alles nicht:... Er wollte immer wieder alles besprechen, besprechen, besprechen, und ich konnte und wollte das nicht mit ihm besprechen!»

Daß der andere «nicht einmal» darüber reden will, macht den Nähe-Partner besonders verbittert. Dabei liegt das in der Psycho-Logik des Teufelskreises: «Darüber reden» bedeutet ja Kontakt und Nähe – kein Wunder, daß der Nähe-Partner so sehr darauf drängt – kein Wunder auch, daß der Distanz-Partner es verweigert. Dies gilt ebenso für das Aufsuchen einer Beratungsstelle; wohl immer schlägt dies der Nähe-Partner vor, und fast immer lehnt es der Distanz-Partner ab:

«Nach wie vor wäre mein sehnlichster Wunsch, daß ich mit meiner Freundin zusammen eine Paarberatung mache, weil ich denke, hier sind Mechanismen am Laufen, die müssen nicht die Herrschaft über das Wohl und Weh unserer Beziehung gewinnen.»

«Darüber reden» ist für den Distanz-Partner noch aus anderen Gründen unangenehm. Dann müßte er Auskunft geben über sich selbst: Aber was geht in ihm vor? Er weiß es ja teilweise selbst nicht. Das, was er spürt, wird den anderen doch nur «unnötig» verletzen, enttäuschen, vor den Kopf stoßen!? Vielleicht würde dieser sogar Schluß machen – und das möchte er doch auch wieder nicht! Oder doch? Oje, derlei Gefühlsdinge sind einfach zu schwierig! Ist er vielleicht tatsächlich «beziehungsunfähig», wie der Partner ihm schon mehrfach vorgeworfen hat? Wird ein Gespräch, womöglich noch in einer Beratungsstelle, nicht «Abgründe» zutagefördern? Grund genug, auf den Vorschlag, wieder einmal alles «großartig zu klären», mit angewiderter Verdrossenheit, aber auch schuldbewußter Ratlosigkeit zu reagieren. Das folgende Zitat gibt einen hervorragenden Einblick in die Gefühlswelt eines Distanz-Partners:

«Ich merkte, ich orientiere mich sehr nach außen, ich hatte eine Menge damit zu tun, meine Kontakte zu alten Freunden und Bekannten aufrechtzuerhalten, und ich habe auch ansonsten viel gemacht. Das hatte die Konsequenz, daß Frauke und ich oftmals sehr wenig zusammen gemacht haben, mir war eigentlich gar nicht so danach... Es kam dann zunehmend häufiger zu Auseinandersetzungen nach dem Motto: ‹Ich

renn dir eigentlich immer hinterher, biete mich an,... und du reagierst gar nicht darauf, für dich zählen doch nur die anderen Leute! Von dir aus kommst du ja nie, um auch mal was mit mir zusammen zu machen!›
(...)
Da war jemand, der wirft dir vor und zählt auf, was du alles falsch machst und was du alles nicht tust. Ich hatte immer das Gefühl, ich muß das alles schlucken und kam aus meinen Schuldgefühlen nicht heraus, konnte mich nicht wehren:... Wenn jemand so in seiner emotionalen Art und mit seinem ganzen Ärger die ganze Zeit auf dir herumtrampelt und herumhämmert, hatte ich einfach nur die Möglichkeit, klein zu werden. Im Grund genommen hat das mein Selbstwertgefühl ziemlich angenagt. Ich bin jemand, dem es schwerfällt, Emotionen rauszulassen, ärgerlich zu sein, wenn er ärgerlich ist, mal zu schreien, wenn er sich verletzt fühlt, und das alles konnte Frauke eigentlich sehr gut. Ich habe da auch regelmäßig so eine Leere im Kopf gehabt,... mir fiel nichts ein, sondern ich konnte immer nur denken: Sie hat ja recht, sie hat ja recht: und wurde mit jedem ‹sie hat ja recht› noch buckliger und kleiner... Ich konnte einfach nicht begründen, warum ich diesen Freiraum brauche...
Es gab sicherlich Phasen, wo ich ihr ehrlicherweise hätte sagen müssen: Mensch, ich weiß eigentlich im Augenblick gar nicht, was mir an dir liegt! Aber das hätte ich nie gewagt, das wäre mir nie über die Lippen gekommen. Und dann war da auch nichts anderes, was ich ihr zu meiner Rechtfertigung hätte anbieten können. (...)
Ich habe (die abwehrende Rolle) in dem Sinn als Stärke empfunden: Ja, mir kann keiner oder sie kann mir nichts! Aber ich habe das gleichzeitig auch als kränkend empfunden, weil Frauke damals zu mir gesagt hat: ‹Du machst es falsch, weil du so bist!› Da ich mich nicht zu einem beziehungsunfähigen Mann abstempeln lassen wollte, habe ich darunter auch teilweise gelitten. (...) Ihre eskalierenden Ausbrüche haben mich dann ab und zu noch mal dazu hingerissen, einen Teller zu zerschmettern, was ich als unheimlich wohltuend und mutig empfand,... das hat mich angestachelt, auch ein bißchen zu meiner hilflosen Wut zu stehen. Ich habe manchmal das Gefühl gehabt, sie hat mir das Leben zur Hölle gemacht.»

Seinen Gefühlen und Bedürfnissen entsprechend verhält sich der Distanz-Partner in der Weise, die wir auf S. 204 – in den Kreislauf einsteigend – beschrieben haben. Hier der typische Nähe-Distanz-Teufelskreis in seiner Grundform auf einen Blick:

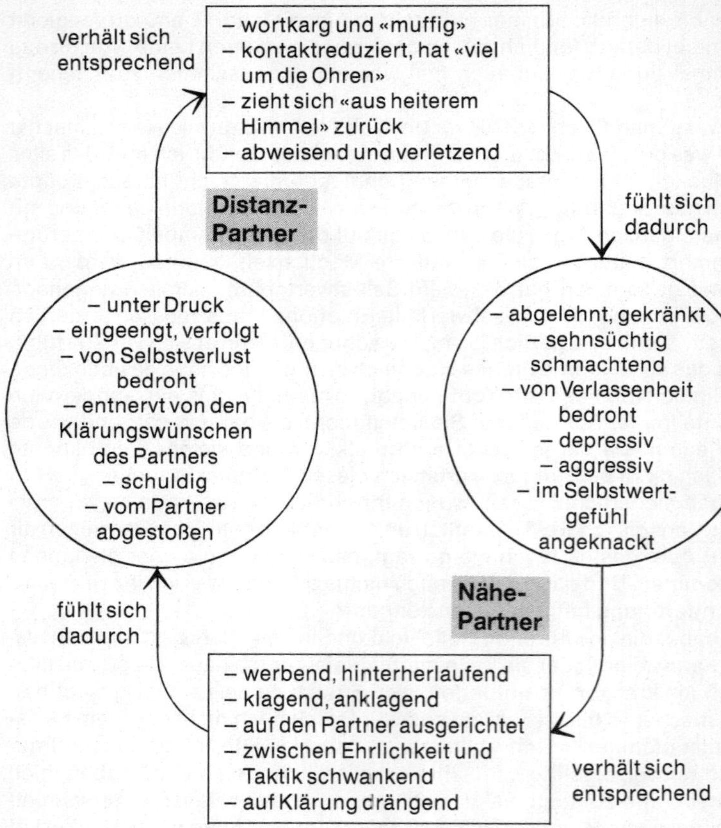

Dieser «Standard-Teufelskreis» wird bei jedem Paar etwas anders aussehen; das Grundmuster erlaubt, auch die Abweichungen zu erkennen. So kann es zum Beispiel vorkommen, daß der Distanz-Partner sich seine Nähe-Wünsche in einer Nebenbeziehung erfüllt, in der vielleicht die faktischen Gegebenheiten für hinreichenden Abstand sorgen (zum Beispiel wenn der Nebenpartner verheiratet ist, in einer anderen Stadt wohnt o. ä.). Oder er nimmt an einer Selbsterfahrungsgruppe teil und erlebt dort – im Kontext der Unverbindlichkeit – jene Gefühlsintensität, die er zu Hause «vermißt».
Wenn man dies alles so sieht und erkennt, drängt sich die Frage auf:

Wie kommt man aus einem solchen Teufelskreis heraus oder noch besser gar nicht erst hinein? Den Pelz waschen, ohne sich naß zu machen? Man kann und sollte sich dies alles nicht ersparen wollen, auch die Liebe hat ihre Kinderkrankheiten. Sollte sich aber so ein Kreislauf über Jahre hinweg leidvoll verewigen, wird man sich an die Arbeit machen müssen (Persönlichkeits- und Beziehungsarbeit). Hier einige Leitgedanken, die für eine Entwicklung förderlich sein mögen:

Empfehlungen an den Nähe-Partner

1. *Nicht mit dem Beziehungs-Ohr, sondern mit dem Selbstkundgabe-Ohr hören.* Nehmen Sie die abweisende Art Ihres Distanz-Partners nicht allzu persönlich! Darin steckt nämlich nicht so sehr die Botschaft, daß Sie unattraktiv und nicht liebenswert wären, sondern vor allem die Selbstkundgabe der Angst, sich (allzusehr) auszuliefern. Dieses verstandesmäßige Wissen wird Sie nicht vollständig vor Verletzungen und Kränkungen schützen, kann aber den Stachel etwas abmildern.
2. *Manches «Weglaufen» ist ein «Anlauf-Nehmen».* Werfen Sie die Flinte nicht gleich ins Korn – vielleicht ist Ihr Distanz-Partner wirklich «beziehungsunfähig», aber das ist zunächst überhaupt nicht erwiesen. Vielleicht muß er, bevor er in die Zielgerade einbiegt, noch einen (inneren) Parcours durchlaufen, dessen Hürden aus alten Enttäuschungen und Wunden besteht. Manche Hürden mögen so gefährlich erscheinen (so wie tiefe Wassergräben, in die man stürzen könnte), daß er davor «bockt». – Während Sie ihn «*weglaufen*» sehen, läuft er vielleicht nur zurück, um erneut *Anlauf zu nehmen!* – Dies ist ein ganz unbewußter Vorgang – und «zur Rede gestellt» weiß er sich nicht zu erklären.
3. *Keine Psychoanalysen!* Fangen Sie aufgrund dieser Erkenntnisse nicht an, Ihren Distanz-Partner mit Diagnosen und Psychoanalysen zu verfolgen! Dies wird Ihnen sehr schwer fallen, denn Sie hoffen natürlich, die kleinen Rädchen freilegen und daran drehen zu können, die bei ihm im Untergrund wirksam sind. Als «Psycho-Detektiv» sind Sie jedoch erneut bedrängend, rufen neue Abwehr hervor und verstärken so den Teufelskreis, statt ihn aufzuhalten.
4. *Nicht nach der eigenen «Gebrauchsanweisung» behandeln!* Erliegen Sie nicht der Illusion, alle Menschen seien gleich, und Ihr Partner wolle «im Grunde» genau dasselbe wie Sie – man muß ihn nur noch erlösen, damit er selbst dies auch merkt! Er ist anders, hat andere

Bedürfnisse – und das wird auch immer so sein! So bedeutet ihm vielleicht das Mit-sich-alleine-Sein viel mehr als Ihnen.
Wahrscheinlich neigen Sie dazu, ihn so zu behandeln, wie Sie gern behandelt werden möchten. Geht es ihm beispielsweise schlecht, oder ist er offensichtlich schlecht gelaunt, was läge näher, als sich ihm zuzuwenden, den Arm um seine Schulter zu legen und anteilnehmend zu fragen, was mit ihm sei!? Das wäre zwar genau das, was Ihnen an seiner Stelle gut täte! Für ihn hingegen kann es gerade dieses sein, was er jetzt «nicht abkann»!
5. *Keine taktierende Selbstverleugnung!* Solche Unterschiede zu kennen und zu respektieren bedeutet nicht, das eigene Handeln nur noch auf die Eigenarten des Partners abzustimmen und so auf optimale Wirkung zu kalkulieren! Im Gegenteil, bleiben Sie sich selbst treu, mit allem, was dazugehört – und wenn Sie starke eigene Bedürfnisse spüren, dann versuchen Sie nicht krampfhaft, es dem anderen «recht» zu machen. Gewiß, lassen Sie ihm seine Ruhe und seine Freiheit, soweit Sie das vermögen – aber verleugnen Sie sich nicht und geben sich nicht «großzügiger», als Sie wirklich im Augenblick sind! Zwar können Sie, wie Sie wahrscheinlich schon herausgefunden haben, durch geschicktes Taktieren einiges in Bewegung bringen, zum Beispiel wenn Sie ihm die kalte Schulter zeigen. Dann rappelt es in der Beziehungskiste, und manche Gefühle kommen durcheinander. Der Inhalt der Kiste bleibt jedoch der gleiche, und ein wirklicher Entwicklungsschritt ist noch nicht getan.
6. *Eigenentwicklung zur Autonomie.* Diesen «wirklichen Entwicklungsschritt» können Sie nicht für ihn tun, sondern nur für sich selbst. Bei Ihnen geht er in Richtung Autonomie. Werden Sie sich Ihres Eigenwertes bewußt und Ihrer Möglichkeiten, das Leben eigenständig zu meistern und zu genießen. Jetzt haben Sie sich «ausgerechnet» einen solchen Distanz-Partner gesucht. Als Psychologen gehen wir davon aus, daß hier niemals «der blinde Zufall sinnlos waltet», sondern daß Ihnen bei dieser Wahl Ihr Unbewußtes souffllierte. Vielleicht liegt der geheime Sinn darin, daß dieser Partner, indem er Sie nicht umschwärmt und ständig umsorgt, Sie auf sich selbst zurückweist. Indem Sie die dadurch ausgelöste Krise als Entwicklungschance begreifen, nehmen Sie die Herausforderung an. Sollten Sie sich in dieser Hinsicht für einen «schwierigen Fall» halten, nehmen Sie sich ruhig einen professionellen «Entwicklungshelfer»!
7. *Trennung und Verantwortung.* Vielleicht merken Sie nach einiger oder auch nach längerer Zeit, daß sich Ihre Geduld erschöpft und daß Sie nicht mehr darauf warten wollen und können, das vom Partner zu

erhalten, wonach Sie sich sehnen. Versuchen Sie dann die Kraft aufzubringen, sich zu trennen, wenn das irgend möglich ist. Sie laufen sonst Gefahr, emotional zu verhungern und dem anderen die Schuld für Ihr Lebenselend aufzubürden («Du hast mein Leben zerstört! Wie schön könnte es sein, wenn du etwas ‹normaler› wärest!»). Umgekehrt gilt: Wenn Sie bleiben und sich nicht trennen, übernehmen Sie dafür die Verantwortung! Sie haben sich entschieden, mit *diesem* Partner zu leben. Und bei aller Enttäuschung haben Sie ganz sicher gute Gründe, bei ihm zu bleiben.

Empfehlungen an den Distanz-Partner

1. *Studieren Sie die Empfehlungen, die sich an den Nähe-Partner richten,* denn diese betreffen auch Sie!

2. *Polarisierung und Delegation erkennen!* Behalten Sie im Blick, daß Ihr Partner, der Sie so einengt und besitzergreifend verfolgt, jenes Element von Nähe und Zusammengehörigkeit verkörpert, das Sie sich vielleicht auch wünschen, aber zur Zeit an den Partner delegiert haben.

3. *Sich auf die eigenen Schliche kommen.* Daß Sie so viel an ihm auszusetzen haben, kann auch das Ergebnis einer inneren Abwehrmaßnahme sein. Ihr Distanzbedürfnis ist weniger die Folge seiner Unattraktivität, sondern umgekehrt seine Unattraktivität die Folge Ihres Distanzbedürfnisses!

4. *Abgrenzung im Kontakt.* Wenn Sie viel Zeit für sich selbst brauchen und Ihre seelische Erholung im Rückzug vom Kontakt liegt, wenn Kontakte für Sie «anstrengend» sind, dann kann es sein, daß Sie sich *im* Kontakt schlecht abgrenzen können und daher übermäßig anstrengen. Vielleicht geben Sie sich eine Spur freundlicher, interessierter, wortreicher oder auch zurückhaltender, gesitteter, liebevoller, mitteilungsfreudiger, rücksichtsvoller, als Ihnen zumute ist. Mag die Abweichung nur eine Winzigkeit ausmachen: sie frißt mit der Zeit viel Energie – und der Rückzug ins stille Kämmerlein wird zur Erlösung. Wenn dem so ist, sollten Sie Ihren Kompaß neu einstellen: Sobald Sie sich die eigenen Grenzen auch im Kontakt eingestehen und sich ihnen entsprechend verhalten, anstatt sich immer neue Zwänge aufzuerlegen, können Sie bald darauf verzichten, fortwährend Ihren «Rückzug zu sichern und die persönlichen Reviergrenzen mit Zehen und Klauen zu verteidigen».

5. *Miteinander reden, gerade auch über die «unerfreulichen» Punkte.* Scheuen Sie sich nicht, die «unbequemen» Punkte Ihrer Partnerschaft anzusprechen, und zwar gerade so, wie Sie sie erleben. Ihr Partner leidet viel mehr unter Ihrer einsilbigen Distanziertheit, als er unter unbequemen Auseinandersetzungen leiden würde. Sollte Ihr Partner vorschlagen, eine Paar-Beratung aufzusuchen, weisen Sie dies nicht gleich von sich! Sie können dort mindestens soviel profitieren wie er, denn Sie erhalten Hilfe im Umgang mit Ihren inneren Vorgängen, und wie Sie wissen oder ahnen, liegt da Ihr schwacher Punkt!

6. *Nicht nach der eigenen Gebrauchsanweisung behandeln.* Diese Empfehlung an den Nähe-Partner gilt umgekehrt auch für Sie: Vielleicht denken Sie, wenn es ihm oder überhaupt jemandem schlechtgeht, man solle ihn besser in Ruhe lassen und nicht «auch noch» darauf ansprechen! So wäre Ihnen am wohlsten, aber manche Menschen sind anders und brauchen gerade dann Kontakt, liebevolle Zuwendung und Auseinandersetzung.

7. *Eigenentwicklung statt «Werde doch mal etwas selbständiger!»* Auch für Sie gilt, daß Sie wenig tun können, um die Entwicklung Ihres Partners zu beschleunigen – so sehr Sie sich auch manchmal wünschen mögen, daß er doch etwas selbständiger sei, weniger auf Sie angewiesen und überhaupt den Radius seiner eigenständigen Aktivitäten erweitern möchte. Hier lauert eine gefährliche Falle für Sie beide: je mehr Sie Ihrem Partner nahelegen, «werde doch mal etwas selbständiger!», besteht die Gefahr, daß er in eine verheerende *Doppelbindung* gerät: je mehr er versucht, es Ihnen recht zu machen und sich auf selbständige Aktivitäten verlegt, desto stärker begibt er sich in Unselbständigkeit und Abhängigkeit, denn Ihnen zuliebe ist er folgsam! Reagiert er aber «eigenständig» und verweigert sich diesen gut gemeinten Ratschlägen, dann bleibt er paradoxerweise unselbständig – ein schwer auflösbares Dilemma, in das schon manches Ehepaar hineingeraten ist.

Auch für Sie gilt also, daß Sie die Entwicklung nur für sich selbst vollziehen können. Welche Richtungen sind für Sie angezeigt? Davon handelt das folgende Kapitel.

7.3. Richtungen der Persönlichkeitsentwicklung

Klarheit der Rollenbeziehung und authentische Begegnung von Mensch zu Mensch. Besonders in der Berufs- und Geschäftswelt erweist sich die Fähigkeit, zwischenmenschliche Distanz zu wahren, als Vorteil. Jede Art von Distanzlosigkeit und schneller Verbrüderung liegt dem sich Distanzierenden fern, und das bewahrt ihn davor, in zwischenmenschliche Verwicklungen hineinzugeraten, unter denen die Klarheit unterschiedlicher Interessen leicht vernebelt wird. Passiert es allerdings doch einmal, daß er sich – an einer seiner empfindlichen Stellen getroffen – gefühlsmäßig verstrickt, kann er unberechenbar werden; ungeübt, mit Gefühlen umzugehen, reagiert er übermäßig verletzt, hochgradig defensiv oder aggressiv und manchmal geradezu «kindisch». In der Regel aber steht er «über diesen Dingen» und bewahrt auch in schwierigen Situationen einen kühlen Kopf. In der Rolle eines Vorgesetzten ist er in Gefahr, eine Hierarchen-Mentalität der Unnahbarkeit zu pflegen; andererseits hat er den Vorteil, nicht so leicht an der Einsamkeit der «Höhenluft» zu leiden, die dazu verführt, die Vorgesetzten-Rolle herunterzuspielen und dadurch Diffusität in der Rollenbeziehung zu erzeugen. Von der Humanistischen Psychologie herkommend, die in ihren Werten «Partnerschaftlichkeit», «Kooperation» und «authentische Begegnung von Mensch zu Mensch» betont, mußten wir mit der Zeit lernen, daß unter dieser Flagge manch Vorgesetzter sich davor drückte, zu seiner Rolle zu stehen und klare Entscheidungen zu verantworten (Hager, 1984). Vielleicht wären wir weniger mißverstanden worden, wenn wir die hier diskutierten Werte von vornherein in einer dialektischen Struktur gesehen und vermittelt hätten:

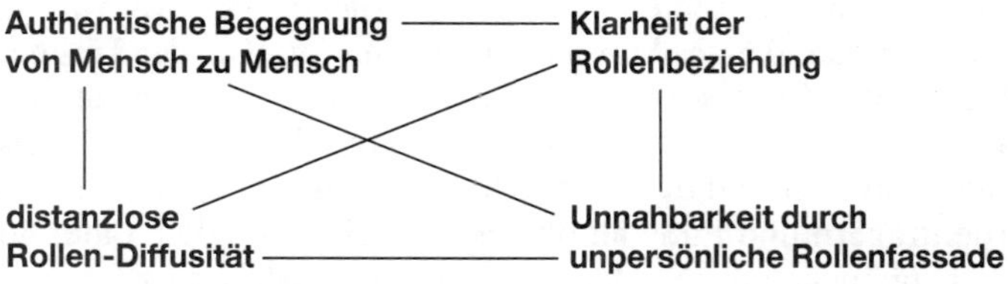

Die Betonung des partnerschaftlichen Miteinanders kann in hierarchischen Kontexten nur dann von Wert sein, wenn sie gepaart ist mit dem Bewußtsein, daß die Rollenbeziehung nicht symmetrisch, sondern komplementär angelegt ist und dem Vorgesetzten andere Verantwortungen auferlegt als dem Mitarbeiter. Der Distanzierte tut sich in dieser Hinsicht weniger schwer als der «Nähe-Mensch», denn er lebt nicht unter dem Druck, es allen recht machen zu müssen; er kann in entscheidenden Momenten «Nein» sagen und der Versuchung widerstehen, um der kollegialen Harmonie willen von der eigenen Position abzurücken und vorschnelle Zugeständnisse zu machen, um den anderen ja nicht weh zu tun. Ob diese Konflikt- und Entscheidungsfähigkeit sich wirklich als Wert erweist, darüber entscheidet natürlich – wie bei allen menschlichen Dispositionen – der soziale Kontext. Die Fähigkeit aber, gegebenenfalls so reagieren zu *können*, gehört zum Grundbestand der sozialen Kompetenz und ist für den «Nähe-Menschen», bei dem etwa die bedürftig-abhängige und/oder die selbst-lose Strömung dominiert, erst noch mühsam zu erwerben.

Dies alles muß unterstrichen und gewürdigt werden, bevor wir berechtigt und verpflichtet sind, dem Distanzierten ein allmähliches Heraustreten aus dem Ghetto der Unnahbarkeit zu empfehlen. Nicht immer ist er darin gefangen, denn die Rolle sichert ihm den Abstand, der es ihm erlaubt, auf Menschen zuzugehen und sich mit ihnen abzugeben.

Unbefangene Kontaktbereitschaft und reservierte Zurückhaltung. Der förmliche Abstand und die steifen, gezwungenen Umgangsformen im Berufsleben haben sich in den letzten zwanzig Jahren erheblich gewandelt. «Schulz von Thun, du mußt viel lockerer werden!» – Mit diesen Worten kam mir, dem Universitätsassistenten, Anfang der siebziger Jahre eine Studentin auf dem Flur entgegen und öffnete mir, zu meiner Verblüffung, den zweitobersten Kragenknopf. Ebensowenig «zugeknöpft» waren einige unserer Professoren. «Wer will, kann mich duzen» stand eines Morgens auf einem Zettel an der Tür meines Doktorvaters. Zuvor schon hatte die Studentenbewegung mit spektakulärer Respektlosigkeit «unter den Talaren den Muff von tausend Jahren» entdeckt und den ehrfurchtsgebietenden Abstand zwischen Würdenträgern und Fußvolk drastisch verringert. Auch untereinander begannen sich die Studenten einiger Fachbereiche zu duzen. In den Stätten der Therapie und Selbsterfahrung konnte man lernen, seine Schüchternheit abzulegen, auf Menschen zuzugehen und im «Feel and touch» die alten Berührungsängste zu vermindern. Daß man jemanden «einfach so» umarmen konnte, ohne sich eines sexuellen Annäherungsversuches «schuldig» zu machen, war für viele

ein ebenso sensationelles und befreiendes «Erlebnis» wie die Erfahrung, jemandem frank und frei seine Empfindungen zu sagen. «Feed back» und «Encounter» waren auch die Zauberworte, mit denen wir unsere ersten Seminare für Führungskräfte in der Industrie durchführten. Die Humanistische Psychologie, angetreten, die anthropologischen Reduzierungen der modernen Industriegesellschaft aufzuheben und den «ganzen» Menschen wieder aufleben zu lassen, war angesichts der «Schizoidierung der Gesellschaft» (Riemann, 1975) vorrangig eine Nähe-Bewegung gewesen.
Dies war und ist auch dann nötig und sinnvoll, wenn die gesellschaftlichen Ursachen für diesen Mangel an Geborgenheit und Kontakt damit nicht beseitigt sind. Die Öffnung des zweitobersten Kragenknopfes war mir Startimpuls für die Befreiung von allerlei Verklemmungen, und wie mir ging und geht es vielen Menschen, deren durch die Nebenwirkungen ihrer Sozialisation hervorgebrachte seelische Zwangsjacke sie daran hindert, dem Mitmenschen unbefangener entgegenzutreten. So sehr es also richtig ist, Stätten der Begegnung zu schaffen, wo emotionale Barrieren des zwischenmenschlichen Nahkontaktes therapeutisch bearbeitet werden können, so falsch kann es auf der anderen Seite sein, die dort (sinnvollerweise) praktizierten Formen des Umgangs auf andere Kontexte (zum Beispiel Berufswelt) einfach zu übertragen. Reserviertheit und Distanz, Zurückhaltung und Vorsicht im Ansprechen von Gefühlen und überhaupt der «Beziehungsebene» können dort durchaus dem Kriterium der «Stimmigkeit» (Schulz von Thun, 1981) entsprechen. Dies gilt vor allem dann, wenn die Beziehungen nicht oder nicht nur vom «freundschaftlichen Miteinander privater Personen», sondern auch von Gegnerschaft und Rivalität, Macht und Abhängigkeit geprägt sind.
Die Psychologin und Organisationsberaterin Karin v. d. Laan schreibt dazu*, bezugnehmend auf Kontakte mit Berufskollegen, die alle diese zweite Sozialisation der Emotionalität und Nähe durchlaufen haben:

«Das erste Mal in meinem Leben empfinde ich es als ‹gefährlich›, daß wir alle so sozial-fähig sind: Wir können schnell Kontakt herstellen, im Nu ist man beim ‹Du›, jeder kann jederzeit über seine Gefühle schwätzen und ‹sich einbringen›. Lauter ‹vertrauensbildende, näheschaffende Maßnahmen›, die ihre Wirkung tun. Aber zu Unrecht. Ich stelle fest, daß ich in diesen Kreisen ‹falsch programmiert› bin: Ich gehe von Freunden aus. Dabei sind die Beziehungen alle neutral, gefühlsoffen, jedoch in der

* Persönliche Korrespondenz, 1985.

Ausdrucksform überaus herzlich und direkt. Die wahre Beziehung ist nun schwieriger festzustellen. Man muß sehr genau hinhören. Im Grunde ist doppelte Vorsicht angebracht. Mißtrauens-Vorschuß oder Neutralitäts-Phase, die länger angesetzt werden muß, weil man dem rasch entstehenden Klima nicht trauen darf. Es hat keine Substanz, ist nicht durch Erfahrungen miteinander gewachsen. Wir sind schon fast vertraulich miteinander, bevor wir uns überhaupt kennengelernt haben.
Diese durchgeschulten Experten sind beziehungsmäßig verführerisch und daher gefährlich – falls von der Beziehung irgend etwas abhängt, falls man sich gegenseitig schaden kann, Interessenkonflikte da sind. Nach wie vor ist es sinnvoll, unterscheiden zu können zwischen Freunden und Feinden.»

Indem die Humanistische Psychologie die kontaktscheue Berührungsangst überwinden wollte, die für den distanzierten Menschen kennzeichnend ist, hat sie, was Übung sein sollte, zur Norm erhoben und damit die Sprache der Distanz zur Untugend bzw. zur «Rückständigkeit» erklärt. Eine wohlverstandene Kontaktfähigkeit hat jedoch beide Möglichkeiten – Nähe und Distanz –, sowie alle Schattierungen dazwischen, einzuschließen, damit die Umgangs- und Redeweise in Übereinstimmung mit der Wahrheit der Beziehung bleibt:

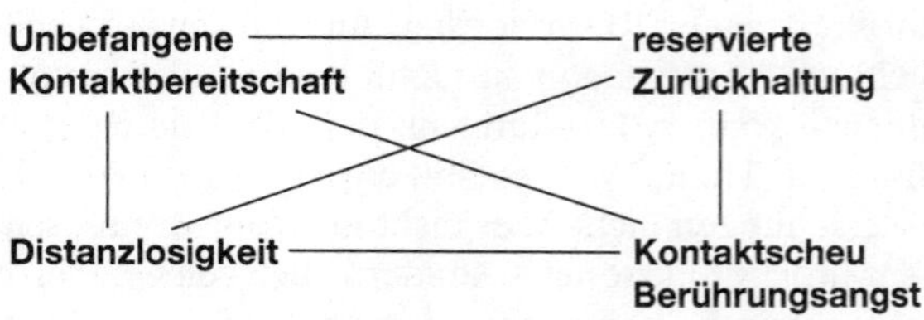

Die Sprache der Nähe. Nachdem wir die Eigenarten des distanzierten Menschen gleichsam rehabilitiert und seine Haltung in ihrem potentiellen Wert erkannt haben, ist nun der Zeitpunkt gekommen, auch seine Entwicklungsmöglichkeiten in den Blick zu nehmen. Im Strukturmodell des Nachrichten-Quadrates ergibt sich ein Nachholbedarf auf der *Selbstkundgabe-* und *Beziehungsseite* (s. Abb. rechts oben).

Das bedeutet zu lernen, in sich hineinzuhorchen und ohne allzu große Scheu auszudrücken, was in einem vorgeht und sich so anderen Menschen gegenüber zu öffnen, ihnen einen Einblick in die eigene Innenwelt zu gewähren. Die «Erfinder» der Ich-Botschaft und des Stuhles B (vgl. S. 151) haben nicht zuletzt den Distanzierten als Klienten vor

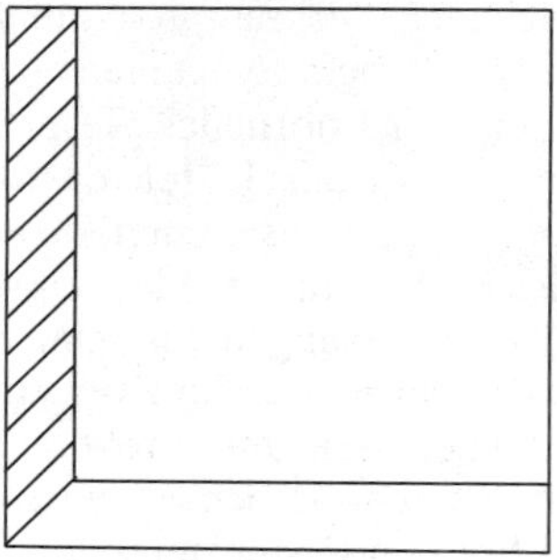

Augen gehabt. Mitunter spürt er recht deutlich, was in ihm vorgeht – aber er kann es schlecht ausdrücken, hat keine Worte dafür, und so bleibt die Innenwahrnehmung diffus und undifferenziert. Durch die Technik des «Doppelns» kann ein Klärungshelfer hier gute Dienste leisten, indem er die Andeutungen und abstrakten Umschreibungen einfühlend in die Sprache des Herzens übersetzt. In einem zweiten Schritt kann der Distanzierte dann selbst lernen, «per Ich» zu sprechen und seine Gefühle mehr und mehr auszudrücken.

Beispiel: In einem Kommunikationskurs für Trainer wollte ein Teilnehmer sich «mehr in Richtung Nähe» entwickeln. Der Hintergrund war, daß seine Frau sich wiederholt beklagt hatte, sie käme nicht an ihn heran. Meine Einladung zu einem Experiment bestand in dem Vorschlag, er möchte zu einigen Anwesenden in der Gruppe etwas Persönliches sagen – so könnten wir versuchen, die «Sprache der Nähe» auszuprobieren.

Der Teilnehmer: «Gut, ich beginne mit Herrn W. – Also (kurze Pause), mit Herrn W. kann man gut reden, ohne daß das gleich so... verkrampft wird» (der Blick auf den Fußboden gerichtet).

Nachdem ich nachgefragt habe, wie sich dieser Satz von innen anfühle (Antwort: «etwas Herzklopfen«), kommentiere ich: «Das ging jetzt schon in Richtung «Sprache der Nähe», denn Sie haben sich exponiert und eine konkrete Person ausgewählt – daher auch das Herzklopfen, das zeigt, daß Sie persönlich engagiert sind. Was hingegen jetzt noch in Richtung Distanz ging, war 1. daß Sie ihn nicht direkt angesprochen und auch nicht angeschaut haben, 2. das Wörtchen «man» statt «ich» und 3. das objektivierende «ohne daß *es* gleich verkrampft wird».

Können Sie genauer sagen, wie Sie Gespräche mit Herrn W. erlebt haben, so daß Sie sich nicht verkrampfen mußten?»

«Es war irgendwie, daß er nicht so in einen eingedrungen ist, wie soll ich sagen – es war ein ganz normales Gespräch.» usw. Nach einer längeren und schwierigen Geburt lautete die Mitteilung in ihrer Endform: «Mit Ihnen bin ich gern zusammen, da ich den Eindruck habe, Sie wollen nicht gleich über intime oder schwerwiegende Dinge reden. Denn das wäre mir unangenehm, und ich würde sofort verkrampfen. Das passiert mir häufig im Kontakt mit Menschen – aber bei Ihnen war das anders, das ist mir direkt aufgefallen.»

Es ist diese direkte «Ich-Du-Sprache», die eine Beziehungsklärung vorantreiben kann. Für den Distanzierenden ist es wichtig zu erfahren, daß all das, was er da plötzlich von sich preisgibt, völlig in Ordnung ist und nicht etwa das Eingeständnis einer Schmach bedeutet – als was er es allerdings oft empfindet: «Man sollte doch nicht so leicht verkrampfen!» – Die heilsame Antwort darauf: «Warum nicht? Wenn Ihnen jemand zu nahe rückt, ohne daß für Sie schon eine Basis dafür vorhanden wäre, dann verkrampfen Sie eben – und an dem Verkrampfen merken Sie: Da stimmt etwas nicht, zumindest sind Sie noch nicht soweit.»

Emphatische und diagnostische Empfangsweise. Werfen wir nun auch noch einen Blick auf das *Empfangen* von Mitteilungen. Wie im Beispiel-Dialog S. 192f vorgeführt, ist beim Distanzierten das «Sach-Ohr» ausgezeichnet entwickelt und häufig im Einsatz. Demgegenüber mangelt es ihm an *Einfühlung*. Sein Selbstkundgabe-Ohr ist zwar auch gespitzt, aber eher *diagnostisch* als *empathisch* eingestellt. Worin liegt der Unterschied? Die empathische Empfangsweise ist vom Bemühen gekennzeichnet, die subjektive Erlebensweise des anderen zu erspüren und nachzuvollziehen. Die damit verbundene Identifikation schafft viel Nähe – und setzt die Bereitschaft voraus, sich auf den anderen als Menschen einzulassen. Die diagnostische Empfangsweise hingegen etabliert eine Subjekt-Objekt-Beziehung: der andere wird objektivierend von außen betrachtet und beurteilt, nicht selten messerscharf analysiert und detektivisch entlarvt. Dadurch gelingt es dem Distanzierten, sich den Mitmenschen innerlich vom Leibe zu halten. Medizinische, psychologische und psychiatrische Diagnose-Kategorien haben oft diesen geheimen Sinn. Der Name Carl Rogers steht für die radikale Abkehr von dieser Art Psychologie (Rogers und Rosenberg, 1980).

Das folgende Beispiel zeigt, wie sich die unterschiedliche Empfangs-Einstellung im Gespräch manifestiert. Nehmen wir noch einmal die Situation von S. 192; der Ehemann kommt nach Hause, seine Frau berichtet von einer schlechten Klassenarbeit des Sohnes:

empathisch

Mann: Das klingt, als würdest du dir jetzt wirklich Sorgen machen.
Frau: Ja, ich überleg mir, was soll denn aus ihm werden, wenn er die Schule nicht schafft!? Man möchte sich doch auch später keine Vorwürfe machen.
Mann: Du bist davon überzeugt: Wie wir *jetzt* reagieren, davon hängt viel ab für seine Zukunft!?

diagnostisch

Mann: Irmgard, das ist wieder deine Überängstlichkeit: Wenn du keine Sorgen *hast*, dann *machst* du dir welche!
Frau: Ja, was soll denn aus ihm werden, wenn er die Schule nicht schafft!? Man möchte sich später doch auch keine Vorwürfe machen.
Mann: Irmgard, da zeigt sich wieder dein Mutter-Ehrgeiz – dein Sohn soll ganz groß herauskommen, und bei der ersten kleinen Schlappe kommst du in Panik.

Für den Distanzierten ist das empathische Eingehen auf seine Mitmenschen ein wichtiges Entwicklungsziel, das «aktive Zuhören» eine gute Einstiegsübung. Allerdings darf man (häufiger: frau) bei einem «eingefleischten Distanzler» nicht mit schnellen Erfolgen rechnen - zu fremd ist ihm diese Art von Kontakt. In einer Eheberatung beklagte sich die Frau über mangelndes Verständnis ihres Mannes. Er erwiderte erstaunt, er verstehe sie doch gut. Der Klärungshelfer (KH) schlug daraufhin dem Mann vor, einmal wiederzugeben, was er verstanden habe von dem, was in seiner Frau vorginge (Beispiel aus Thomann und Schulz von Thun, 1988, S. 122ff):

KH: «Gut, dann schlage ich Ihnen mal vor, Sie wenden Ihren Stuhl frontal zu Ihrer Frau und sagen mal, was Sie bis jetzt von ihr verstanden haben: Wie es ihr geht. Was Sie glauben, was *in ihr* vorgeht. – Denn sie sagt ja: ‹Mein Mann hat kein Verständnis.› – Jetzt wollen wir mal die Probe machen: Was haben Sie bis jetzt verstanden von ihrem Zustand, wie es ihr innerlich geht?»
Mann: «Wieso soll ich Ihnen – das hab ich doch eben alles klar vorgelegt, äh – äh, was zwischen uns beiden los ist.»

KH: «Ja, das war *von Ihnen aus* gesehen. Jetzt mal *von ihr aus* gesehen.»
Mann: Jetzt soll ich mich in ihre Haut versetzen? Oder mich auf ihren Stuhl setzen?»
KH: «Ja, nur innerlich.»
Mann: «Symbolisch?»
KH: «Symbolisch – ja. Und sagen: ‹Ich weiß von dir, daß du dich so und so fühlst.› Und nicht von Ihnen reden. Mal Ihre eigene Sache *hinter* Ihren Stuhl stellen. Das ist eine schwierige Aufgabe, ich weiß.»
Mann: «Muß ich erst einmal Luft holen.»
KH: «Ja. Nehmen Sie sich ruhig Zeit.»
Mann (scherzhaft): «'nen Cognac haben Sie nicht?»
KH: «Den kann ich Ihnen nicht bieten. Das ist eine schwierige Aufgabe für Sie.»
Mann: «Ja. Ja – ich weiß nicht, ob ich richtig verstanden habe, äh, ich soll von mir aus sagen, was ich von ihr denke oder wie sie über mich denkt?»
KH: «Nein. Wie *Ihre Frau* über die Situation denkt und wie sie über sich denkt und fühlt.»
Mann: «Das will ich – das will ich Ihnen ganz kurz anreißen.»
KH: «Nicht mir – sondern ihr.»
Mann: Meine Frau, – meine Frau ist 'ne herzensgute Frau.»
KH: «Einen Augenblick. – Jetzt sagen Sie, was Sie *über Ihre Frau* denken. Verständnis ist dann gegeben, wenn Sie direkt zu ihr sagen: ‹Du, Erna, ich weiß von dir, daß du dich in letzter Zeit oft deprimiert fühlst. Ich weiß, daß dich nichts so die Wände hochbringt, wie, wenn ich ableugne, daß ich getrunken habe› usw. in der Art.»
Mann: «Hm. – Ich weiß, daß ich dein Vertrauen jahrelang mißbraucht habe, äh, – ich weiß auch, wie du darüber denkst.»
(Pause)
KH: «Nämlich?»
Mann: «Daß ich das Vertrauen mißbraucht habe, indem du deine Kontrolle über mich verschärft hast; indem du aufpaßt, ob ich eine Flasche habe und wo sie steht. Und wenn sie dort steht, nimmst du sie mir weg und versuchst mir dadurch dann eben die Wahrheit zu sagen, daß ich dich belogen habe.»
KH: «Gut. Jetzt haben Sie verschiedene Taten aufgezählt. Können Sie mal versuchen, sich innerlich auf den Stuhl Ihrer Frau zu setzen und zu denken: Was geht wohl in der Frau innerlich vor, daß sie mich kontrollieren will?»
Mann: «Dann muß ich ja wieder von meiner Ansicht ausgehen.»
KH: «Nein, von Ihrer *Einfühlung in die Situation* Ihrer Frau.»
Mann: «Meine Frau hat keinen anderen Willen, als mit mir harmonisch zusammenzuleben. Und wenn ich diesem Strom entgegenschwimme, dann wird sie depressiv und krank. Und kriegt hier Schmerzen und da

Schmerzen. Und kriegt Kopfschmerzen und Fußschmerzen und alles mögliche. Sie lebt dann in einer gewissen seelischen Spannung. Und diese Spannung, die wirkt sich auf ihren gesamten Organismus aus. Sie ist ja über jedes, was ich mache...»

Abgrenzung und Verbundenheit. Kommen wir abschließend auf einige Entwicklungsquadrate zu sprechen, die nicht mehr unmittelbar den Kommunikationsstil betreffen, sondern mehr grundsätzlicher Natur sind und die für Menschen wegweisend werden können, bei denen der distanzierende Anteil überwertig gelebt wird. Ihr Entwicklungsauftrag besteht darin, die überscharfe Abgrenzung zum Gegenüber («Ich so – du so!») zu überwinden und *sich einzulassen,* ohne in symbiotische Verschmelzung zu geraten. Damit werden sie dem doppelten Auftrag der menschlichen Entwicklung in bezug auf Liebe und Partnerschaft gerecht: ein eigenständiges Individuum zu werden *und* sich in liebende Bindung zu begeben, ohne das eine auf dem Altar des anderen zu opfern:

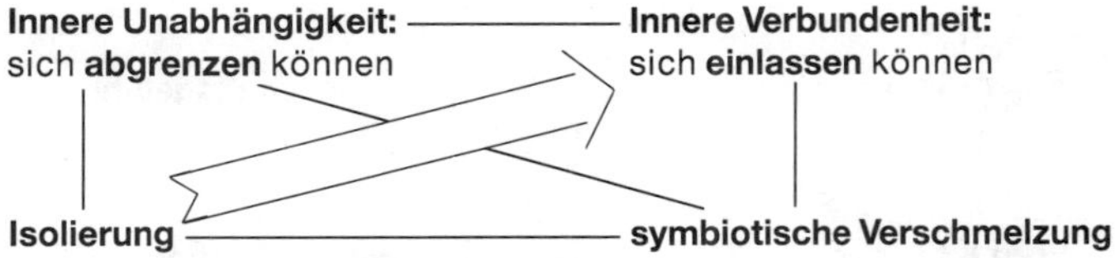

Dieses Wertequadrat ist dem sehr verwandt, das wir unter der Polarität *Selbstbehauptung* und *Hingabe* beim selbst-losen Stil kennengelernt haben (S. 104), freilich mit überkreuzter Entwicklungsrichtung. Es sei hier in einer etwas anderen Begrifflichkeit noch einmal aufgeführt:

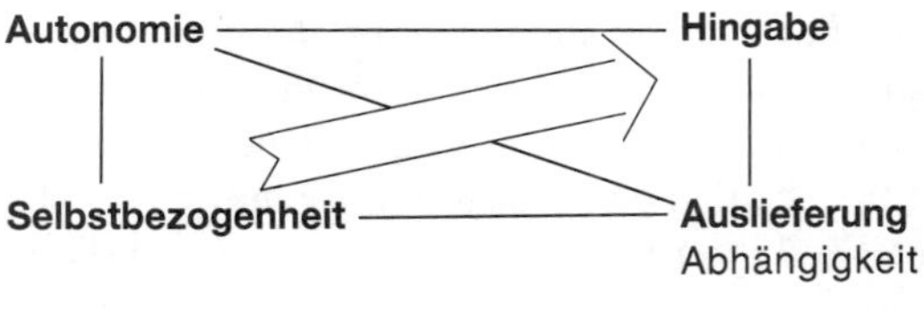

Noch einen etwas anderen Akzent erhält das Quadrat, wenn wir die zum «Wir» hinführende Haltung zugrunde legen, die Alfred Adler als «Gemeinschaftsgefühl» bezeichnet hat. Mit diesem etwas vagen Begriff war die Bereitschaft und die Fähigkeit gemeint, mit anderen Menschen im Hinblick auf das gemeinsame Wohl und das Gemeinwohl zu kooperieren. Da der im Minderwertigkeitsgefühl verstrickte neurotische Mensch seine Energien in der Sorge um den eigenen Wert bindet und somit gleichsam um die eigene seelische Achse kreist, ist er darin behindert, sich der Gemeinschaft zu widmen – insofern war bei Adler «Gemeinschaftsgefühl» und «seelische Gesundheit» ein- und dasselbe. Allerdings läßt sich auch das Gemeinschaftsgefühl überwertig leben und für jede ideologische Gleichschaltung instrumentalisieren (was auch geschehen ist). Offenbar bedarf es eines ausgleichenden Prinzips, um der selbst-losen Anpassung zu entgehen, die im Gemeinschaftsgefühl als Gefahr angelegt ist. Dieses sehe ich im *Eigensinn,* im Eigen-Sinn nämlich, der die Treue zu der eigenen Urteilsfähigkeit und den Wertmaßstäben des eigenen Gewissens höherstellt als die «Linientreue» dem Kollektiv gegenüber. Aber auch dieser Eigensinn kann zu egozentrisch-sturer Eigensinnigkeit verkommen, wenn er nicht mit jenem Gemeinschaftsgefühl gepaart ist, das Alfred Adler im Sinn hatte:

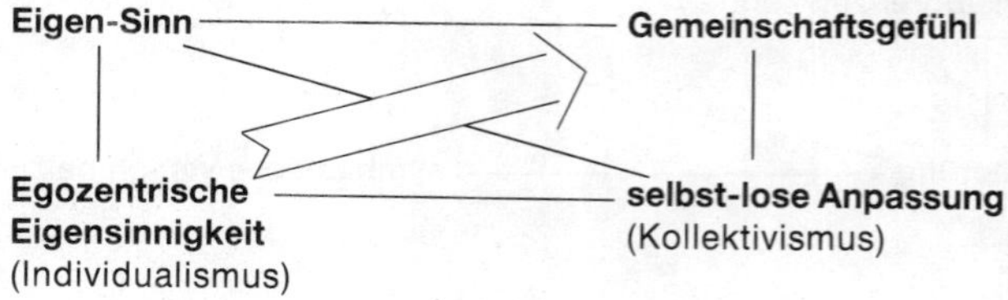

Selbsterfahrung für Distanzierte? Wie können nun Menschen, die in der hier besprochenen Hinsicht einen Entwicklungswunsch verspüren (und davon gibt es viele, besonders unter den Männern und den Angehörigen kaufmännisch-technischer Berufe), mit sich selbst vorankommen? Gelegentlich fragen die Betreffenden: «Gibt es da Möglichkeiten, für sich alleine etwas zu tun, irgendwelche Methoden des Selbsttrainings?» In der so gestellten Frage tut sich die menschliche Neigung kund, in der Wahl der Heilmittel das alte Muster zu verewigen. Da das Entwicklungsziel etwas mit Kontakt, Nähe und Sich-Einlassen zu tun hat, muß die Therapie einen zwischenmenschlichen Kontext stiften. Wieder gilt das bewährte Prinzip der Persönlichkeitsentwicklung: Riskiere ein «Auswärtsspiel», aber wähle die Dosierung

so, daß das Ungewohnte verkraftbar und die Angst erträglich bleibt; und lerne deinen Schatten gut kennen, bevor du über ihn springst!
Vieles von dem, was in Selbsterfahrungs-, Therapiegruppen und Kommunikationskursen geschieht, entspricht diesem «Auswärtsspiel»-Charakter. Das Problem ist nur, daß hochdistanzierte Menschen sich auf so etwas nicht einlassen – und wenn, dann äußerst widerwillig und mißtrauisch: «Ist der Leiter (oder die Leiterin) nicht nur darauf aus, möglichst viel aus einem herauszulocken, um einen besser auseinandernehmen zu können? Zusammensetzen muß man sich dann alleine wieder! Falls man es dann noch kann, nachdem auch noch die Wölfe über einen hergefallen sind!»
Dieses Mißtrauen, so charakteristisch es für den distanzierten Menschen sein mag, ist gar nicht ganz unberechtigt: Wer garantiert ihm denn, daß die gebotene Dosierung für ihn heilsam oder eine Selbstdosierung straffrei möglich ist? Sind nicht in solchen Gruppen häufig Leute wegen ihrer «Kopflastigkeit» belächelt, gescholten oder abgelehnt worden? Oder überfordert worden von Leitern, die ihr Ziel in der raschen und «professionellen» Überwindung zwischenmenschlicher Barrieren sahen? In jedem Seminar, das ich selbst leite, rechne ich mit diesen beiden «Fraktionen»: Die einen, die am liebsten von vornherein im Kreis sitzen – und die anderen, die sich dabei überaus entblößt fühlen und nach anständigen Tischen, schriftlichen Seminarunterlagen und festen Plätzen verlangen; die einen, die gern hätten, daß man sich allseits duze – und die anderen, denen das zuwider ist und die sich strikt weigern würden; die einen, die viel in kleinen Gruppen reden und sich austauschen möchten, vor allem über persönliche Belange – und die anderen, die kompetente Vorträge und abstrakte Diskussionen bevorzugen; schließlich die einen, die sich nach Übungen sehnen, bei denen man etwas «miteinander macht», zum Beispiel in Paaren ohne zu sprechen sich nur an den Händen berührt und sich dabei anschaut – und die anderen, denen allein schon das Stichwort «nonverbale Übung» einen Schauder über den Rücken jagt.
Die Kunst des Seminarleiters besteht darin, beide Fraktionen in Wort und Tat willkommen zu heißen – statt die Haltung der einen als leuchtendes Vorbild für die anderen zu glorifizieren. Besonders die distanzierteren Teilnehmer brauchen es, dort abgeholt zu werden, wo sie sich innerlich befinden. Vorträge mit theoretischen Modellen (wie in diesem Buch) sind für sie meist eine gute Starthilfe, um sich auf «so etwas» einzulassen; kann doch auf diese Weise der Verstand erst einmal das Terrain abschreiten, auf dem es sich zu bewegen gilt. Selbsterfahrung ist ein schwankender Boden, und die Theorie ist das Halte-

gerüst. Ich bin immer wieder erstaunt, in welchem Maße dann auch «hartgesottene» Manager, Techniker, Mediziner, Juristen, Kaufleute und EDV-Spezialisten bereit sind, diesen ungewohnten Boden zu betreten und sich berühren zu lassen. Wichtig ist dabei, daß ich auf sie keinerlei Druck ausübe. Eher verbünde ich mich mit dem Teil in ihnen, der auf «Nummer Sicher» gehen und sich heraushalten will. Die Einladung, ein persönliches Anliegen zu bearbeiten, enthält ausdrücklich auch die Möglichkeit, ganz zu verzichten oder eine rein theoretische Frage zu behandeln. Und wenn es jemandem in der Gruppe «zu eng» wird, verzichte ich völlig auf Engelszungen, um ihn wieder einzugemeinden. Beispiel aus einem Seminar, 3. Tag, nachmittags: Ein Abteilungsleiter, der am Vortag eine persönliche Schwierigkeit mit einigen seiner Mitarbeiter bearbeitet und sich dabei sehr weit eingelassen hatte, begann die Sitzung mit den aufgebrachten Worten: «Dieses ewige Beisammensitzen und Problem-Bereden fällt mir allmählich auf den Wecker – ich sag das nur, falls ich heute irgendwann ausraste, daß Sie dann wissen, woher das kommt!» – Wie sollte ich reagieren? «Engelszungen» hätten etwa so geklungen: «Aber Sie haben doch gestern sehr von der Arbeit profitiert, haben Sie doch selbst gesagt! Meinen Sie nicht, daß mit etwas Konzentration und gutem Willen auch heute der Nachmittag für Sie etwas bringen könnte?» – Noch schlimmer wäre es, die «Engelszungen» mit «Moralin» zu würzen, etwa so: «Sie waren gestern dran, und wir haben uns alle mit viel Engagement und Geduld auf Ihren Fall konzentriert. Meinen Sie nicht, daß die anderen Leute dasselbe Recht haben dranzukommen und nun auch Ihre aktive Teilnahme erwarten dürfen?» – Solche Sätze würden die seelische Realität übersehen, die sich in der verdrossenen Bemerkung kundtat, und würden den Betreffenden innerlich noch weiter in den Zustand hineintreiben, so sehr er sich äußerlich auch zu einem «Wohlverhalten» durchringen mag. Aber was ist das für ein Zustand, in dem er sich befand? Mit Sicherheit läßt sich dies aufgrund dieses einen Satzes noch gar nicht sagen. Aber die Formulierung des «ewigen Beisammensitzens» läßt in Verbindung mit dem starken Einbezogensein am Vortag die Vermutung zu, daß dieser Teilnehmer, obwohl sonst gar kein «typisch Distanzierter», nun von der sich distanzierenden Strömung stark erfaßt wurde, da die Nähe in der Gruppe und die gefühlsmäßige Berührung ihm schon längst des Guten zuviel gewesen war. Die Vermutung wird durch das folgende bestätigt. Ich sagte: «Ich möchte Ihnen einen Vorschlag machen, daß Sie sich mal einen Moment auf die Frage konzentrieren: «Wie würde ich diesen Nachmittag verbringen, wenn alles nur nach mir ginge?» Nach

kurzer Pause antwortete er: «Dann würde ich gar nicht hierbleiben, sondern mich ins Restaurant setzen, einen Kaffee und einen Cognac bestellen, meinen Terminkalender und andere Dokumente auf dem Tisch ausbreiten, und dann ohne große Ziele einmal hier hinein- und da hineinschauen und einfach so für mich sein!» Ich schlug vor: «Wie wäre es, wenn Sie das wirklich jetzt tun würden?» Nach kurzem Zögern entschloß er sich zu gehen. Nach zwei Stunden kam er wieder: die Zeit habe ihm gutgetan, aber jetzt liege ihm daran, wieder den Anschluß zu gewinnen. Für den Rest der Zeit war er nicht nur anwesend, sondern wirkte auch teilnehmend und aufgeschlossen.
Immer wieder wichtig zu wissen, daß die Annäherung zum Kontakt beim Distanzierten nicht direkt erfolgt:

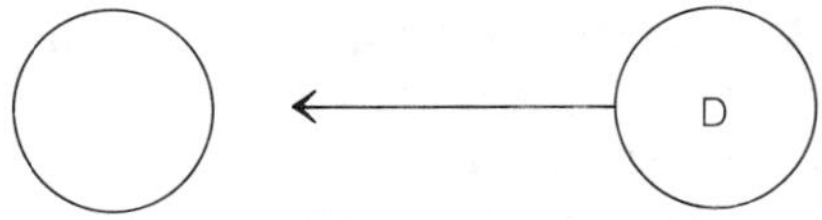

und somit auch nicht durch «Ziehen» zu befördern ist, sondern über eine «Umwegschlaufe» (Thomann):

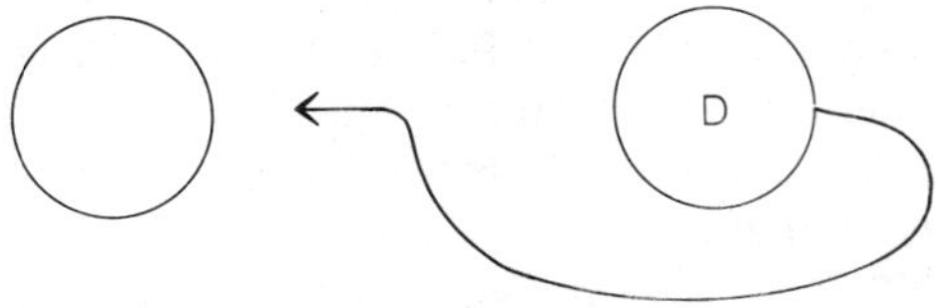

Meine Untersuchungen über die Auswirkungen solcher Seminare legen den Schluß nahe, daß Teilnehmer mit deutlich distanzierenden Anteilen in ihrer Persönlichkeit häufig sehr viel profitieren. Insbesondere berichten sie davon, im Kontakt mit Nahestehenden mehr von sich zu erkennen zu geben, mit der Folge, daß es gelegentlich hoch hergehe, aber insgesamt ihre Begegnungen und Beziehungen reicher und tiefer würden.

8. Der mitteilungsfreudig-dramatisierende Stil

8.1 Erscheinungsbild, Grundbotschaft und seelischer Hintergrund

Während wir unter dem Einfluß der zuletzt beschriebenen Strömungen, der kontrollierenden und sich distanzierenden, nicht recht geneigt sind, viel über uns selbst preiszugeben, scheint bei der nun folgenden das genaue Gegenteil vorzuliegen: unter ihrem Einfluß sind wir außerordentlich mitteilungsfreudig und von starkem Gefühlsausdruck, genießen es, von Publikum umringt zu sein und es in unseren Bann zu ziehen, indem wir unser Selbst gleichsam zur Aufführung bringen.
In Gegenwart von Menschen, deren Persönlichkeit von diesem Hauptstrom durchzogen ist, wird es selten langweilig. Immer ist irgend etwas los – und wenn nicht, dann sind sie es selbst, die mit Energie «Leben in die Bude» (oder in die «Beziehungskiste») bringen. Ihre intensive Emotionalität steht in farbigem Gegensatz zur Intellektualität jener vorgenannten Stile, ihre ausdrucksvolle Darstellungskraft zu deren Starrheit, ihre leichte Verrücktheit zu deren Vernunft. Mit der halb stöhnenden, halb belustigten Entgegnung «Sei doch nicht immer so schrecklich vernünftig!» können sie einen pedantischen Argumentierer gerade in dem Augenblick schachmatt setzen, in welchem er sich am Ziel seiner Beweisführung wähnte: «Bei einem logischen Salto mortale hat sich schließlich noch keiner das Genick gebrochen, aber es hat sich schon mal jemand totgegrübelt – wer zuviel plant und alles zweckmäßig gestalten will, der verpaßt das Leben! Und das Leben? Das ist hier und jetzt! Was schert einen der Schnee von gestern oder der Regen von morgen, wenn heute die Sonne scheint? Leben? Das ist Lebendigkeit, und Lebendigkeit ist Spontaneität und Erlebnisintensität! Wer improvisieren kann, braucht nicht so viel zu organisieren – manche Menschen sehen schon aus wie ihr eigener Terminkalender und haben sich selbst ins Gefängnis ihrer Planquadrate und Organigramme gesperrt! So programmiert man seinen eigenen Stillstand – aber mit System, versteht sich! Ein elendes Leben, aber Hauptsache ‹korrekt›! Und dann wollen sie einen da auch noch mit reinziehen, Verträge schließen, Verabredungen treffen, usw. – du lieber Gott, was weiß ich denn heute, wie mir Donnerstag zumute sein wird? – Und dann

kommen sie an und wollen einem mit ihrem Tugendkatalog die Hölle heiß machen: Pünktlichkeit, Zuverlässigkeit, Treue – na ja, geb ich zu, Treue ist manchmal gar nicht so schlecht, aber sonst? Mit ihrer Pedanterie und spießbürgerlichen Enge können sie einem wahnsinnig auf die Nerven gehen. Dabei geb ich mir oft sogar Mühe, zum Beispiel pünktlich zu sein, aber es ist komisch: Je mehr ich mich anstrenge, desto weniger klappt es! Ich weiß selbst nicht, woran das liegt – das müßte mal ein kluger Wissenschaftler erforschen. Aber ich bin, glaube ich, schlecht zu erforschen, weil ich immer wieder anders bin. Wenn der mich heute testen würde, wären seine Ergebnisse nächste Woche veraltet, sag ich dir! Sag doch auch mal was! Mir ist, als ob ich dich aus dem letzten Stummfilm kennen würde! Letztens haben sie einen gezeigt, da wackelt 'ne Graugans immer hinterm Zug her, weil sie denkt, der wäre ihre Mutter – und all so verrücktes Zeug, aber mir passieren auch oft die unglaublichsten Geschichten, zum Beispiel neulich...»

Die kommunikative Grundbotschaft hat ihre stärkste Betonung auf der *Selbstkundgabe.* Es ist, als ob der Mitteilungsfreudig-Dramatisierende mit einem Glöcklein (oder einer Pauke) herumliefe und «Hört, hört, so bin ich!» riefe.

Abb. 39: Grundpose des mitteilungsfreudig-dramatisierenden Stils

Eindrucksvoll und mit etwas ironischer Distanz zu sich selbst schreibt eine Studentin:

«Vorhang auf! Seid ihr alle da? – Ich bin bereit. Das Drama kann beginnen: Wie es mir gefällt!»

... und fährt etwas später fort:

«Mir ist dieser Hang zur Selbstdarstellung und diese Lust, im Mittelpunkt zu stehen, wohl vertraut. Ja, ich kenne diese dramatisierende Schraube, die, wenn sie erst einmal gestartet ist, sich zu einem Selbstgänger entwickelt und immer höher und höher schraubt, beziehungs- und bodenlos. Der Absturz ins schwarze Nichts erfolgt plötzlich und hätte doch erwartet sein können. Es ist der Moment, in dem übersteigerte Fröhlichkeit und verzweifeltes Schluchzen eins sind und nur noch dieser schmerzhafte Abfall ein Überdrehen verhindern und ein Zu-sich-Kommen schaffen kann.
Warum dieses Aufdrehen? Hört mich sonst keiner? Nimmt mich sonst keiner wahr? Spüre ich mich nur in diesen Extremen? The show must go on – why?...»

Der Inhalt der Selbstdarstellung kann sehr verschieden sein, charakteristisch ist die starke Betonung. In Verbindung mit der bedürftig-abhängigen Strömung ertönt es dramatisch hilflos und unter Tränen: «Ich bin völ-lig am En-de! Entweder du hilfst mir jetzt sofort, oder ich bin verloren!» – In Verbindung mit der sich beweisenden Strömung lautet die Botschaft «Ich bin der-art außergewöhnlich...!» Eine andere Studentin berichtet:

«Wahrgenommen zu werden ist für mich das Allerwichtigste. Nur nicht einer von vielen sein, der sich durch nichts abhebt. Nein, lieber was Besonderes, Einzigartiges. Ich betonte zu diesem Zweck immer sehr, daß ich in Südfrankreich studiert habe. Und was da alles so war, hat niemand mit mir gemeinsam. Das ist einfach was Tolles. Und das muß es auch sein. Mittelmäßigkeit ist für mich tödlich.»

Die *Beziehungsbotschaft* hat leicht einen doppelten Boden: einerseits wird dem Gesprächspartner signalisiert, wie wichtig er ist – schon durch seine aufmerksame Zuwendung; andererseits spürt dieser nach einiger Zeit, daß er zum bloßen Resonanzboden wird, zum Publikum eben, und so fühlt er sich, obwohl intensiv angesprochen, doch *nicht wirklich gemeint:* Dieselbe Geschichte hätte der Mitteilungsfreudige mit denselben Worten und Betonungen auch jemand anderem erzählen können – Publikum ist austauschbar. Auf diese Weise kann trotz größter Kontaktfreudigkeit eine eigenartige Kontaktlosigkeit entstehen.

Der Grund*appell* schließlich lautet: «Wende dich mir mit deiner Aufmerksamkeit zu und werde bestätigender Zeuge meiner Selbstdarstellung!»

Abb. 40 Grundbotschaft des mitteilungsfreudig-dramatisierenden Stils

Bevor wir den Kommunikationsstil in seinen Varianten etwas vertiefen, werfen wir wenigstens einen flüchtigen Blick auf die seelische Biographie eines Menschen, der von der geschilderten Art geprägt ist. Im einfacheren Fall mag das Kind die Erfahrung gemacht haben, daß man es nicht beachtet und links liegenläßt, es sei denn, es «dreht auf» und spielt sich so in den Mittelpunkt, daß man es nicht mehr übersehen kann. Das seelische Axiom lautet dann

Ich bin unwichtig. Wie mir wirklich zumute ist, interessiert niemanden.
Nur wenn ich mich geschickt oder mit starken Mitteln in den Vordergrund spiele, werde ich beachtet.

Wer die Erfahrung gemacht hat, daß normal dosierte Lebenszeichen nicht ausreichen, um für andere be-achtenswert zu werden, wird aufmerksamkeitssteigernde Mittel einsetzen. Hinter der aufblühenden Redseligkeit steckt die Angst, unbemerkt zu verwelken.
Dies ist insofern der «einfachere Fall» einer Genese, als hier die Aufmerksamkeit *des Gegenüber* erregt werden soll. Schwieriger zu entschlüsseln und zu verstehen ist der Entstehungsprozeß und die «Sym-

ptomatik» dann, wenn der Hauptadressat der Botschaft die betreffende Person selbst ist und ihr Gegenüber bloß Resonanzboden. Nach Mentzos (1986) liegt das Wesen der «Hysterie» darin, daß der Betreffende sich innerlich und äußerlich in einen Zustand versetzt und «hineinsteigert», «der ihn *sich selbst quasi anders erleben* und in den Augen der umgebenden Personen *anders als er ist erscheinen läßt*» (S. 75). Insofern haftet dem entsprechenden Kommunikationsstil etwas Unechtes und Übertriebenes an, die Gefühle wirken inszeniert, «gemacht». Herzliche Zuwendung mag dann etwas überschwenglich ausfallen, Traurigkeit zum heulenden Elend ausgestaltet, Ärger in einem großen Auftritt heiligen Zorns mit zugeschlagener Tür in Szene gesetzt werden. Möglich auch, daß die gezeigten Gefühle nicht (nur) in ihrer *Intensität,* sondern in ihrer *Qualität* «leicht daneben» geraten: In Situationen, in welchen man stille Betroffenheit erwartet, erheben sich aufgeregte Klagen, anstelle von Trauer kommt Wut auf oder anstelle von Zorn betonte Amüsiertheit. «Einen Tick daneben» (wie sich eine Studentin ausdrückte) geraten auch die Gesprächsbeiträge, jedenfalls im Stress, in Konflikten und in gefühlsmäßig heiklen Situationen. So mögen Dinge angesprochen werden, die den Punkt, um den es geht, nicht treffen – dies wird meistens erreicht durch *Ausweichen auf Randaspekte.* V. Satir hat das *Ablenken* (nicht auf Fragen antworten, jedenfalls nicht im eigentlichen Sinne; haarscharf am Thema vorbeireden etc.) zum konstituierenden Merkmal ihres vierten Typs gemacht (1975). Während sich der Dramatisierende die Gefühle zu ersparen sucht, zu denen die wirklich ihn betreffenden Dinge herausfordern, verlegt er sie doppelt und dreifach auf unwesentliche Nebensächlichkeiten, welche mit größtem Entzücken oder lautem Jammern in den Vordergrund gezerrt werden. Konstruieren wir das Beispiel eines geschiedenen Ehemannes, der sich sehr aufregt (wohlgemerkt: der *«sich aufregt»* – in der Sprache ist die aktive Urheberschaft bei diesem gefühlsmäßigen Vorgang bereits unterstellt!) über die, sagen wir, «unpassende Frisur» seiner bei der Mutter lebenden Tochter. Warum «macht er so ein Drama daraus»? Die Trennung von seiner Familie war für ihn ein existentieller Bruch mit viel Schmerz, Kränkung, Traurigkeit und Wut. Da er aber vor sich selbst und vor anderen «souverän über der Sache» stand, ist er all diese Gefühle nicht losgeworden. Die unpassende Frisur kommt gerade recht, um nun doch wenigstens einen kleinen Teil dieser Affekte abzuarbeiten – und zwar an jenem nebensächlichen Anlaß, der die existentielle Betroffenheit nicht herausfordert, aber doch symbolisch etwas von dem enthält, was in seinen Augen falsch gelaufen ist und noch läuft.

In der Realität sind die Zusammenhänge meist verwickelter, doch in diesem Beispiel wird vieles vom Wesen der «hysterischen Konfliktverarbeitung» (Mentzos, 1986) deutlich:

- Vermiedene und unerledigte Gefühle im Hintergrund;
- Ablenkung vom Eigentlichen, Ausweichen der Affekte auf Nebensächlichkeiten;
- dadurch eine nicht stimmige Qualität und/oder Intensität des Gefühlsausdrucks,
- sowie das unbewußte Ziel: sich von innerem Konfliktstoff zu entlasten, ohne daß man selbst oder jemand anders merkt, worum es *eigentlich* geht.

Der *primäre Gewinn* liegt also nicht so sehr darin, was man beim Gegenüber erreicht (da mögen *sekundäre Gewinne* dazukommen), sondern in der erfolgreichen Manipulation des Selbstgefühls, im Sichhinein-Steigern in Affektzustände, die mit dem eigenen Selbstbild verträglich und der Entlastung von inneren Konflikten dienlich sind. Das «Hört, hört, so bin ich!» ist also in erster Linie an die eigene Adresse gerichtet – der Beziehungspartner ist nur «Komparse» in dieser Szenerie, notwendig, damit sie überhaupt zustande kommen kann (Mentzos, 1986, S. 197).
Häufig ist es auch ein Ziel dieses Verhaltens, die eigene innere Leere aufzufüllen. Um sich selbst zu spüren, braucht der hysterische Mensch starke Erlebnisintensitäten, die er sich durch emotionale Überdosierung zu verschaffen weiß. Aus diesem Erlebnishunger rührt die ständige Suche nach starken Reizen, nach Abwechslung und nach neuen Erfahrungen (bis hin zu riskanten, lebensbedrohlichen «Grenzerfahrungen»). Für die Kommunikation bedeutet dies, daß der Betreffende viel Aufregendes zu berichten weiß, da er es bewußt oder unbewußt so einrichtet, daß in seinem Leben «dauernd etwas los ist». Nehmen wir den Originalton von S. 229 wieder auf:
«Aber mir passieren oft die unglaublichsten Geschichten, zum Beispiel neulich mußte ich von Hannover unbedingt nach München, und ich habe mich so beeilt – aber was glaubst du: gerade in dem Augenblick, wo ich mit fliegenden Fahnen den Bahnsteig erreiche, sehe ich noch gerade das Ende des Zuges um die Kurve biegen! Du lieber Gott! Ich meine, ich bin unpünktlich, das gebe ich zu – aber hier war auch wirklich Pech dabei! Aber dann auch wieder Glück im Unglück: bin ich doch da auf dem Bahnhof einem ganz netten Mann begegnet, der hatte ein Auto dabei und wollte zwar nun nicht gerade nach München fahren, aber nach Flensburg! Der hat mich dann gefragt, ob ich

mitfahren will – und da habe ich gedacht: Ja, warum eigentlich nicht? Das ist ja bei mir oft so, daß sich mein wahres Ziel erst mit der Zeit herausstellt, du kennst mich ja. Und die Fahrt nach Flensburg war absolut irre! Unterwegs haben wir noch zwei Anhalter mitgenommen, wahnsinnige Typen! Besonders der eine, also... (lacht und lacht und will sich nicht wieder beruhigen) – der hat mir noch während der Fahrt einen Heiratsantrag gemacht, aber völlig ernstgemeint! Ich habe auch erst zugesagt, aber dann nachher habe ich gemerkt, das war wohl ein freundlicher Irrtum! – Ach, und das ging nachher noch weiter in Flensburg...»

Der zuhörende «Normal-Mensch» gewinnt – halb kopfschüttelnd, halb neidisch – den Eindruck, daß sich derlei Aufregendes in seinem Leben nie zuträgt. Möglich sogar, daß ihm der Verdacht aufdämmert, ein etwas eintöniges und langweiliges Leben zu führen, in welchem sich nichts wirklich Berichtenswertes zuträgt. So bleibt ihm nur die Rolle des gebannten Zuhörers; er gibt gelegentliche Rückmeldungen von Überraschung, Faszination und von mitfiebernder Anteilnahme. Das Spiel ist perfekt: Der Mitteilungsfreudige fühlt sich bestätigt und kommt nun erst richtig in Fahrt. Sollte der Gesprächspartner noch nicht ganz mutlos geworden sein und sich bei Gelegenheit anschicken, etwas von sich selbst zu berichten, so wird er ihm mit der Wendung «Ja, ja, das kenne ich von mir auch, und zwar...» das Staffelholz schnell wieder entreißen. Dieser «ego-trope» («zum Ich hingewandte») Kommunikationsstil trägt – genauso wie die Austauschbarkeit des Empfängers – dazu bei, daß das Gespräch sich *wenig dialogisch* entwickelt:

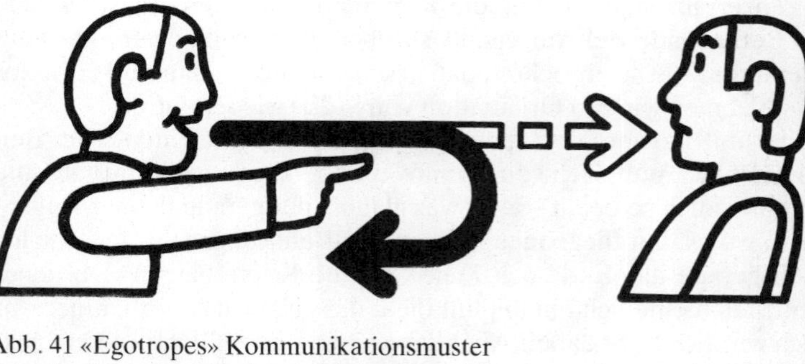

Abb. 41 «Egotropes» Kommunikationsmuster des mitteilungsfreudig-dramatisierenden Stils

Einen Kollegen, der von dieser Strömung gelegentlich erfaßt war, habe ich einmal mit der Bemerkung unterbrochen: «So, jetzt müssen wir aber auch einmal von *mir* reden!» – und seine schelmenhafte Replik war: «Ja, ja, genau! Jetzt müssen wir mal von *dir* sprechen: Wie gefällt dir mein neues Buch?»

Die eigene Person ist – direkt oder indirekt – das liebste Thema des Mitteilungsfreudigen. So kann es sein, daß wir über den durchaus wechselvollen Verlauf seiner Befindlichkeit nahezu lückenlos auf dem laufenden gehalten werden: über Appetit und Verdauung, über körperliche Reaktionen, Krankheiten und Gefühlsstimmungen, über die Details des Tagesverlaufes und die jeweiligen Gedanken und Assoziationen dazu, kurzum über alles, was so einem Menschen von außen und innen widerfährt:
«Und dann hatte ich unterwegs plötzlich so einen tierischen Hunger, obwohl ich extra noch zu Hause eine Scheibe mehr gegessen hatte; und obwohl es die anderen eilig hatten, habe ich gesagt: ‹Ist egal, Leute, ich muß sofort etwas essen!› und dann sind wir eingekehrt, und dann ging es auch wieder! Zwischendurch habe ich gedacht, ich brauchte vielleicht nur eine Pause – das geht mir auch in anderen Situationen oft so, daß ich denke, ich brauche etwas – und dann bin ich nur müde und erschöpft! Zum Beispiel neulich, als wir...»
Was bei diesem etwas sorglosen «Plappern» wiederum auffällt, ist der Mangel an Selektion, an innerer Vorauswahl dessen, was für *diesen* Gesprächspartner in *dieser* Situation interessant sein könnte. Die Kontaktarmut führt dazu, daß der Mitteilungsfreudig-Dramatisierende trotz aller sprudelnden Vergnügtheit von seiner Not nicht erlöst wird. Eine Studentin, die begonnen hatte, all dieses bei sich zu erkennen, berichtet:

«Ich habe begriffen, daß ich eigentlich sehr einsam bin und anderen Menschen auf diese Art und Weise, obwohl sie ungeheuer viel von mir wissen, eigentlich nicht an mich heranlasse. Ich habe das Gefühl, mich immer in einem Kreis um mich selbst im Mittelpunkt zu drehen und mir sehnlichst gewünscht, aus der Mitte zu gehen, hin zum Rand, von wo aus ich rein- und rausschauen kann...»

Wenn in Selbsterfahrungsseminaren der Kunstfehler begangen wird, diese Art von Selbstoffenbarungsfreudigkeit zu feiern und zu fördern, gewöhnen sich die Teilnehmer hinterher eine «Psycho-Geschwätzigkeit» an, die in nimmermüder Nabelschau und im einschlägigen Jargon das Dickicht der eigenen Innenwelt durchforstet. Gefährlich ist, daß dies im (falschen) Bewußtsein einer «psychologischen Aristokratie» erfolgt und es so schwieriger wird, die entstehende Kontaktlosigkeit als solche zu erkennen. Rückblickend bezeichnet ein Student Gespräche, die er so bei sich selbst erlebt hat, als «Einbahnstraßen und Sackgassen»:

«In der... Zeit... bezog ich mich nur auf mich. Wenn mir jemand etwas erzählte, benutzte ich dies nur, um ihm dann mitzuteilen, was es mit mir ‹macht›. Dabei waren wir dann kurz und schnell bei mir und meinen Schwierigkeiten, die Probleme des anderen spielten überhaupt keine Rolle mehr. Ein Gespräch, in dem mir kein ‹Aha-Erlebnis› vermittelt wurde, war für mich nur small talk, und mein neu eingeschlagener Selbsttrip in meine Innenwelt verpflichtete mich, dann auch das zu sagen. Der auf diese Weise gegangene Weg wird zur Sackgasse, auf Einbahnstraßen gibt es kein Zurück. Ich brauchte die anderen eigentlich gar nicht, es sei denn als Katalysator, um mich noch mehr mit mir zu beschäftigen. Die hatten das bald herausgekriegt, und einige ließen mich so, wie ich eben schon war, allein.»

Wieder begegnen wir dem Element von «Pseudo-», hier einer Pseudo-Offenheit, die dadurch gekennzeichnet ist, daß der Betreffende sein Sprechen darauf ausrichtet, vor sich selbst (und – zweitranging – vor dem anderen) als «offen» dazustehen. Die Kommunikation hat ihren Inhalt, ihren Text verloren und wird zum Mittel der Selbstvergewisserung.

Wir haben verschiedene seelische Ziele ins Auge gefaßt, für die der mitteilungsfreudig-dramatisierende Stil ein taugliches Mittel sein kann: beachtet zu werden, eine innere Leere mit Lebendigkeit zu füllen, das eigene Selbsterleben selbstbildverträglich zu manipulieren. – Im Falle nimmermüder Redseligkeit, ohne Punkt und Komma und ohne dem Gegenüber die Möglichkeit zu lassen, irgendwo nachhaltig einzuhaken, mag noch folgende unbewußte Zielsetzung dazukommen oder ausschlaggebend sein: die vollständige *Kontrolle über die Situation,* über den Kontakt. Wer einen Kontakt dialogisch anlegt, muß damit rechnen, daß Themen, Gedanken und Gefühle aufkommen, auf die er gar nicht «gefaßt» war, daß vielleicht Fragen gestellt oder Punkte angesprochen werden, die ein inneres Tabu berühren. Wer davor große Angst hat, spricht am besten nur selbst: so behält er das Geschehen vollständig in der Hand.

Er oder *sie*! Überwiegend sind es immer wieder Frauen, die sich in den Vorlesungen bei diesem Stil «erkannt» fühlen. Dies wäre auch in Übereinstimmung mit der frühen Beziehungsdynamik in der Familie (vgl. S. 195f); auch damit, daß in unserer Gesellschaft traditionell beim Mann die Leistung (= sich beweisender Stil) und bei der Frau die Attraktivität (= mitteilungsfreudig-selbstdarstellend) zählt. Dennoch: Alles steckt in jedem, und auch bei vielen Männern kommt diese Seite gelegentlich und bei einigen häufig zum Vorschein.

8.2 Der systemische Blickwinkel

In welchem zwischenmenschlichen Interaktionszusammenhang kann die mitteilungsfreudige-dramatisierende Strömung gedeihen? Oft sind es die eher kontrollierten, gehemmten Beziehungspartner, die ihr Leben – einschließlich ihres Gefühlslebens – auf «Nummer Sicher» anlegen, welche mit Faszination nach den Mitteilungsfreudigen und Dramatisierenden Ausschau halten, um sie an sich zu binden. Dies geschieht in der Hoffnung, daß jene expressiven Partner ihnen «Leben in die Bude» bringen, das sie selbst entbehren: Als identifizierter Zuschauer, der dem anderen gebannt an den Lippen hängt, nehmen sie nun doch am aufregenden Leben teil und entgehen so der Monotonie, die der eigene Charakter hervorzubringen neigt. – Zitat einer Studentin:

«Ich weiß, daß ich viel zuviel unbedacht drauflosrede. Oft bemerke ich es, aber ich kann es nicht lassen. Bei bestimmten Menschen passiert es mir immer wieder. Besonders bei meinem Partner. Er fordert mich geradezu heraus dazu. Ich möchte ihm schon auch einmal gerne zuhören, aber bei ihm passiert überhaupt nichts Spannendes. Er drängt sich auch nicht gerade um die Position des Erzählenden.»

Der komplementäre und soweit durchaus harmonische Kreislauf sieht folgendermaßen aus (s. Abb. S. 238 oben).

Meistens ist dies jedoch nur die eine Seite der Medaille. Mit der Zeit wird auch das Dramatische langweilig, der mangelnde Kontakt und die Reduzierung des Partners auf einen Claqueur lassen ihn enttäuscht und ungeduldig werden – Faszination und «Genervtheit» liegen plötzlich eng beieinander. In dem Maße aber, wie er sich nun gereizt abwendet, den Kontakt unterbricht und dem Mitteilungsfreudigen die Beachtung verweigert, rührt er an dessen seelischem Axiom: Ich bin unwichtig, man interessiert sich nicht für mich – nur wenn ich starke Mittel aufwende, werde ich beachtet! Und je mehr er nun «aufdreht» und die Aufmerksamkeit zu erzwingen sucht, um so gereizter wendet sich der andere ab (s. Abb. S. 238 unten).

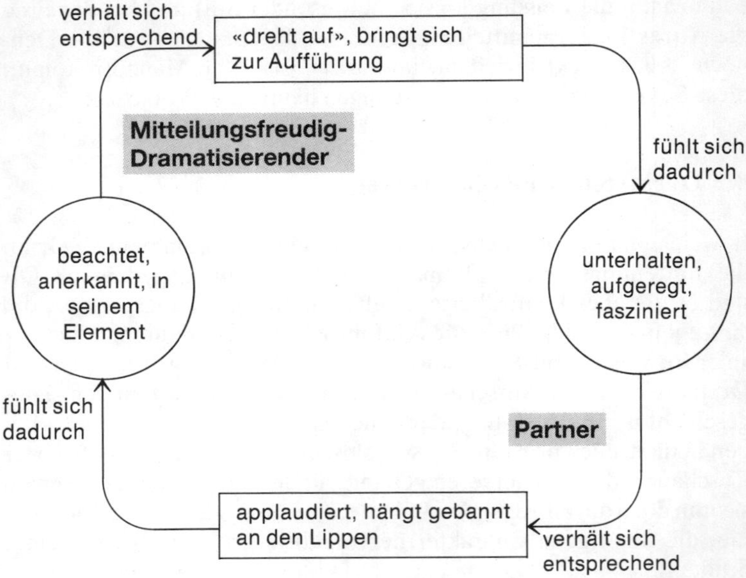
verhält sich entsprechend
«dreht auf», bringt sich zur Aufführung
Mitteilungsfreudig-Dramatisierender
fühlt sich dadurch
beachtet, anerkannt, in seinem Element
unterhalten, aufgeregt, fasziniert
fühlt sich dadurch
Partner
applaudiert, hängt gebannt an den Lippen
verhält sich entsprechend

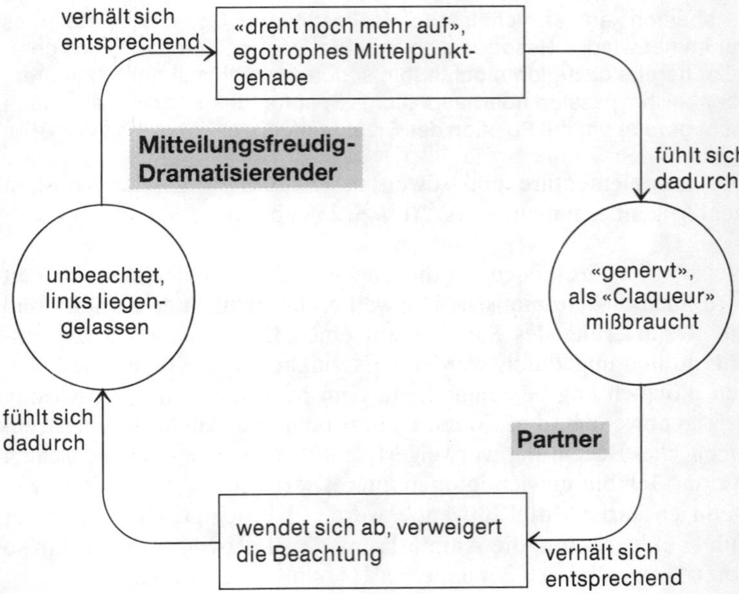
verhält sich entsprechend
«dreht noch mehr auf», egotrophes Mittelpunkt-gehabe
Mitteilungsfreudig-Dramatisierender
fühlt sich dadurch
unbeachtet, links liegen-gelassen
«genervt», als «Claqueur» mißbraucht
fühlt sich dadurch
Partner
wendet sich ab, verweigert die Beachtung
verhält sich entsprechend

Nicht, daß dieser Teufelskreis den erstgenannten «harmonischen» Kreislauf außer Kraft setzen und ablösen müßte! Dies kann im Extrem der Fall sein. Aber da ja der Wunsch des Partners nach «Verlebendigung von außen» erhalten bleibt, haben wir in der Regel damit zu rechnen, daß beide Kreisläufe gleichzeitig oder abwechselnd koexistieren und zu einem ambivalenten Gemisch verschmelzen. Die daraus für beide resultierende Verewigung des eigenen Musters gehört ebenso zu den Nachteilen dieser Beziehungsdynamik wie der langsam ansteigende Bodensatz von Kränkung auf beiden Seiten.

8.3 Richtungen der Persönlichkeitsentwicklung

Führen wir uns zunächst wieder vor Augen, welches Moment dieser Strömung den menschlichen Dialog fördert. Zweifellos ist es die Fähigkeit und Bereitschaft, sich einzubringen und damit jene «wortträge Dumpfheit» (Bollnow 1958) zu überwinden, die mancher gegenläufigen Strömung eigen sein kann. Damit verbunden ist oft das Talent, mit Charme und Witz zu amüsanter und spannender Unterhaltung beizutragen. Es sind diese bunten Vögel, die aufregend erzählen können und so das korrekt-monotone Einerlei des grauen Alltags kolorieren. In der Fähigkeit, persönlich zu sprechen, sind sie zudem all jenen überlegen, für die gefühlsmäßige Bekenntnisse ein solches Risiko darstellen, daß sie sich ins Objektive zu retten suchen und das «Ich» möglichst vermeiden. Zwar stellt sich ihre ins Auge springende «Offenheit» zum Teil als Ablenkungsmanöver heraus, so als ob sie mit betont einladender Geste ihren Vorgarten zur Besichtigung freigeben, damit nur keiner einen Blick ins Haus werfen möge (sie selbst eingeschlossen). Aber auch diese Art von ablenkender Selbstkundgabe gibt noch viel von ihnen preis.
Wird die Bereitschaft zur Selbstkundgabe und zur Mitteilungsfreudigkeit jedoch übertrieben, besteht die Gefahr selbstbezogener Geschwätzigkeit, die den Gesprächspartner zum austauschbaren Claqueur degradiert.
Welche Entwicklungsrichtungen ergeben sich daraus? Zum einen muß der Mitteilungsfreudig-Dramatisierende lernen, daß die Qualität des Kontaktes nicht mit der Flut des Geredeten steigt. Allein die Fähigkeit zur besinnlichen «Schweigseligkeit» mag diese eindämmen:

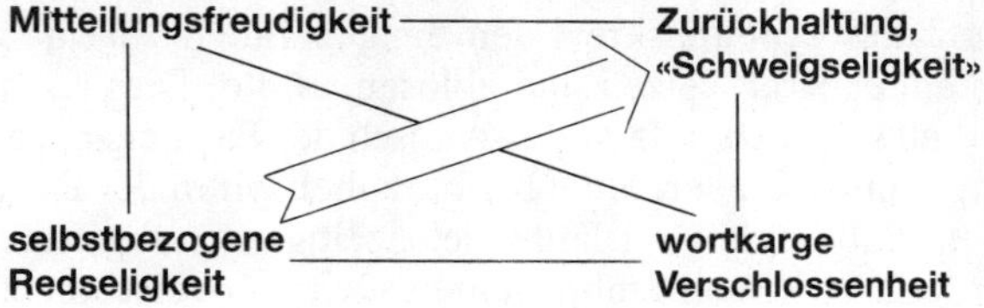

Ein erster Schritt in diese Richtung kann darin bestehen, *Schweigepausen* einmal *bewußt auszuhalten* – statt wie üblich mit irgendeiner belanglosen Bemerkung die Lücke sogleich zu füllen. Dies ist leichter gesagt als getan, denn der Mitteilungsfreudige erlebt solche Pausen als äußerst unangenehm und peinlich und kann, wie er dann sagt, «kaum an sich halten!»
Ein Abteilungsleiter, der in der Gruppe übermäßig häufig (und dann übermäßig lange) das Wort ergriff, erlebte bei der Aufforderung innezuhalten starke Angst vor der entstehenden Stille – er fand dann heraus, daß diese ihn an Tod erinnerte. Möglicherweise provozieren Schweigepausen die Konfrontation mit der inneren Leere, mit jenem «toten» Teil in einem selbst, der durch ständige äußerliche Quicklebendigkeit nicht gespürt werden muß. Wieder einmal sehen wir, daß jede Art von Kontaktverhalten einen integralen Teil des seelischen Gleichgewichts darstellt und nicht einfach durch Ermahnungen oder eigene Vorsätze verändert werden kann. Wenn jemand im experimentellen Schonraum einer Trainingsgruppe unter Anleitung sein übliches Muster einmal probehalber durchkreuzt, kriegt er es oft mit genau den Ängsten zu tun, die sein Normalverhalten einzudämmen gestattet. Haben diese Ängste einen sehr frühen und traumatischen Ursprung – sitzen sie also tief –, ist eine psychotherapeutische Bearbeitung angeraten – jedenfalls dann, wenn er unter seinem Verhalten leidet und es (= sich) ändern möchte. Sind die Ängste von geringerer Intensität, besteht die Möglichkeit, das alternative Verhalten immer wieder zu erproben und das einhergehende Magengrummeln als Wegbegleiter des inneren Wachstums zu akzeptieren.

Wir haben das *Innehalten* als charakteristische Intervention ausgemacht, das Muster des Mitteilungsfreudigen wirkungsvoll zu durchkreuzen. Es dient nicht nur dazu, zwischenmenschliche Stille aufkommen zu lassen und auszuhalten. Wenn man den Mitteilungsfreudigen just in einem Moment auffällig erhöhter Redseligkeit zum Innehalten

einlädt, kann er auch der Frage nachgehen: Was genau ist jetzt los? Wie geht es mir? Was möchte ich im Augenblick, woran ist mir gelegen – und was möchte ich vermeiden? Gibt es etwas, wovon ich durch mein tausendfältiges Erzählen ablenken möchte? Zum Beispiel von einer bestimmten Peinlichkeit, von meinem schlechten Gewissen, oder von etwas, was mir nahegeht (Abschied, Traurigkeit, Dankbarkeit...)? Oder von meiner vermeintlichen Hohlheit (Substanzlosigkeit), die der Gesprächspartner entdecken könnte?
Offenbar ist es auch möglich, sich das Innehalten selbst zu verordnen. Die zitierte Studentin (vgl. S. 230) berichtet über gute Erfahrungen mit einem

«Trick, der sonst Menschen empfohlen wird, die leicht in Rage geraten, nämlich bis zehn zu zählen, bevor sie losgehen. Das heißt, bevor ich zur dramatischen Aktion durchstarte, erst einmal einen Blick nach innen werfen und nachforschen, wie es mir geht, welche Sehnsüchte und Bedürfnisse der Auslöser solchen Verhaltens ist. Ich merke dann, wie ich ruhiger werde, die Notwendigkeit zur Dramatik sinkt, ich mich selbst erfahre und mein Selbstvertrauen wächst.»

Kommen wir nun zu einer weiteren Gefahr, die dieser Stil birgt: Bereitschaft und Fähigkeit zur Selbstkundgabe verkommt zur *monologischen Selbstbezogenheit,* wenn sie nicht gepaart sind mit einer *dialogischen Bezogenheit* auf den Partner, die diesen immer wieder einlädt, seine Gedanken und Empfindungen den eigenen entgegenzuhalten, um so etwas Neues entstehen zu lassen. Freilich gibt es auch ihn, den ewig geduldigen Zuhörer, dem es immer wieder gelingt, den anderen zum Sprechen zu bringen und der sich vom Mitteilungsfreudigen etwas abgucken sollte; wie immer überkreuzen sich die Entwicklungsrichtungen:

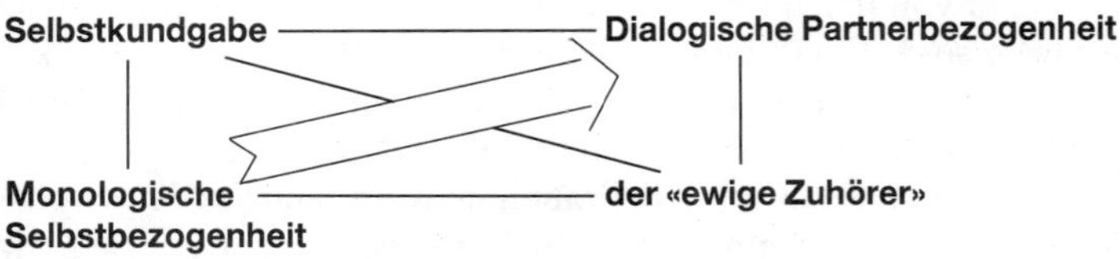

Wie ist diese «dialogische Partnerbezogenheit» übungsweise zu bewerkstelligen? Da gibt es klassische Schulungsangebote: «Aktives Zuhören» und «Kontrollierter Dialog» (bei welchem die eigene Stellungnahme immer erst gesagt werden darf, nachdem der soeben geäußerte Standpunkt des anderen mit eigenen Worten wiedergegeben worden ist). Tatsächlich berichtet die Studentin, die bei sich das «Drehen um den eigenen Kreis» (vgl. Zitat S. 235) als typisch und schmerzlich empfunden hatte:

«Jetzt halte ich mich oft bewußt zurück oder versuche mich im Redestrom zu unterbrechen. Meine Rettung ist dann, dem anderen eine Frage zu stellen und ihm dann zuzuhören. Ich glaube, das Wort ‹zuhören› war vorher ein Fremdwort für mich... Eine große Hilfe auf diesem Weg war mir das Erlernen der Gesprächspsychotherapie. In so einem Gespräch muß man sich einfach aus der Mitte nehmen, nur zuhören und den anderen in sich aufnehmen.
Das ist für mich wie ein Licht, das mich aus der dunklen Einsamkeit des Zentriertseins auf mich selbst herausholt: *aktives Zuhören.*»

Das bewegende Moment ist hier nicht die Gesprächstechnik, sondern die Änderung der Einstellung: die vollkommene Zentrierung auf den Partner, ohne seine Äußerungen als Stichwortlieferanten für eigene Mitteilungen aufzufassen. Da das «aktive» Zuhören dem Muster entsprechend als Schnattertechnik mißbraucht werden kann, möchte man gelegentlich eher ein *innerlich aktives Zuhören* empfehlen, das darin besteht, das Gesagte wirklich an sich herankommen zu lassen, ohne gleich äußerlich darauf zu reagieren. «Mal nur zuhören!» rate ich dem Mitteilungsfreudigen in Trainingskursen, wenn er von anderen Feedback erhält; und später: «Bevor Sie *antworten:* Wie reagieren Sie *innerlich* darauf?»
Ziel dieser Anleitung ist eine tiefere Kontaktebene, die zuzulassen ihm schwerfallen mag. Denn gewohnheitsmäßig neigt er dazu, mit schneller Zunge die Oberflächlichkeit sicherzustellen, die den Kontakt zwar ungefährlich macht, aber auch verarmen läßt. Dies genau ist ja die Crux vieler Familien und Arbeitsteams: Daß die Kommunikation immer von jenen bestimmt wird, die mit dem schnellen Schnabel vorneweg sind. Inhalte und Anliegen, die mehr aus der Tiefe kommen, sind dagegen eher ungeschlüpften Entlein vergleichbar: sie können am Geschnatter noch gar nicht teilnehmen, sondern wollen erst noch ausgebrütet werden – und trauen sich erst dann aus der schützenden Schale heraus, wenn geduldig und mit viel Wärme auf sie gewartet wurde – und wenn sie sicher sein können, daß nicht nur strahlende Schwäne, sondern auch häßliche junge Entlein willkommen sind.
Es muß nicht immer ein Therapeut, Klärungshelfer oder Moderator sein, der vorübergehend «das Tempo aus dem Spiel nimmt» und Zeit zum Ausbrüten gibt. So manches Team hat es sich zur Gewohnheit gemacht, längere Sitzungen und Besprechungen mit einer «Runde»

zu beginnen, in der nacheinander jeder ausspricht, wie ihm zumute ist, womit er sich innerlich herumschlägt, was ihn vom letzten Mal noch verfolgt usw. – das Innehalten ist hier institutionalisiert, ermöglicht innere Sammlung und Kontaktaufnahme, mit nachfolgend deutlich erhöhter Arbeitsfähigkeit.

Mit derlei Empfehlungen ist nicht einer fortwährend tiefschürfenden, von der Bedeutungsschwere zentraler Anliegen triefenden Kommunikation das Wort geredet: auch die unbefangene Leichtigkeit einer von puppenlustigen Plappermäulern inszenierten Unterhaltung ist von Wert und Würze – alles zu seiner Zeit, in Ab-Stimmung miteinander und mit dem Kerngehalt der Situation.

So bleibt zu hoffen, genau wie bei allen zuvor besprochenen Stilen, daß Menschen mit bevorzugt mitteilungfreudig-dramatisierender Kontaktgestaltung auf dem Wege der Entwicklung zwar ihre inneren Möglichkeiten erweitern, aber das angestammte Talent dabei nicht einbüßen.

Ausblick

Wenn Sie in der Lektüre dieses Buches bis hierhin gelangt sind, dann kennen Sie sich recht gut aus in den Varianten menschlichen Kontaktverhaltens, wissen Bescheid um die Chancen und Gefahren der einzelnen Stile und ihrer typischen zwischenmenschlichen Verwicklungen. Wird dieses Wissen Ihnen helfen, mit den zwischenmenschlichen Unterschieden besser fertigzuwerden? Oder was läßt sich sonst damit anfangen?

Typologien laden im allgemeinen dazu ein, (zögernd, vorsichtig) sich selbst und (mit emsigem Vergnügen) die anderen in das System einzuordnen. Was ist davon zu halten? Wahrscheinlich sind Ihnen beim Lesen hin und wieder Personen Ihres Bekannten- und Verwandtenkreises unversehens vor Augen gekommen: «Genau wie meine Kollegin! – Mein Onkel, wie er leibt und lebt!» – Solche Assoziationen sind durchaus erwünscht, erleichtern sie doch die für die Aneignung neuer Inhalte so wichtige Verbindung zwischen dem «Stoff» und der eigenen Lebens- und Erfahrungswelt. Mindestens ebenso wertvoll sind Verbindungslinien, die Sie zu sich selbst knüpfen. Bei alldem darf aber nicht vergessen werden: Es handelt sich hier um eine Typologie menschlicher Kommunikationsweisen, nicht menschlicher Charaktere! Alles steckt in jedem, und ein konkreter Mensch wird sich einer Vielzahl der beschriebenen Muster bedienen – je nach Situation und innerer Verfassung. Möglich, daß die Kollegin oder der Onkel einen Stil in auffälliger «Reinkultur» verkörpern – in der Regel sind es eher bestimmte Kombinationen und Mischungen von Stilen, die für einen bestimmten Menschen in bestimmten Situationen (oder Beziehungskonstellationen) typisch sind.

Als ich vor einigen Jahren in einer Gruppe von Führungskräften zum erstenmal die acht Stile vorgestellt hatte, schlug ein Teilnehmer mit Begeisterung vor: «Jetzt soll mal jeder sich selbst und alle anderen einschätzen, in jedem Stil auf einer Skala von eins bis zehn – und dann wollen wir mal sehen, was dabei herauskommt!» Ganze Zahlenkolonnen wurden sodann erhoben, ausgetauscht, aufaddiert, Mittelwerte berechnet, Differenzen festgestellt. – Die Gruppe kannte sich gut, es hat ihr nicht geschadet. Wenn Sie mich aber fragen, was man mit den Inhalten dieses Buches anfangen soll, so geht meine Antwort nicht in diese Richtung. Erst recht wäre ein testdiagnostischer Ansatz verfehlt, der Ergebnisse zutagefördern würde wie «Ich bin ein 2-3-7-Typ,

und du bist ein 1-3-4-8-Typ!» Auf diese Weise würde etwas Prozeßhaftes, Fließendes, sich ständig Entwickelndes gleichsam eingefroren und zur Einordnung in Schubladen mißbraucht werden.
Ein Personalchef, der nach computergerechten Sortierhilfen sucht, um eine Vielzahl von Mitarbeitern entsprechend ihrem «Kontaktprofil» einstellen, verwenden und fördern zu können, mag vielleicht enttäuscht sein: Das Computergerechte wird hier dem Menschen nicht gerecht. Anstelle solcher Quantifizierungen kommen wir als Menschen weiter, wenn wir uns für qualitative Zusammenhänge interessieren, zum Beispiel: In welcher Weise verwirkliche ich welchen Stil in welchen Situationen, mit welcher Wirkung auf andere und welcher Rückwirkung auf mich selbst? Wie bin ich (teufelskreisartig?) mit anderen Menschen, namentlich in Konflikten oder schwierigen Beziehungen, verwickelt? Für welche «Köder» meines Gegenübers bin ich besonders anfällig, durch welche Arten von Ansprache lasse ich mich hypnotisieren und mundtot machen, was läßt mich «einschnappen» und aus dem Kontakt gehen, gar innerlich an die Decke springen? Welche Werte- und Entwicklungsquadrate sind für mich besonders treffend, welche Art von Förderung könnte mich weiterbringen? An welchen Werten orientiere ich mich selbst, oder möchte mich orientieren – und stoße dabei auf welche äußeren oder inneren Hindernisse? – Ich hoffe, Sie zu solchen Fragen inspiriert und für entsprechende Antworten vorbereitet zu haben.
Soweit zu der Ebene, die den einzelnen angeht. Aus der Vogelperspektive können wir darüber hinaus versuchen, die Unterschiede zwischen verschiedenen Gruppen auszumachen und besser zu verstehen. Immer wieder hatten wir Anlaß, auf traditionelle Unterschiede zwischen Frauen und Männern einzugehen (vgl. S. 63, 109, 121f, 166f, 194f und 236f).
Zusammenfassend läßt sich bei aller Abweichung im Einzelfall und ungeachtet aller Bewegung, die hier derzeit stattfindet, eine traditionelle Bevorzugung in folgender Art feststellen:
Bei Frauen die stärkeren Anteile am bedürftig-abhängigen, selbstlosen und mitteilungsfreudigen Stil; bei Männer am distanzierenden, aggressiv-entwertenden und sich beweisenden Stil. Die beiden anderen, der helfende und der bestimmend-kontrollierende Stil, dürften bei beiden Geschlechtern gleichanteilig vorhanden sein. Mit diesen unterschiedlichen Profilen sind jeweils bestimmte Chancen und Gefahren verbunden, sie sind zur Zeit besonders für den beruflichen Bereich im Blickpunkt des Interesses (zum Beispiel Stechert, 1988). Mehr und mehr Frauen schicken sich an, auf Schlüsselpositionen des

beruflichen und öffentlichen Lebens gleichrangig Anspruch zu erheben. Und obwohl sie mit ihrer Art des zwischenmenschlichen Umgangs durchaus etwas zu bieten haben, haben sie es oft nicht leicht (und wird es ihnen nicht leichtgemacht), in den höheren Etagen der von Männern dominierten Berufswelt «anzukommen» (im doppelten Sinne des Wortes). Es sei denn, sie passen sich an und werden die «besseren Männer» (wofür es Beispiele gibt). Die damit einhergehende Verhärtung und Entfremdung vom eigenen Wesen wäre aber weder für die Frau heilsam noch für die Berufswelt ein humaner Fortschritt. Wie kann es gehen? Das Problem hat ja beileibe nicht nur den kommunikativen Aspekt, den wir hier verfolgen. Ein viel grundlegenderes Hindernis besteht darin, daß viele Frauen wegen ihrer stärkeren Bindung an Familie und Kinder gar nicht in gleichem Maße «abkömmlich» sind. Und wenn sie es, durch bessere Einrichtungen für die Kinderbetreuung und verstärkte Hausarbeit des Mannes, eines Tages wären, dann möchte ich immer noch bezweifeln, ob sie überhaupt die heute geforderte Bereitschaft mitbringen, einen Großteil ihrer Lebensenergie an Ziele zu binden, deren Sinn undurchschaubar oder fragwürdig ist. Diese Art von «instrumenteller Hingabe», verbunden mit persönlichem Ehrgeiz, beobachte ich bis jetzt fast nur an Männern. Trotzdem, oder sagen wir besser: gerade deshalb ist es an der Zeit, daß auch Frauen in den höheren Etagen ankommen. Eine grundlegend veränderte Produktions- und Lebensweise, die angesichts des bedrohten Erdballes ohnehin ansteht, wäre aber Voraussetzung und Folge zugleich.

Wenden wir uns wieder dem Aspekt der Kommunikationsbarrieren zu. Ihre Überwindung wird zur großen Herausforderung für beide Geschlechter, bei der beide gewinnen können, beruflich wie privat. Und wie? Sollen die Unterschiede erhalten bleiben, weil gerade darin etwas Wertvolles liegt? Oder sollen sich Frauen und Männer in ihrer Persönlichkeitsentwicklung annähern? Beides!
Die Vorstellung sich überkreuzender Entwicklungsrichtungen, wie sie im Wertequadrat wieder und wieder zur Anwendung kam, liefert uns Wegweiser und Starthilfen für den zweiten Weg. Aber das eigentliche Ziel dabei ist nicht, daß Männer den Frauen und Frauen den Männern ähnlicher werden, sondern daß beide menschlicher werden in dem Sinne, daß sie ihre Beziehungen in Übereinstimmung mit ihren Werten und Wünschen gestalten können. Dabei werden Unterschiede gewiß erhalten bleiben, sogar noch deutlicher zutage treten. Denn erst wenn die Frau über Möglichkeiten der (weiblichen) Selbst-

behauptung verfügt,wird sie mit allem, was in ihr steckt, wirksam nach außen treten und sichtbar werden können. Und erst wenn der Mann sich «ganz» geben kann, mit allem, was er auch an Weichheit, Feinfühligkeit, Berührbarkeit und Bedürftigkeit in sich hat, wird er in seiner (männlichen) Einzigartigkeit wirklich zutage treten.

Vieles davon hat schon angefangen, sich zu bewegen. Nach meinem Eindruck liegt der Hauptunterschied in der Kommunikation gar nicht mehr zwischen Männern und Frauen, sondern zwischen den Angehörigen verschiedener Berufsgruppen. Der Wirtschafts- und Sozialwissenschaftler Joseph Huber (1988) spricht von einer Zwei-Kulturen-Gesellschaft, in der wir leben: Besonders in der Arbeitswelt stünden sich auf der einen Seite die Angehörigen der kaufmännisch-technischen, auf der anderen Seite die der sozialen Berufe gegenüber: hier die Ingenieure, Kaufleute, Juristen, Naturwissenschaftler, EDV-Spezialisten (überwiegend männlich dominiert) – dort die Sozialarbeiter, Berater, Lehrer, Psychotherapeuten, Geisteswissenschaftler (weiblich und männlich etwa halb und halb verteilt). Die einen hätten es mit den «Sachen» zu tun (Maschinen, Computern, Zahlen), die anderen mit den Menschen (Familien, Kindern, Jugendlichen, Alten, Kranken, Behinderten); die einen sehen sich dem «rauhen Wind» des Marktes und der Konkurrenz ausgesetzt, bedroht von Hektik und Entfremdung, die anderen eher geschützt im «Hinterland» des Sozialstaates und des öffentlichen Dienstes, aber bedroht von Kürzungen des Sozialbudgets und zuwenig Stellen; die einen wollten, um es journalistisch pointiert auszudrücken, das Geld für Mondraketen, die anderen für Mütterzentren ausgeben (so die Überschrift des Artikels in der ZEIT: «Mondraketen gegen Mütterzentren», Huber 1988). Ein vereinfachendes Modell, sicher – aber es trifft meines Erachtens zu, daß wo immer wichtige Fragen der Gesellschaft strittig diskutiert werden, diese beiden Strömungen mit ihrer unterschiedlichen Weltsicht und Lebenseinstellung aufeinanderprallen. *Und* mit ihren verschiedenen Kommunikationsstilen! Aufgrund meines häufigen Kontaktes mit Vertretern beider Subkulturen habe ich die unterschiedlichen Gesprächsformen und Kontaktmuster kennengelernt. Die «Sozialen» können meist gut zuhören und auf den Gesprächspartner eingehen, auch auf das, was an Gefühlen zwischen den Zeilen mitschwingt. Auch was in ihnen selbst vorgeht, können sie ausdrücken und werden so als Mensch greifbar (und angreifbar). Hingegen tun sie sich auf den Bühnen der beruflichen Begegnungen oft recht schwer, ein klares

Rollenbewußtsein zu entwickeln und entsprechend zu kommunizieren; das heißt zu unterscheiden, was sie etwas angeht und was nicht, wo die Gefühle wichtig sind und wo nicht, was mit ihrer Rolle im Einklang ist und was nicht. Meist fällt ihnen die Akzeptanz leichter als die Konfrontation und die Authentizität leichter als die wirkungsbedachte Rhetorik – sie müssen lernen, für ihre Ziele kämpferisch einzutreten, zu überzeugen und sich wirkungsvoll darzustellen, ferner mit Themen wie Geld, Macht, Hierarchie, Konkurrenz ohne Scheu umzugehen.

Es wäre übertrieben zu sagen, daß kommunikative Stärken und Schwächen der beiden Gruppen genau entgegengesetzt wären, aber tendenziell trifft es zu: War die authentische Begegnung von Mensch zu Mensch eine Domäne der sozialen Gruppe, so hat die kaufmännisch-technische (distanzierend, kontrollierend, sich beweisend und aggressiv-entwertend) hier am meisten zu lernen: Gewohnt, auf der inhaltlichen Ebene argumentativ und lösungsorientiert zu operieren, schwanken sie auf der Beziehungsebene oft zwischen übermäßiger Distanz, Rechthaberei, Hilflosigkeit und Aggression. Auch das nicht gleich überzeugen- und korrigieren-wollende Zuhören, das einfühlende Sich-Einlassen auf die «Welt» des Gegenübers liegt ihnen im allgemeinen fern, und so sind sie immer in Gefahr, in weitschweifigen «Referaten» aneinander vorbeizureden – mit der Folge, daß dann macht-orientierte Strategien den Umgang miteinander bestimmen, Gewinnen und Verlieren zur vorrangigen Kategorie zwischenmenschlicher Beziehungen wird.

Demgegenüber fällt es ihnen leichter, eindeutige Rollenbeziehungen herzustellen und sich in hierarchischen Kontexten zu bewegen; klare Anweisungen sind von ihnen eher zu erwarten als von der sozialen Gruppe, die manchmal dazu neigt, ihr Ideal von «Miteinander» überzustrapazieren. Und was die «Hardliner» an menschlicher Aussprache und sorgsamer Beziehungsklärung zuwenig pflegen, das kultivieren soziale Teams zum Teil im Übermaß, wenn sie wieder und wieder «an ihren Beziehungen arbeiten» und darüber ihre sachlichen Aufgaben aus dem Auge zu verlieren drohen. – So komme ich als Kommunikationslehrer oft in die merkwürdige Situation, daß ich die einen vor etwas warne, was ich den anderen dringend ans Herz lege. Aber diese Merkwürdigkeit liegt natürlich in der Logik der sich überkreuzenden Entwicklungsrichtungen. – Ob nun Männer und Frauen – oder Angehörige verschiedener Berufskulturen: Wichtig scheint mir, daß die Vertreter unterschiedlicher Stilwelten, wenn sie miteinander zu schaffen haben (und einander dann zu schaffen machen), von diesen Unterschieden wissen und dadurch einen Teil ihres wechselseitigen Befremdens abbauen können. Nicht immer steht ein Dolmetscher zur Seite, aber wer ein bißchen «Fremdsprache» gelernt hat, kann manches übersetzen und sich einiges Wertvolles von der fremden Sprache zu eigen machen.

Literatur

Adler, A.: Der Sinn des Lebens. Frankfurt am Main 1973

Alderson, P.: Wein, Weib und Experten. Warum haben Männer solche Schwierigkeiten, Frauen ernst zu nehmen? In: Die Zeit Nr. 30, 20. 3. 1987

Ansbacher, H., und Ansbacher R.: Alfred Adlers Individualpsychologie. München 1972

Argyle, M.: Soziale Interaktion. Köln 1972

Außenthal, A.: Untersuchung über Zusammenhänge zwischen Geschwisterposition «Älteste Tochter» und «Helferverhalten». Unveröffentl. Diplomarbeit, Hamburg 1984

Bach, G. R., und Wyden, P.: Streiten verbindet. Spielregeln für Liebe und Ehe. Düsseldorf 1969

Bandler, R., und Grinder, J.: Neue Wege der Kurzzeittherapie. Paderborn 1985

Bauriedl, T.: Beziehungsanalyse. Frankfurt am Main 1984

Beckenbauer, R.: «... Und dann läuft nichts mehr!» Psychosomatische Aspekte der Blasenentzündung bei Frauen. Unveröffentl. Diplomarbeit, Hamburg 1988

Benien, K.: Erlebnisqualitäten und Entwicklungsverläufe der Selbstbefriedigung bei Männern. Unveröffentl. Diplomarbeit, Hamburg 1986

Berne, E.: Spiele der Erwachsenen. Reinbek bei Hamburg 1967

Bollnow, O. F.: Wesen und Wandel der Tugenden. Frankfurt am Main 1958

Bosch, M.: Ansätze der entwicklungsorientierten Familientherapie. Dissertation, Frankfurt am Main 1977

Burisch, M.: Innere Erschöpfung. Eine Theorie des Burnout-Syndroms. Unveröffentl. Manuskript, Hamburg 1988

Cohn, R. C.: Von der Psychoanalyse zur Themenzentrierten Interaktion. Stuttgart 1975

Dörner, K., und Plog, U.: Irren ist menschlich oder Lehrbuch der Psychiatrie/Psychotherapie. Wunstorf 1978

Dürckheim, K.: Vom doppelten Ursprung des Menschen. Freiburg im Breisgau 1973

Elias, N.: Über den Prozess der Zivilisation, Frankfurt am Main 1976

Ellis, A.: Die rational-emotive Therapie. Das innere Selbstgespräch bei seelischen Problemen und seine Veränderung. München 1977

Esch, A. M.: «Authentisch» kommunizieren oder human? In: Congress & Seminar 10/1983, S. 46–48

Falt, B.: Vom Helfen-Wollen zum Helfen-Müssen. Unveröffentl. Vortragsmitschrift, Hamburg 1988

Farau, A., und Cohn, R. C.: Gelebte Geschichte der Psychotherapie. Zwei Perspektiven. Stuttgart 1984

Frankl, V. E.: Die Sinnfrage in der Psychotherapie. München 1981
Fromm, E.: Die Furcht vor der Freiheit. Stuttgart 1983
Garner, A.: Conversationally Speaking. New York 1981
Gordon, Th.: Familienkonferenz. Hamburg 1972
Hager, J.: «Führung» in gruppendynamisch inspirierten Fortbildungsveranstaltungen für Führungskräfte. In: Gruppendynamik 1, 1984, S. 13–27.
Hambrecht, M.: Wenn Helfer zu Komplizen werden. In: Psychologie Heute, 5/1982, S. 28–33
Hasenclever, W.-D. und C.: Grüne Zeiten. München 1982
Helwig, P.: Charakterologie. Freiburg im Breisgau 1967
Hinte, W.: Non-direktive Pädagogik. Studienbücher zur Sozialwissenschaft, Bd. 41, Opladen 1980
Hochschild, A. P.: The Managed Heart. The Commerzialisation of Human Feeling. Berkeley 1983
Jaspers, K.: Einführung in die Philosophie. München 1953
Kast, V.: Begegnung zwischen Selbstbehauptung und Hingabe. In: Schleswig-Holsteinisches Ärzteblatt, Heft 6, 1982, S. 475–485
Kast, V.: Der schöpferische Sprung. Olten ²1987
Kästner, E.: Gesammelte Schriften für Erwachsene. Band 4 Romane III, Zürich 1969
Kirschner, J.: Manipulieren – aber richtig. München 1982
Koestler, A.: Die Armut der Psychologie. Bergisch-Gladbach 1965
Kurtz, R.: Körperzentrierte Psychotherapie: Die Hakoni-Methode. Essen 1985
Lowen, A.: Bioenergetik. Reinbek bei Hamburg 1983
Mann, Th.: Bekenntnisse des Hochstaplers Felix Krull. Frankfurt am Main 1954
Mentzos, S.: Hysterie. Frankfurt am Main 1986
Mentzos, S.: Neurotische Konfliktverarbeitung. München 1986
Milgram, S.: Das Milgram-Experiment. Zur Gehorsamsbereitschaft gegenüber Autorität. Reinbek bei Hamburg 1974
Miller, A.: Am Anfang war Erziehung. Frankfurt am Main 1980
Mock, M.: Prozesse der Alkoholkrankheit – Stationen und Wege der Genesung. Unveröffentl. Diplomarbeit, Hamburg 1986
Neuberger, O.: Im Reden verzaubern wir uns selbst. In: Psychologie Heute, 11/85, S. 32–35
Olivier, C.: Iokastes Kinder. Die Psyche der Frau im Schatten der Mutter. Düsseldorf 1987
Osbahr, C.: Zur psychologischen Dimension der politischen Auseinandersetzung in der grün-alternativen und der Friedensbewegung. Unveröffentl. Diplomarbeit, Hamburg 1984
Perls, F.: Gestalttherapie in Aktion. Stuttgart 1974
Reich, W.: Charakteranalyse. Köln, Berlin ²1970
Richter, H. E.: Zur Psychologie des Friedens. Reinbek bei Hamburg 1984
Riemann, F.: Die schizoide Gesellschaft. München 1975

Riemann, F.: Grundformen der Angst. München 1969
Rogers, C.: Encounter-Gruppen. Das Erlebnis der menschlichen Begegnung. München 1974
Rogers, C.: Entwicklung der Persönlichkeit. Stuttgart 1979
Rogers, C., und Rosenberg, R. L.: Die Person als Mittelpunkt der Wirklichkeit. Stuttgart 1980
Satir, V.: Selbstwert und Kommunikation. München 1975
Seiferth, A., und Falt, B.: Depressive Verstimmungen von Frauen. Unveröffentl. Diplomarbeit, Hamburg 1984
Scheller, J.: Nähe und Distanz bei Paaren. Unveröffentl. Diplomarbeit, Hamburg 1986
Schmidbauer, W.: Die hilflosen Helfer. Reinbek bei Hamburg 1977
Schulz von Thun, F.: Psychologische Vorgänge in der zwischenmenschlichen Kommunikation. In: Fittkau, B., Müller-Wolff, H.-M., und Schulz von Thun, F. (Hg.): Kommunizieren lernen (und umlernen), Braunschweig 1977
Schulz von Thun, F.: Miteinander reden 1 – Störungen und Klärungen. Reinbek bei Hamburg 1981
Schulz von Thun, F.: Vom «Managertraining» zur humanistischen Begegnung zweier Wertewelten. In: Gruppendynamik, 1/1984, S. 39–57
Stechert, K.: Frauen setzen sich durch. Leitfaden für den Berufsalltag mit Männern. Frankfurt, New York 1988
Stein, G.: Normen für Aggressionsverhalten und ihre Entstehung in der Kindheitsfamilie. Unveröffentl. Diplomarbeit, Hamburg 1986
Stevens, J. O.: Die Kunst der Wahrnehmung. München 1975
Szczesny, G.: Das sogenannte Gute. Reinbek bei Hamburg 1971
Tausch, R., und Tausch, A.: Erziehungspsychologie. Göttingen 1977
Tausch, R., und Tausch, A.: Wege zu uns. Reinbek bei Hamburg 1983
Thomann, C.: Beiträge zu einer Theorie der Klärungshilfe. Frankfurt am Main, Bern, New York 1986
Thomann, C., und Schulz von Thun, F.: Klärungshilfe – ein Handbuch für Therapeuten, Gesprächshelfer und Moderatoren in schwierigen Gesprächen. Reinbek bei Hamburg 1988
Watzlawick, P., Weakland, J. H., und Fisch, R.: Lösungen. Bern, Stuttgart, Wien 1974
Willi, J.: Die Zweierbeziehung. Reinbek bei Hamburg 1975